AF537236

Hartwig Hausdorf

GÖTTERKRIEGE

Dramatische Eingriffe einer überlegenen Intelligenz

Hartwig Hausdorf

GÖTTERKRIEGE

Dramatische Eingriffe einer überlegenen Intelligenz

„Götterkriege“
1. Auflage Dezember 2017

Ancient Mail Verlag Werner Betz
Europaring 57, D-64521 Groß-Gerau
Tel.: 00 49 (0) 61 52/5 43 75, Fax: 00 49 (0) 61 52/94 91 82
www.ancientmail.de
Email: ancientmail@t-online.de

*Bibliografische Information der Deutschen Nationalbibliothek:
Die Deutsche Nationalbibliothek verzeichnet diese Publikation in der Deutschen Nationalbibliografie; detaillierte bibliografische Daten sind im Internet über http://dnb.dnb.de abrufbar.*

Covergrafik: Hartmut Großer
Covergestaltung: Werner Betz
Druck: WIRmachenDRUCK GmbH, D-71522 Backnang

ISBN 978-3-95652-230-7

Inhalt

Epilog

Anhang:

Vorwort

Es war im Februar 2017, da überschlugen sich die Medien geradezu mit einer Meldung, die wahrlich die Bezeichnung „sensationell“ verdiente. Was war geschehen? Da hatten Astronomen um einen entfernten Stern – die 40 Lichtjahre von unserem System entfernte Sonne „Trappist-1“ – nicht nur einen, sondern gleich sieben erdähnliche Planeten entdeckt. Diese sogenannten „Exoplaneten“ umkreisen ihr Zentralgestirn in einer lebensfreundlichen Zone, wo Wasser in flüssiger Form vorkommen kann. Darüber hinaus können dort noch weitere Bedingungen herrschen, die als wichtige Voraussetzung für die Entwicklung organischen Lebens, wie wir es kennen, gelten.

Nun werden Planeten außerhalb unseres eigenen Sonnensystems schon seit ein paar Jahren entdeckt, und immer wieder war auch bereits der eine oder andere darunter, der erdähnliche Bedingungen aufwies. Aber mit den Begleitern von „Trappist-1“ dürfte endgültig klar geworden sein, dass ein Umdenken über das Thema „außerirdisches Leben“ nicht mehr aufzuhalten ist.

Zwar steht unser Wissen über ferne Welten auch mit solchen, wirklich bahnbrechenden Entdeckungen erst ganz am Anfang. Doch die völlig antiquierte Idee, wir könnten die einzige intelligente Spezies im weiten Universum sein, hat damit buchstäblich den Gnadenschuss bekommen. Kluge Köpfe sind sich sicher, dass dies sowieso unglaubliche Platzverschwendung wäre. Ganz abgesehen davon, dass Natur und Leben, die schon auf diesem Planeten selbst unwirtlichste Nischen zu erobern verstanden, sich einen solchen Faux-pas bestimmt nicht leisten würden.

Von dieser Erkenntnis ist es nicht mehr weit zu der Schlussfolgerung, dass „dort draußen“ seit undenklichen Zeiten Intelligenzen existieren, deren technische Möglichkeiten sich unsere kühnste Phantasie nicht auszumalen vermag. Auch der weitere Gedankengang erscheint nicht weniger nachvollziehbar: Bestimmt verfügen diese Fremden schon lange über Mittel und Möglichkeiten, die riesigen Entfernungen im Weltall zu überwinden. Warum sollte sie ihr Weg nicht irgendwann auf die Erde geführt haben, wo sie – logischer Umkehrschluss! – ähnliche Lebensbedingungen vorfanden wie in ihrer Heimat.

Dass außerirdische Intelligenzen unseren Planeten in grauer Vorzeit besucht haben, dafür hat die Paläo-SETI-Forschung viele wertvolle Hinweise sammeln und damit die Akzeptanz für diese Idee deutlich steigern können. Dass sich jene von den Sternen gekommenen Herrschaften untereinander nicht immer grün waren, wissen ungezählte Mythen rund um den Erdball mit Schilderungen furchtbarer „Götterkriege" zu berichten.

Da werden in uralten Überlieferungen Waffen in unheimlicher Detailliertheit beschrieben, die wir erst heute, durch unsere eigenen Arsenale des Schreckens, nicht länger als Ausgeburten einer überschäumenden Phantasie unserer Altvorderen betrachten können. Jene Fremden gingen nicht gerade zimperlich mit diesem Planeten und dessen Bewohnern um. Ihnen blieb nicht selten als einzige Option, Schutz unter der Erde zu suchen, sich ohnmächtig vor den Gefahren zu verstecken, die buchstäblich „von oben" kamen. Auf konkrete Spuren, die hiervon zeugen, stieß ich auf mehreren Reisen, die mich für Recherchen zu diesem Buch durch Mittel- und Südamerika, nach Israel und auf die Insel Malta sowie durch die Türkei und China führten.

In den nachfolgenden Kapiteln geht es aber noch mehr darum, was sie taten, als sie sich nicht mehr am Himmel über unseren entsetzten Vorfahren bekriegten. Da stehen Eingriffe in jenes Metier im Fokus, welches die Geschichte der Menschheit zu einem großen Teil – wenn nicht dem größten schlechthin – bestimmt hat und noch immer bestimmt: Kriege.

Es mag, von Anbeginn unserer Geschichte, wohl kaum ein Waffengang vonstatten gegangen sein, ohne dass eine Seite Vorteile aus „göttlichen" Eingriffen ziehen konnte. Denken wir an so viele Schlachten, in denen der „Herr" dem Volk Israel mit mehr Tat als

Rat zur Seite stand. Das spektakulärste Beispiel hierfür ist ein Ereignis aus der Regierungszeit König Hiskias aus der ersten Tempelperiode, als ein assyrisches Belagerungsheer von 185.000 Mann in einer Nacht vernichtet wurde. Von der Antike bis zum Mittelalter tauchten immer wieder leuchtende metallische „Schilde" am Himmel auf, die sich in das Kampfgeschehen einmischten. Die „Neue Welt" wartet gleichfalls mit derartigen Mysterien auf: Die „hohen und geachteten Wissenden" standen ihren Schützlingen bei deren Kriegen bei, und geleiteten sie nach Nordamerika. Wo in tiefster Vergangenheit vermutlich durch Götterkriege die ursprünglich von dort kommende Familie der Pferde ausgerottet worden war.

Und sie tauchten immer wieder auf, wenn Völker in den Krieg zogen. Zeigten sich mehr oder weniger offen und bedienten sich zuweilen technischer Tricks, um Bilder und Spektakel am Himmel zu erzeugen, wie wir dies heutzutage mithilfe der Holografie zuwege bringen. Mit Flugobjekten, die wir heute als UFOs bezeichnen, verblüfften und verschreckten sie die Kriegsparteien beider Weltkriege, in Korea und Vietnam. Sie tun dies noch immer während der Militäraktionen in unseren Tagen wie der Operation „Desert Storm". Ich bin sicher, sie werden auch bei künftigen Waffengängen nicht auf solche Aktionen verzichten.

Welche Macht aber da seit Urzeiten am Werk ist, welche dunklen Pläne und Intentionen hinter all diesen Eingriffen stecken mögen, darüber können wir derzeit nicht viel mehr als spekulieren. Doch unbestreitbar ist, dass „sie" ganz präzise Kenntnisse über uns Menschen besitzen müssen. Ebenso über die Gesetzmäßigkeiten in geschichtlichen Abläufen, die wir noch garnicht zu überblicken in der Lage sind. Vermutlich steuern sie, die uns bereits seit frühesten Zeiten nicht nur beobachten, Schicksal und Zukunft der Menschheit nach einem lange vorher ausgearbeiteten Masterplan, dessen unübersehbare Spur sich einem roten Faden gleich durch die Geschichte der Menschheit zieht.

Eine Frage in dem ganzen Kontext lässt sich mit etwas Glück vielleicht schon in absehbarer Zeit klären. Operieren jene geheimnisvollen Fremden am Ende aus garnicht so weit entfernten Gefilden?

Denn diese unglaubliche Dichte an Interventionen, über eine solch lange Zeitspanne, lässt sich schwerlich aus großer Distanz realisieren und überwachen.

Ist da draußen noch jemand, und dies näher, als wir glauben?

1 Endlose Weiten – Ferne Welten

Sie kamen aus dem All

Dem begnadeten Physiker, Querdenker und Nobelpreisträger Albert Einstein (1879-1955) wird im Allgemeinen folgendes Bonmot nachgesagt: „Zwei Dinge sind unendlich – die menschliche Dummheit und das Universum. Wobei ich mir bei Letzterem nicht allzu sicher bin." Ganz sicher nichts mit menschlicher Einfältigkeit zu tun hat unser Unvermögen, uns auch nur im Entferntesten eine Vorstellung über die Entfernungen im Weltraum machen zu können. Es ist übrigens zweitrangig, ob es nun tatsächlich unendlich ist oder nicht.

Liegen die endlosen Weiten des Weltalls für den menschlichen Verstand schlichtweg jenseits seines Begreifens, dürfte das auch für die Anzahl der darin enthaltenen Sterne gelten. Exakte Zahlen gibt es nicht; es werden wohl für alle Zeiten Schätzungen bleiben. Schätzungen, die dank dem Fortschritt auch in der astronomischen Forschung in immer kürzeren Abständen korrigiert werden müssen. Blicken wir in einer klaren Nacht zum Himmel hinauf, so sehen wir geschätzte vier- bis fünftausend Fixsterne (der Name rührt übrigens daher, dass man die Sterne früher als unverrückbar am Firmament glaubte; im Gegensatz hierzu nannte man die um sie kreisenden Planeten auch „Wandelsterne") In der Namib-Wüste Südwestafrikas oder im Outback von Australien sind es ungleich mehr. Aber immer noch verschwindend wenig im Vergleich zu jenen Millionen und Abermillionen, deren Licht uns das moderne Spiegelteleskop einer gut ausgestatteten Sternwarte aus phantastischen Welten heranholt.

Das Licht dieser Sterne hat nämlich unfassbare Entfernungen zurückgelegt, ist also in den meisten Fällen bereits Millionen von Jahren unterwegs. Die Astronomen messen die interstellaren (von lat. „zwischen den Sternen") Distanzen nach Lichtjahren. Ein Lichtjahr ist die Strecke, welche das Licht mit seiner Geschwindigkeit von 299.792,458 Kilometern pro Sekunde binnen eines Jahres zurücklegt;

in etwa sind das 9,46 Billionen Kilometer.[1] Nahezu unvorstellbar. Trotzdem: Ein paar Beispiele gefällig?

Standortbestimmung

Von unserem Zentralgestirn, der lebensspendenden Sonne aus gerechnet, benötigt das Licht nicht mehr als acht Minuten, um die mittlere Entfernung von 149,6 Millionen Kilometern zurückzulegen. In kosmischen Dimensionen ist dies ein Klacks. Ebenso wie jene fünfeinhalb Stunden, die es braucht, um den erst 2006 zum Zwergplaneten degradierten Pluto zu erreichen. Die Strahlen des unserer Sonne am nächsten gelegenen Sterns, Alpha Centauri, benötigen dagegen volle 4,3 Jahre, bis sie bei uns eintreffen. Dies sind aber nur die uns am allernächsten gelegenen Sterne. Alleine unsere Galaxis, auch Milchstraße genannt, soll mindestens 100 Milliarden Sterne umfassen, und ihr Durchmesser wird auf etwa 100.000 Lichtjahre geschätzt. Was dies in Kilometern ausmacht: siehe oben. Wir Erdbewohner leben am Rand eines Seitenarmes und wir nehmen unsere Galaxis nicht als die Spirale oder Scheibe wahr, die sie darstellt. Wenn wir in die Richtung ihres Zentrums blicken, sehen wir ein breites Band, bestehend aus einer sehr großen Anzahl von Sternen. Daher rührt die volkstümliche Bezeichnung „Milchstraße".

Noch beträchtlich weiter entfernte Sterne, deren Licht Tausende wenn nicht sogar Millionen Jahre zurücklegen musste, um uns zu erreichen, könnten schon längst nicht mehr existieren, obwohl sie für uns noch Ewigkeiten lang scheinen werden. Umgekehrt könnten gerade jetzt, in diesem Augenblick, völlig neue Sterne an unserem Firmament erscheinen, die gleichfalls schon ungezählte Millionen Jahre existieren. Deren Licht uns jedoch erst jetzt nach einer Reise erreicht, die möglicherweise schon begann, als bei uns noch Dinosaurier ihre langen Hälse gen Himmel reckten.

Ich halte es für alles andere als ausgeschlossen, dass diese lieben Tierchen, bis vor ungefähr 60 Millionen Jahren noch die uneingeschränkten Herrscher auf diesem Planeten, ihre Köpfe mit den winzigen Gehirnen darin Objekten entgegenstreckten, die nicht von dieser Welt kamen. Ich meine in diesem Zusammenhang keine Objekte natürlichen Ursprungs wie Meteoriten, Kometen oder gar jenes todbringende Geschoss, welches vor etwa 60 Millionen Jahren im Gebiet der heutigen Halbinsel Yucatan eingeschlagen war und damit das Ende der Dinosaurier eingeläutet hatte. Herrschte früher nämlich Rätselraten, warum die Riesenechsen von der Bildfläche verschwanden, so sieht man seit 1991 um einiges klarer. Die amerikanische Raumfahrtbehörde NASA war bei der Auswertung ihrer Satellitenaufnahmen auf einen ca. 800 Kilometer messenden Halbkreis aus Cenoten - mit Wasser gefüllte, kreisrunde Löcher, die man lange für eingestürzte Karsthöhlen hielt - gestoßen. Heute sind sich die Geologen darüber einig, dass der Ring den Rand einer gigantischen Impaktstruktur bildet, die auf den alles zerstörenden Meteoriten zurückzuführen ist.[2]

Um den obigen Faden wieder aufzunehmen: Was ich meine, sind künstlich geschaffene Flugkörper aus fremden Welten, mit denen Raumfahrer einer technisch weit entwickelten Zivilisation den Weg durch das Weltall angetreten hatten. Zielplanet Erde. Ganz gleichgültig, ob dies von vorneherein der Plan war, oder ob es der viel zu oft strapazierte Zufall gewesen ist, der „sie“ auf unseren mit Lebensformen nur so übersäten Himmelskörper führte An dieser Stelle darum eine kleine „Standortbestimmung“. Viele Jahre lang auf den Spuren der größten Rätsel dieser Welt, habe ich mich der Paläo-SETI-Forschung verschrieben. Mit diesem Begriff wird die Suche nach Hinweisen auf Eingriffe durch außerirdische Intelligenzen in der Vorzeit bezeichnet. Für mich persönlich klingt der Gedanke durchaus plausibel, dass die Spuren fremder Besucher aus den Weiten des Kosmos in frühen Bauwerken wie in technischen Artefakten, in uralten Mythen und selbst in unseren Genen zu finden sind.[3,4,5]

Hieraus erwächst natürlich die ganz fundamentale Frage: Von wo sollten diese Intelligenzen kommen? Immerhin haben zahllose Generationen über die Frage gestritten, ob wir alleine sind in den grenzenlosen Weiten des Universums, oder ob „dort draußen“ noch andere intelligente Lebewesen existieren.

Exoplaneten: Fast täglich neue Entdeckungen

Johannes Kepler (1571-1630) war ein deutscher Astronom, der nicht nur eine Reihe Lehrbücher verfasste und ein Fernrohr erfand. Ihm verdanken wir unter anderem auch die nach ihm benannten Gesetze der Planetenbewegung und die Erkenntnis, dass alle Planetenbahnen elliptisch anstatt kreisförmig verlaufen.[1] Fast 400 Jahre nach seinem Tod ist der berühmte Astronom zum Namensgeber einer Weltraummission geworden, die zu Entdeckungen führte, wie sie zuvor nicht möglich gewesen waren.

In der Nacht vom 6. auf den 7. März 2009 startete die NASA eine „Delta-II"-Rakete, die das Weltraumteleskop „Kepler" ins All beförderte. Die Aufgabe dieses Teleskops war es, mehr als 100.000 Sterne unseres Milchstraßensystems zu erfassen und diese nach sie umkreisenden Planeten abzusuchen.[6] Bis dato war es nämlich nicht möglich - selbst mit den stärksten Teleskopen -, Planeten zu entdecken, die Sterne außerhalb unseres Sonnensystems umkreisen. Es ist noch nicht einmal allzu lange her, dass die bloße Existenz extrasolarer Planeten (auch kurz: Exoplaneten) heftigst umstritten war. So mancher Astronom glaubte, unser Sonnensystem sei eine große Ausnahme im Universum. Wie ich noch zeigen werde, dürfte es eher die Regel denn die Ausnahme sein, dass Sonnen von Planeten umkreist werden. Ich will Nachsicht üben: Es ist erst knappe vier Jahrhunderte her, dass der Italiener Galileo Galilei (1564-1642) das als Weisheit letzter Schluss geltende, geozentrische Weltbild – die Erde ist Mittelpunkt des Universums – als falsch entlarvte.

Das Herzstück des Weltraumteleskops „Kepler" ist eine Digitalkamera mit 95 Megapixel, die auf einen Sektor im Sternbild Lyra („Leier") und Cygnus („Schwan") ausgerichtet ist. Angaben der NASA zufolge handelt es sich dabei um die stärkste Kamera, die je ins Weltall befördert wurde. Mit ihr ist das Weltraumteleskop in der Lage, bereits die kleinsten Veränderungen der Helligkeit von Sternen festzustellen. Was die Grundvoraussetzung ist, um Planeten ferner Sonnen überhaupt ausspähen zu können. Auf herkömmliche

Art, sprich: mit „normalen“ Teleskopen, ist dies ja wie bereits erwähnt nicht möglich.

Bei ihrer Fahndung nach Exoplaneten sind die Astronomen auf die sogenannte Transit-Methode angewiesen. Ein Planet, der vor seinem Zentralgestirn vorbeifliegt, verringert dessen Helligkeit vorübergehend durch seine Masse. Diese periodisch auftretende Veränderung in der Helligkeit soll „Kepler“ messen, weil sie einen eindeutigen Indikator für die Existenz des betreffenden Himmelskörpers darstellt. In der Folge können sogar Größe, Beschaffenheit und weitere charakteristische Eigenschaften bestimmt werden.[6]

Bis zum heutigen Tage wurden bereits weit mehr als 2000 jener extrasolaren Planeten nachgewiesen – und fast täglich werden es mehr. Diese Himmelskörper werden nach dem Namen respektive der Katalognummer des Fixsternes benannt, den sie umkreisen. Zudem bekommen sie einen Kleinbuchstaben nach der Reihenfolge ihrer Entdeckung, beginnend mit dem Buchstaben „b“.[7]

Nicht nur eine zweite Erde

Eine beträchtliche Anzahl dieser Exoplaneten sind sogenannte „Gasriesen“. Planeten von der vielfachen Größe unserer Erde, die man in unserem Sonnensystem noch am ehesten mit dem gigantischen Jupiter vergleichen könnte. Dieser mit einer 318fachen Erdmasse sowie einem Äquatordurchmesser von 142.800 Kilometern mit Abstand größte Planet unseres Sonnensystems umkreist unser Zentralgestirn auf einer elliptischen Bahn, deren Abstand zur Sonne zwischen 750 und 820 Millionen Kilometern variiert. Aufgrund seiner geringen mittleren Dichte von nicht mehr als 1,3 Gramm je Kubikzentimeter vermutet man, dass er überwiegend aus Wasserstoff und Helium besteht, die in seinem Inneren fest, in seinen äußeren Schichten jedoch gasförmig sind.[1]

Von dem letzten der „Inneren Planeten“, dem Mars, durch den aus ungezählten kleinen und kleinsten Himmelskörpern bestehenden Asteroidengürtel getrennt, liegt Jupiter nicht mehr in der bewohnbaren Zone des Sonnensystems. Zu weit ist die Distanz zu unserem lebensspendenden Zentralgestirn, zu schwach die Intensität der Sonnenstrahlen. Anders als Erde, Mars und Venus ist er deshalb kein Kandidat für die Suche nach organischem Leben, so wie wir es kennen. Folglich auch nicht jene „Gasriesen" in den Weiten des Universums, die den größten Anteil an den bislang entdeckten Exoplaneten ausmachen.

Zum Glück fanden sich mittlerweile auch etliche erstaunlich erdähnliche Planeten. Der erste dieser Art war 2009 der Planet „Gliese 581c", auf dem aber recht tiefe Temperaturen herrschen dürften.[8] Deutlich bessere Chancen auf die Anwartschaft für eine „zweite Erde" haben da schon „Kepler 438b", sowie „Kepler 442b". Mit hoher Wahrscheinlichkeit bestehen sie aus massivem Gestein und besitzen lebensfreundliche Temperaturen.

Meilenstein der Planetenforschung

Und dann kam „Kepler 452b", der im Juli 2015 entdeckt wurde. Wie die US-Raumfahrtbehörde NASA mitteilte, sei er der Erde so ähnlich wie kein anderer, bis dahin entdeckter Planet. Die Astronomen bezeichnen ihn als eine Art „größerer und älterer Cousin der Erde". In einer bewohnbaren Zone umkreist er einen unserer Sonne ähnlichen Stern in einem vergleichbaren, mittleren Abstand, wie ihn die Erde aufweist. Wasser könnte auf „Kepler 452b" in flüssiger Form vorhanden sein, was eine der wichtigsten Voraussetzungen für Leben bedeutet.

Zwischenzeitlich angestellte Untersuchungen lassen tatsächlich auf erdähnliche Bedingungen schließen. Sein Durchmesser ist in etwa 60 Prozent größer als auf der Erde (etwa 12.750 Kilometer am Äquator), seine Zusammensetzung sehr wahrscheinlich felsig. Seinen Stern – katalogisiert als „Kepler 452" – umrundet der Planet in einem fünf Prozent weiteren Abstand als unsere Erde die Sonne (mittlerer Abstand etwa 149,6 Millionen Kilometer). Und für eine

Umrundung benötigt „Kepler 452b“ 385 Tage – was annähernd unserem Jahr entspricht! Man könnte den Planeten schon eher als „Zwilling“ unserer Erde bezeichnen, anstatt als „Cousin“.

Die an der Sondierung beteiligten Astronomen beurteilen die Entdeckung dieses bisher erdähnlichsten aller extrasolaren Planeten als einen wahren Meilenstein der Planetenforschung. „Das ist eine großartige Zeit, in der wir leben“, schwärmte Didier Queloz von der britischen Universität Cambridge. „Und wenn wir weiter so gut und enthusiastisch arbeiten, ist es nicht zu optimistisch, zu denken, dass wir in der Zukunft das Rätsel vom Leben auf anderen Planeten lösen können.“[7]

Das sind mehr als ermutigende Worte aus einer Richtung, die noch vor nicht allzu langer Zeit größte Skepsis erkennen ließ, was die Existenz von Planeten betrifft, welche um ferne Sonnen kreisen. Ganz zu schweigen von der Möglichkeit außerirdischen Lebens. Die nächste Zukunft, soviel steht fest, wird uns noch eine ganze Reihe weiterer Anwärter auf die Bezeichnung „zweite Erde“ bescheren.

Selbst aus unserem Sonnensystem gibt es Neues zu vermelden. Im Januar 2016 wurde die mögliche Entdeckung eines bislang unbekannten Planeten verlautbart, der weit draußen, jenseits der Umlaufbahn des Pluto, um unser Zentralgestirn kreist. Zwei US-Astronomen hätten bedeutsame Hinweise auf die Existenz dieses weiteren Planeten entdeckt. Wie Mike Brown und Konstantin Batygin vom „Californian Institute of Technology“ (Caltech) mitteilten, sei der Himmelskörper ungefähr zehnmal so schwer wie die Erde. Zu Gesicht bekommen haben die Forscher diesen möglichen neuen Planeten allerdings noch nicht. Sämtliche Hinweise auf dessen Existenz beruhen bis dato einzig auf mathematischen Berechnungen und Computersimulationen.

Der vorläufig als „Planet Neun“ – der bisherige neunte Planet in unserem Sonnensystem, Pluto, wurde 2006 zum Zwergplaneten degradiert - umkreist demzufolge die Sonne in durchschnittlich zwanzigfacher Entfernung wie der Neptun. Damit sei er so weit von der Sonne entfernt, dass er für eine Umkreisung zwischen 10.000 und

20.000 Erdenjahren benötige. Wegen dieser ungeheuren Distanz zur Sonne könne er so wenig Licht reflektieren, dass er selbst mit den stärksten Teleskopen nicht zu erkennen wäre - wie dies bei den Exoplaneten der Fall ist. Im umgekehrten Fall sei auch die Sonne, von „Planet Neun“ aus beobachtet, nur als kleiner Lichtpunkt wahrzunehmen.[9]

Interstellare Entfernungen

So verfüge man erstmals seit mehr als 150 Jahren über stichhaltige Belege, dass die bisherige Erhebung unseres Sonnensystems unvollständig ist, verkündete Caltech-Forscher Konstantin Batygin.[9] Dass dieser neue Planet Leben in unserem Sinn beherbergen könnte, dürfte allerdings aufgrund der gewaltigen Entfernung zur Sonne so gut wie ausgeschlossen sein. Womit ich zu der nächsten Fragestellung gekommen wäre, was mögliche belebte oder sogar von intelligenten Lebewesen bewohnte Welten in den Tiefen des Weltalls betrifft.

Die immer größer werdende Wahrscheinlichkeit, dort draußen auf vernunftbegabte, uns technisch und in anderen Belangen möglicherweise turmhoch überlegene Wesen zu stoßen, rückt Gedanken an Eingriffe durch außerirdische Besucher in der Vergangenheit noch näher in den Bereich des Wahrscheinlichen. So weit, so gut. Doch dann kommt immer wieder derselbe Einwand – sollte ich ihn vielleicht besser als „Killer-Phrase“ schelten? –, den ich eigentlich längst ausgestorben glaubte, da er hoffnungslos überholt ist.

„Es kann gut sein, dass es da draußen von intelligentem Leben und anderen Zivilisationen nur so wimmelt“, höre ich schon aus dem Lager der Skeptiker rufen. „Aber diese unendlich großen Entfernungen werden einen direkten Kontakt für immer unmöglich machen.“

Ja, geht’s noch? Nur weil wir hienieden auf der Erde gerade technisch noch nicht im Stande sind, Raumfahrt auf große oder sogar interstellare Distanzen zu betreiben – was im Augenblick in unmittelbarer Nähe geschieht, hat die Bezeichnung Raumfahrt ohnehin nicht verdient –, soll das auch für alle anderen Zivilisationen der Weisheit letzter Schluss sein. Selbst wenn diese uns Jahrhunderte oder Jahrtausende voraus sind.

Für solche Erzskeptiker im Weinberg des Herrn hole ich dann gern ein griffiges Beispiel aus unserem eigenen technologischen Werdegang hervor. Es war am 17.Dezember 1903, als die Flugpioniere Orville und Wilbur Wright auf einem Doppeldecker mit 12-PS-Propellermotor die ersten „hoppeligen" Flugversuche vorführten. Ganz sicher von der Mehrzahl der Zuschauer ausgelacht oder gar als Narren verschrien. Dann gingen nur knapp 66 Jahre ins Land, bis das Überschall-Verkehrsflugzeug „Concorde" am 2. März 1969 seinen Jungfernflug antrat. Als Schnellste, mit mehr als doppelter Schallgeschwindigkeit (Mach 2.2, dies entspricht etwa 2640 Kilometer pro Stunde), nahmen Air France und British Airways im Januar 1976 den regelmäßigen Liniendienst von Paris und London über den Atlantik nach New York auf.[1]

Für jeden einzelnen von uns mögen 66 Jahre eine lange Zeitspanne sein, die den Löwenanteil unserer statistischen Lebenserwartung ausmacht. Doch sollten sich die neunmalklugen Kritiker doch bitteschön einmal Gedanken darüber machen, was in 100, 500 oder gar 1000 Jahren technologisch machbar sein wird. Sich hier auch nur halbwegs zutreffende Vorstellungen zu machen, daran wird unsere Phantasie kläglich scheitern. Auf welch verlorenem Posten wird sie erst stehen, wenn es gilt, Aussagen über technologische Möglichkeiten einer fremden Zivilisation zu wagen, welche uns möglicherweise 50.000 oder gar 100.000 Jahre in der Entwicklung voraus ist!

Von London nach Paris

In einem Werk, das sich mit realen Möglichkeiten hinter dem Begriff Science Fiction beschäftigt, stieß ich auf einen ebenfalls aus dem Flugwesen entlehnten Vergleich. Hier geht es um die Steigerung der erreichbaren Geschwindigkeiten in einem vergleichbaren Zeitraum. Vergleichsgröße ist hier die 354 Kilometer lange Strecke zwischen London und Paris. Als diese Anfang des 20. Jahrhunderts zum ersten Mal per Flugzeug bezwungen wurde, benötigte der wackere Flugpionier bei einer durchschnittlichen Geschwindigkeit von nur 56 Kilometern in der Stunde volle sechs Stunden und 17 Minuten. Die „Lockheed SR“, ein supermodernes Aufklärungsflugzeug, das fast dreifache Schallgeschwindigkeit (Mach 3) erreicht, würde bei 3529 Kilometern pro Stunde gerade noch sechs Minuten benötigen.

Einsamer Spitzenreiter in diesem Vergleich ist die Raumsonde Helios 3, die 1976 in den Weltraum geschickt wurde. Sie gilt mit 240.000 Stundenkilometern als das bislang schnellste von Menschen hergestellte Fluggerät. Sie würde für den hypothetischen Flug von London nach Paris nur noch ganze 5,3 Sekunden brauchen.[10] Prozentual gerechnet (56 km/h entsprechen 100 Prozent), hat sich seit dem ersten Flug von London nach Paris die erreichbare Höchstgeschwindigkeit ganz unglaublich erhöht – und zwar um mehr als 428.000 Prozent! Ob sich unsere Freunde aus der „Phalanx der Skeptiker“ nochmal darüber Gedanken machen wollen, ob sie bei ihrer restriktiven Einschätzung bleiben?

Denn die Entwicklung wird nicht stehenbleiben. Das wird sie nicht bei uns (es sei denn, wir würden es schaffen, uns wieder in die Steinzeit zurückzubomben), und das war auch bei anderen Zivilisationen im Kosmos nicht der Fall, die schon viel länger existieren dürften als wir. Haben diese längst Antriebssysteme entwickelt, die interstellare Weltraumfahrt mit Überlichtgeschwindigkeit Realität werden lassen? Für die weltweite Fangemeinde der US-Serie „Star Trek“ („Raumschiff Enterprise“) ist der Ausdruck „Warp-Antrieb“ sicher kein Fremdwort. „Alles nur Science Fiction und ohne jeden Bezug zur Realität“, höre ich wieder den Einspruch aus dem Lager der Kritiker. Einmal abgesehen davon, dass seit der ersten Ausstrahlung dieser „Kultserie“ in den 1960er Jahren bereits eine Menge an Zukunftstechnik realisiert werden konnte – Mobiltelefone und sensorgesteuerte Automatiktüren sollten hier als Beispiele genügen –, wird seit geraumer Zeit schon munter an der Verwirklichung auch exotischerer Technologien getüftelt.

Die „British Interplanetary Society“ veranstaltete im November 2007 in London eine Konferenz zu dem Thema „Warp-Antrieb“. Unter dieser bislang nur in der Theorie existierenden Technik versteht man Triebwerke, die überlichtschnelle Raumfahrt ermöglichen sollen. Die mathematischen Grundlagen hierzu wurden im Jahre 1994 erarbeitet. Krümmungen im Raum-Zeit-Gefüge sind die Basis für diesen Antrieb. Dass derartige Raumkrümmungen wirklich existieren, hatte bereits Albert Einstein postuliert. Wir wissen heutzutage, dass beispielsweise große Himmelskörper das Licht wie auch die sie umgebende „Raumzeit“ krümmen.[11] Auf dem besagten Londoner Kongress referierten anerkannte Mathematiker und Astrophysiker über die Ausdehnung des Universums, über Gravitationsfelder im Vakuum des Alls sowie die Möglichkeit, ohne Zeitverlust von einer „Raumblase“ zur nächsten zu springen.[12] Und der „Warp-Antrieb“, so eine der Kernaussagen dieses Symposiums, mache Gebrauch vom Wissen über Masse, Raumzeit und Quantenphysik, ohne jedoch die fundamentalen Gesetze der Physik zu verletzen.[13]

Jene weit fortgeschrittenen Intelligenzen, die in grauester Vorzeit auf diesem Planeten landeten, können also durchaus mit Supertechnik durch den Hyperraum zu uns gelangt sein. Nun gibt es aber auch eine „langsamere“ Variante.

Generationen auf Reisen

Die etwas abgedroschene Binsenweisheit, dass viele Wege nach Rom führen, gehört schon lange zu unserem alltäglichen Sprachschatz. Auch ins unendliche All führt mehr als nur ein Weg. Die angesprochene, langsamere Form interstellarer Reisen würde sich in einem sogenannten Generationenraumschiff oder Weltraum-Habitat abspielen. Der Alltag auf so einer, in ihren Dimensionen wahrhaft gigantischen Weltraumarche müsste so angenehm sein, dass die Besatzung sie als eine richtige Welt für sich ansieht. Generation auf Generation würde dort ebenso leben und sterben, wie sie dies nach ihrer Rückkehr zur Erde getan hätte. Unter solchen Voraussetzungen wäre eine Reise von Hunderten, wenn nicht gar eintausend oder noch mehr Jahren zu neuen Planeten eine durchaus realistische Vorstellung.[10] Es käme in erster Linie darauf an, die Lebensbedingungen auf dem Schiff denen auf der Erde so weit als irgend möglich anzugleichen. Hierzu gehört vornehmlich die Erzeugung von Schwerkraft, ohne die unser menschlicher Organismus auf Dauer nicht überleben kann.

Die Idee ist nicht ganz neu, und in die Schublade unrealistischer Utopien passt sie auch nicht hinein. Schon 1952 ersann der deutsche Weltraumpionier Wernher von Braun (1912-1977) ein „Weltraumrad", das die Erde in einer Höhe von 1730 Kilometern umkreisen sollte.[14]

Anders als für den Einsatz im erdnahen Raum erarbeitete Professor Gerard O'Neill von der Princeton-Universität New Jersey in den 1970er Jahren ein revolutionäres Konzept zur Kolonisierung des Weltalls. Er entwarf Weltraum-Habitate, richtiggehende Städte im Weltraum, die zehntausende oder sogar hunderttausende Menschen beherbergen könnten.[15]

Ist es nur Zufall, dass uralte Mythen und Heldenepen genau solche „Städte am Himmel" beschreiben? Wir werden ihnen später im Zusammenhang mit fürchterlichen Schlachten am Himmel begegnen, in deren Verlauf die „Götter" Waffen zum Einsatz brachten, die den Vergleich mit heutigen Massenvernichtungsmitteln nicht zu scheuen brauchen.

Doch zurück zu den Weltraumarchen des Professors der Universität Princeton. Im Erdorbit oder auf dem Mond zusammengebaut, würden sie einem gewaltigen Rad oder einem Zylinder gleichen. Versetzt man diese Habitate in eine ständige Drehung, entsteht in ihnen eine Anziehungskraft, die sich von der auf unserer Erde herrschenden nicht unterscheidet. Für die Menschen an Bord würde eine erdähnliche Umgebung geschaffen, in der die Wohneinheiten in Wälder und Parks, zwischen Wasserläufen und künstlichen Seen eingestreut sind. Professor O'Neill skizzierte einige Varianten, die er als „Insel I" bis „Insel III" bezeichnet. Die Letztgenannte käme auf eine Länge von 32 Kilometern bei einem Durchmesser von 6,5 Kilometern. Bei einer Nutzfläche in ihrem Inneren von 1000 Quadratkilometern böte sie Lebensraum für bis zu einer Million Menschen.[15]

Ein amerikanischer Astronom an der Universität Boston, Professor Dr. Michael Papagiannis, denkt einen Schritt weiter und schickt Generationenraumschiffe auf eine hypothetische Odyssee ohne Wiederkehr. Er ist fest davon überzeugt, dass eine intelligente Spezies auf diese Weise die gesamte Galaxis zu kolonisieren vermag: „Bei einer Geschwindigkeit von nur zwei Prozent der Lichtgeschwindigkeit, die mit Kernfusion ohne weiteres erreichbar wäre, könnte das Raumschiff eine Entfernung von zehn Lichtjahren in etwa 500 Jahren zurücklegen."[16]

Schneeball durchs All

Hat man dann nach 500 Jahren einen bewohnbaren Planeten gefunden, so führt Papagiannis sein kosmisches Gedankenspiel fort, könnten sich die Kolonisten weitere 500 Jahre zur Industrialisierung ihrer neuen Heimat nehmen. Dieser Zeitraum ist ohnehin sehr großzügig angesetzt, denn die Raumschiffbesatzung brächte ihr gesamtes technisches Wissen mit, brauchte nicht „bei Null" beginnen. Ist der Planet erdähnlich, könnten alle zum Bau eines weiteren Schiffes notwendigen Rohstoffe dort gewonnen werden. Nach Ablauf jener zweiten 500 Jahre würde eine Gruppe auf dem Planeten verbleiben, und nunmehr zwei Gruppen ihren Raumflug fortsetzen. Wiederum 500 Jahre später hätten diese beiden Besatzungen weitere Exoplaneten erreicht, und das Spiel könnte erneut von vorne losgehen. Jetzt werden an zwei neuen Standorten schon zwei neue Generationenschiffe gebaut. Und nach weiteren 500 Jahren, in denen sich die Kolonisten munter vermehren, starten bereits vier Habitate in die endlosen Weiten des Alls. Ein regelrechtes „Schneeballsystem" ist in Gang gekommen, dessen Ausbreitung immer weiter geht.

Rechnerisch bedeutet dies, dass die Kolonisationswelle mit einer Geschwindigkeit von etwa zehn Lichtjahren in 1.000 Jahren voranschreitet: 500 Jahre Raumflug wechseln mit 500 Jahren zum Aufbau des neuen Standortes ab. Auf diese Weise wäre unsere gesamte Galaxis in zehn Millionen Jahren kolonisiert.[16] Und dazu wären noch nicht einmal Licht- oder Überlichtgeschwindigkeit, Wurmlöcher im All oder Dimensionssprünge notwendig. Zwar klingen zehn Millionen Jahre nach einer nicht nur „gefühlten" Ewigkeit, sie sind jedoch fast nichts – gerade einmal 0,05 Prozent – im Vergleich zum Alter unseres Universums. Dies wird nämlich auf etwa 20 Milliarden Jahre geschätzt.

Was in nicht allzu ferner Zukunft – von der Verwirklichung der notwendigen Technik dürfte uns nicht einmal mehr ein Jahrhundert trennen – für die Menschheit machbar erscheint, könnte schon vor unsagbar langer Zeit von bedeutend weiter entwickelten Zivilisationen zuwege gebracht worden sein. Trafen möglicherweise mehrere dieser Sternenschiffe am Himmel über den Köpfen unserer zu Tode erschrockenen Urahnen aufeinander, und kam es dabei zu gewalttätigen Verteilungskämpfen unter den Fremden aus dem All? Als riesige „Städte am Firmament", die in grauenhafte Vernichtungsschlachten involviert waren, haben sie quer über den Globus in den Mythen alter Völker ihre unübersehbaren Spuren hinterlassen.

Bevor ich detailliert auf diese „Kriegsberichte" aus vorgeschichtlichen Zeiten eingehe, möchte ich mich noch mit unserem altbekannten „Nachbarn" beschäftigen. In jüngster Zeit machte er wieder durch eine Reihe interessanter Entdeckungen von sich reden. Und seltsamerweise wird er auch von altersher mit Kampf und Fehde in Verbindung gebracht. Für die alten Italer und die Römer stellte der Gott des Krieges, also Mars, auch einen der am meisten verehrten Götter dar.

Neues vom „Roten Planeten"

Schon immer war der vierte Planet ein bevorzugtes Ziel menschlicher Phantasien und Sehnsüchte. Und seit der italienische Astronom Giovanni Schiaparelli (1835-1910) anno 1877 etwas wie „Kanäle" auf dem Mars entdeckt zu haben glaubte, bevölkern wir diesen in unserer Phantasie mit jenen kleinen grünen Männchen, die – meist spöttisch belächelt – zum Inbegriff außerirdischen Lebens geworden sind. Ein Jahrhundert später sorgte spektakuläres Bildmaterial, aufgenommen von amerikanischen Viking-Sonden aus der Marsumlaufbahn, für beträchtlichen Wirbel. Da war auf einer ganzen Reihe Aufnahmen in der sogenannten Cydonia-Region ein menschlich anmutendes Gesicht von etwa 1,5 Kilometer Länge entdeckt worden. Es lag teilweise im Schatten und starrte zum Himmel. Ungefähr 15 Kilometer entfernt sah man mehrere gleichmäßige, pyramidenförmige Strukturen.

Durch computergesteuerte Falschfarbencodierung konnten Einzelheiten dieses „Marsgesichtes" herausgearbeitet werden, welche normalerweise dem menschlichen Auge entgehen, dabei stellte sich heraus, dass besagtes „Marsgesicht" völlig symmetrisch aufgebaut ist. Auch auf dem im Schatten liegenden Teil ist ein Auge samt Augapfel und Pupille vorhanden. Mund, Nase und Haarlinie sowie das Kinn setzen sich harmonisch und kontinuierlich auf der Schattenseite fort. Haben wir es mit einem Bergmassiv zu tun, das von unbekannten Intelligenzen bearbeitet oder besser gesagt, künstlich überprägt worden war?[17,18]

Nur wenige Jahre später folgte eine herbe Enttäuschung: Auf neueren Fotos war vom künstlichen Charakter der Struktur nicht mehr viel zu erkennen. Alles wirkte irgendwie verschwommen und eher wie eine Laune der Natur. Hatten uns Licht- und Schattenwurf einen bösen, optischen Streich gespielt? Oder glauben wir lieber den Verschwörungstheoretikern, die eine „von oben" angeordnete, ganz bewusste Verschleierung dahinter wittern? So können wir auf endgültige Klarheit erst hoffen, wenn der erste bemannte Flug den Mars erreicht hat.

In jüngster Zeit ist es indes wieder sehr spannend geworden um unseren nächsten Nachbarn im Sonnensystem. Unbemannte Forschungsroboter, die weich auf der Marsoberfläche gelandet sind, haben sensationelle Daten zur Erde gefunkt. Allen voran Marsrover „Curiosity" („Neugier"). Der fotografierte im Herbst 2012 in einem ausgetrockneten Flussbett erstmals vom Wasser geformte Kiesel.

Zwar hatten schon frühere Marsroboter Anzeichen für Wasser entdeckt, doch die Aufnahmen aus dem Gale-Krater begeistern die Forscher in bisher kaum bekannten Maße.

Größe und Form dieser Kiesel lassen den einzigen Schluss zu, dass sie aus einem richtigen Fluss stammen. Der war etwa knöchelbis hüfttief und besaß eine Fließgeschwindigkeit von ungefähr einem Meter pro Sekunde. Die auffallend runde Form der Steine - manche so klein wie ein Sandkorn, andere in der Größe eines Golfballes – lässt daneben vermuten, dass sie vom Wasser über eine längere Strecke transportiert wurden.

Alle an der „Curiosity“-Mission beteiligten Wissenschaftler üben sich in seltener Einmütigkeit: „Es war Wasser. Wir sehen hier erstmalig von Wasser transportierte Kiesel auf dem Mars. Bisher haben wir nur über die Größe des Flussbetts spekuliert, jetzt können wir Beobachtungen machen.“[19]

Pyramiden auf dem Mars?

Fest steht: Die „Kanäle“, die der Italiener Schiaparelli im 19. Jahrhundert gesehen zu haben glaubte, waren nichts als eine optische Täuschung. Fakt ist aber die einstige Existenz von Flüssen auf dem Mars. So nimmt die Wahrscheinlichkeit, dass es dort organisches Leben gab oder womöglich noch immer gibt, mit jeder solchen Entdeckung sprunghaft zu.

Auch die Diskussion um mögliche extraterrestrische Bauwerke hat durch Marsrover „Curiosity“ wieder frischen Wind bekommen. Im Juni 2015 ging die Meldung durch die Medien, der Rover habe zwischen Felsen und Geröll eine künstlich wirkende Struktur in Form einer Pyramide entdeckt. Dieses Objekt, welches die umliegenden Felsen deutlich überragt, scheint scharfe und klar abgegrenzte Kanten aufzuweisen, und besitzt auch eine Spitze wie die Pyramiden in Ägypten.[20] Ob nun die Natur als Schöpfer dieses geheimnisvollen Etwas verantwortlich zeichnet, oder außerirdische Intelligenzen, die einstmals auf dem Mars lebten: Die Zeit scheint mehr als reif, nicht länger nur unbemannte Sonden dorthin zu entsenden. Sondern möglichst bald das große Abenteuer zu wagen, Menschen auf die lange Reise zu schicken, um vor Ort die brennendsten Fragen zu klären.

Die NASA hatte hierfür schon vor Jahren Pläne in der Schublade; jedoch dürfte deren Realisierung wegen Geldmangels wieder in weiterer Ferne liegen. Früheren Plänen zufolge hätte der erste bemannte Flug zum Mars noch vor der Jahrtausendwende stattfinden sollen. Bereits im Jahr 1976 beschäftigte sich eine Studie mit dem Titel „Über die Bewohnbarkeit des Mars“ mit der Besiedlung unseres geheimnisumwitterten Nachbarplaneten. Natürlich müsste hierfür ein außergewöhnlicher und immens teurer Aufwand betrieben werden. Schlaue Köpfe ersannen ein Verfahren mit dem Namen „Terraforming“, einschließlich einer ganzen Palette drastischer Maßnahmen, mit denen man den Mars zu einer künftigen Heimat für menschliche Siedler umformen könnte.[17,18]

Im Augenblick ist das aber noch reiner Zukunftstraum, keine Frage. Doch der Zeitpunkt wird kommen, da der Menschheit durch die Überbevölkerung unseres Planeten keine Alternative bleibt, als dieses Projekt in Angriff zu nehmen.

„Mars One“

Als ich über das folgende Vorhaben las, war ich mir keineswegs sicher, ob es nur eine „Luftnummer“ ist, oder tatsächlich Chancen zur Realisierung bestehen. Ist es doch ein Projekt von privater Seite, während die NASA wegen Kürzungen finanzieller Mittel sozusagen mit gestutzten Flügeln am Boden hockt. „Mars One“ ist eine privat finanzierte Studie aus den Niederlanden, deren Ziel es ist, bis 2023 eine erste Gruppe von Siedlern auf den Mars zu bringen. Die hierfür gegründete Stiftung ist nicht profitorientiert, und jeder kann sich im Voraus als potentieller Teilnehmer registrieren lassen. Die Kosten dafür betragen, je nach Herkunftsland, zwischen fünf und 73 US-Dollar pro Person. Also durchaus erschwinglich.

Nach Auskunft der Organisatoren wäre das Projekt eine Reise ohne Wiederkehr. Zum einen, weil für den langen Rückflug kein Treibstoff mehr vorhanden wäre. Außerdem würde ein Mensch nach der langen Reise zum Mars und wieder zurück gar nicht mehr mit der irdischen Schwerkraft zurechtkommen. Ziel des Unternehmens ist es vielmehr, eine erste dauerhafte Kolonie auf unserem roten Nachbarplaneten aufzubauen. Die geringere Schwerkraft dort sollte für die Kolonisten erträglich sein. Sie würden in kugelförmigen Appartements wohnen und in Gewächshäusern ihre eigene Nahrung anbauen.

Doch noch ist die Finanzierung nicht gesichert, obwohl sich bereits mehr als 78.000 Bewerber angemeldet haben. Für die geschätzten Kosten von ungefähr sechs Milliarden US-Dollar benötigt man auch geeignete Sponsoren. Eigentlich sollte das erste Versorgungsschiff schon 2016 starten, dies hat sich jedoch als Illusion herausgestellt. Weitere Frachtschiffe sollen als Vorhut die Wohneinheiten auf dem Mars absetzen, bis dann endlich im Jahr 2023 nach einjährigem Flug die ersten Siedler eintreffen. In jedem Jahr sollen dann sukzessive vier weitere „Marsianer" die Kolonie verstärken.[21]

Ich bin, ehrlich gesagt, sehr skeptisch. Noch sind zu viele Fragen nicht hinreichend geklärt. Muss der zum Leben notwendige Sauerstoff komplett mit Versorgungsschiffen angeflogen werden, oder könnte man ihn auch dauerhaft auf dem Mars produzieren? Was wäre bei medizinischen Notfällen? Würden indes gleich mehrere Organisationen an einem Strang ziehen - beispielsweise als Gemeinschaftsprojekt der NASA, der ESA, der Russen und dem Projekt „Mars One" - dann dürfte dem Unternehmen weit mehr Aussicht auf Erfolg beschieden sein.

Wie immer die Sache auch ausgehen mag: Mars, der in der Mythologie schon von jeher für Krieg und Kampfhandlungen, bewaffnete Konflikte und blutige Schlachten steht, gibt mir hier das passende Stichwort für das folgende Kapitel. Offenbar befehdeten sich verschiedene, aus den Tiefen des Alls gekommene „Götter" in grauer

Vergangenheit auf unserem Planeten. Und das mit furchtbaren Waffen, deren Beschreibungen in den vorzeitlichen Überlieferungen uns seltsam erschauern lässt. Was sich seinerzeit am Firmament abspielte, hat sich unauslöschlich in das Gedächtnis der damals noch jungen Menschheit eingebrannt.

Nachtrag

Am 30. September 2017 überraschte mich meine Heimatzeitung mit der Meldung, dass auch der Tesla-Gründer und Space-X-Chef Elon Musk eine Mars-Mission plant! Sein Projekt soll bis 2024 sogar maximal 120 Kolonisten auf unseren roten Nachbarplaneten bringen. Bereits 2022 sollen unbemannte Vorab-Schiffe Material abladen, und mit der Zeit sowie weiteren bemannten Flügen soll sogar eine richtige Stadt auf dem Mars entstehen.

Es bleibt also wirklich spannend ...

2 Die Ära der Götterkriege

Großer Showdown am Firmament

Auf Neuseeland stellen die Maori die einheimische, alteingesessene Bevölkerung dar. Ethnisch zu den Polynesiern gehörend, leben sie schon lange auf den Inseln, die 1643 von dem niederländischen Seefahrer Abel Janszoon Tasman (1603-1659) entdeckt wurden. Als Neuseeland 1840 britische Kolonie wurde, sicherte ihnen ein mit der Krone geschlossener Vertrag die Gleichberechtigung mit den meist aus Grossbritannien eingewanderten Weißen zu. Deshalb blieb ihnen das Schicksal der australischen Aborigines weitgehend erspart, deren Rechte und Kultur von den Einwanderern, um es hier diplomatisch auszudrücken, mit Füßen getreten wurden.

So sind Mythen und Legenden, die Erinnerungen an ihren Götterhimmel, noch gut erhalten und teilweise lebendig geblieben. Einer der wichtigsten Götter der Maori ist Tane, der die Sterne geordnet und das Licht auf unsere Welt gebracht hatte. Dann brach im Himmel eine Rebellion aus, an deren Spitze Tanes Widersacher Whiro stand, der Gott des Dunkels, des Bösen und des Todes. Zwischen die Abtrünnigen, welche Tane nicht mehr folgen wollten, fuhr dieser mit einem gewaltigen „Blitz". Mit diesem besiegte er die Aufständischen und warf sie auf die Erde. Seit jener Zeit kennt man hier auf Erden den Krieg, und es kämpfen Mann gegen Mann, Volk gegen Volk und selbst die Tiere untereinander.[22,23]

In mythischen Zeiten weilten Wesen auf dieser Erde, die von den damals noch recht naiven Menschen als „Götter" angesehen wurden. Vollbrachten sie doch Taten, die in den Augen der Menschen an Magie grenzten. Auch verfügten sie über schreckliche Waffen, die Blitz und Donner selbst der stärksten Gewitter harmlos erscheinen ließen. Überhaupt nicht zimperlich, setzten sie diese auch regelmäßig ein. Dann herrschte Tod und Verwüstung. Damals kämpften die „Götter" oftmals gnadenlos gegeneinander, und wie in allen Kriegen bis zum heutigen Tag gab es natürlich Sieger und Besiegte.

Nicht nur in den steinalten Überlieferungen der neuseeländischen Maori tauchte der Blitz als äußerst wirksame Waffe auf. Ein „Himmlischer“ aus uns viel näheren Gefilden, der ihn besonders gern gegen seine Widersacher in Einsatz brachte, war der griechische „Göttervater“ Zeus.

Krachende „Blitzgeschosse“

Urmutter Gaia und deren Gemahl zeugten 12 Kinder, die Titanen. Es war ein schrecklicher Nachwuchs, der sich eines Tages mit zügelloser Gewalt nicht nur gegen eine geregelte Weltordnung auflehnte, sondern sogar den Olymp, die Heimstatt der Götter, angriff. Der griechische Dichter Hesiod aus Askra in Böotien, der um 700 v.Chr. lebte, hinterließ seiner Nachwelt viele Epen, Texte und Gedichte, wie zum Beispiel das Buch „Theogonie“.[24] In einem anderen Werk schilderte Hesiod in allen Einzelheiten die zwischen den Göttern und den Titanen entbrannten Schlachten. In diese fürchterlichen Kämpfe griff sogar Göttervater Zeus ein, schleuderte krachende „Blitzgeschosse“ aus dem Firmament auf die Angreifer. Naturphänomene wurden da nicht beschrieben. Das waren Kriegswerkzeuge, die das Meer kochen ließen, ganze Landschaften verbrannten und die Erde selbst erzittern ließen.

Die Schilderungen der Kampfhandlungen nehmen bei Hesiod etliche Seiten ein; für meine Betrachtungen sollten die nachfolgenden Passagen genügen: „Drüben auch die Titanen befestigten ihr Geschwader (...) laut krachte die Erde, und es dröhnte der wölbende Himmel (...) Sogleich vom Himmel einher und vom Olympos raste blitzend der Donnerer. Schlag auf Schlag, mit Geroll und zuckenden Leuchtungen (...) schlängelten heilige Flammen (...) Weit krachte das nahrungssprossende Erdreich brennend empor, und in Glut knatterte die mächtige Waldung (...) Alsdann flammten die heiligen Lüfte, dass auch die Augen des Stärkeren selbst geblendet starrten dem schimmernden Glänze des Donnerstrahles und des Blitzes (...) wie wenn gegen die Erde der gewölbte Himmel sich nahete, so möchte der lautste Schall sich erheben (...) Zum Kampfe anrannten die Götter, wild tobten die Winde und wirbelten Staub und Zerrüttung (...) Sodann schickte Zeus sein erhabenes Geschoss, (...) und es stieg grauenvolles Getöse auf.[25]

Das klingt nun wirklich nicht nach jener primitiven Waffentechnik, die man den Menschen damaliger Zeiten zugesteht. Dies waren ganz andere Kaliber, die da zum Einsatz kamen. Auf jeden Fall ging die Sache für die Titanen denkbar schlecht aus, denn sie wurden von Zeus in den Tartaros gestürzt, in den lichtlosen, tiefsten Teil der Unterwelt verbannt.

Von Kriegen und Kämpfen im Himmel berichtet auch die Bibel. In der Offenbarung (grch. Apokalypse), die wohl fälschlicherweise dem Evangelisten Johannes zugeschrieben wurde[1], befinden sich ziemlich deutliche Hinweise auf ein derartiges Szenarium: „Und es erhob sich ein Streit im Himmel: Michael und seine Engel stritten wider den Drachen. Und der Drache stritt und seine Engel, und siegten nicht, auch ward ihre Stätte nicht mehr gefunden im Himmel. Und es ward gestürzt der große Drache, die alte Schlange, welche da heißt Teufel und Satan, der die ganze Welt verführt. Er ward geworfen auf die Erde, und seine Engel wurden mit ihm dahin geworfen." (Offenbarung des Johannes, Kapitel 12, Vers 7-9)[26]

Und im Alten Testament finden wir eine Textstelle beim Propheten Jesaja (hebr. Jescha'jah, „Jahwe hat geholfen") - in einem späteren Kapitel werden wir ihm nochmals begegnen - welche gleichermaßen Bezug nimmt auf den Besiegten einer Schlacht unter den „Himmlischen": „Wie bist du vom Himmel gefallen, schöner Morgenstern! Wie wurdest du zu Boden geschlagen, der du alle Völker niederschlugst! Du aber gedachtest in deinem Herzen: ‚Ich will in den Himmel steigen und meinen Thron über die Sterne Gottes erhöhen ...'" (Buch Jesaja, Kap. 14, Vers 12-13)[26]

Mantel der Unsichtbarkeit

Auch bei den alten Kelten gab es gewaltige Schlachten unter den Göttern. Aus der irischen Mythologie kennt man das göttliche Geschlecht der Tuatha de Danann, das „Volk der Göttin Dan“ Diese waren in der Schlacht von Mag Tuireadh („Ebene der Pfeiler“) zwar siegreich, unterlagen jedoch später den in Irland gelandeten Söhnen des Mil.[22] Noch heute gibt es die „Pflastersteine der Riesen“, welche im Norden der Insel unweit von Portrush liegen. Es ist dies eine eindrucksvolle, weite, von grossen fünf- und sechseckigen Felsblöcken bedeckte Fläche. Aller Wahrscheinlichkeit nach sind die Blöcke vulkanischen Ursprungs. Kaum, dass die Lava an die Oberfläche gekommen war, erstarrte sie in der heute vorgefundenen Form.

Die alten Mythen indes bezeichnen diesen Ort als Schauplatz einer wahrhaft apokalyptischen Schlacht zwischen zwei Gruppen halbgöttlicher Wesen.[27] Mögen die „Pflastersteine der Riesen“ auch auf jenen „Krieg“ zurückgehen, der beständig zwischen den Kräften des Erdinneren und der Erosion tobt, brechen sich doch uralte Erinnerungen an furchtbare Schlachten, die die „Götter“ untereinander ausfochten, immer wieder ihren Weg aus dem kollektiven Gedächtnis der Menschen.

Die besagten Tuatha de Danann waren überhaupt eine sehr mysteriöse Gruppierung. Gemäß dem irischen Manuskript „Buch der Eroberungen“ kamen sie an einem 1. Mai von jenseits des Meeres und brachten allerlei Kultgegenstände und magische Waffen mit. Wie zum Beispiel das Schwert des Nuadu, die Lanze des Lug oder den Kessel von Dagda.[28] Was mag sich hinter diesen etwas nebulösen Beschreibungen wirklich verbergen? Und der irische Chronist Eochaid hûy Flainn wusste im 10. Jahrhundert n.Chr. – das war Tausende Jahre nach deren Verschwinden - über diese Halbgötter zu berichten: „Die Rasse der Tuatha de Danann schützte sich unter dem Mantel der Unsichtbarkeit, den sie nur in Ausnahmefällen ablegten. Sie hatten keine Schiffe (...) man weiß wirklich nicht, ob sie auf dem Himmel, vom Himmel oder von der Erde gekommen sind. Waren es Dämonen des Teufels oder waren es Menschen?“[29]

Besonders elektrisiert hat mich an dieser Stelle die Erwähnung der Fähigkeit, sich „unter dem Mantel der Unsichtbarkeit“ zu schützen, für den Feind nicht mehr sichtbar zu sein. Dieselbe Eigenschaft wird auch den Protagonisten jener fürchterlichen Götterschlachten zugeschrieben, die einst am Himmel über Indien tobten. Was sich dort abspielte, sprengte bis 1945 jeglichen Rahmen des Vorstellbaren. Später mehr darüber. Für den Augenblick bitte ich allerdings noch um etwas Geduld.

Götterkriege sind eines der verbreitetsten Motive in Legenden und Überlieferungen der Menschheit. Jedoch wehren sich die meisten Mythenforscher, Ethnologen und Archäologen recht vehement dagegen, sie als Tatsachenberichte anzusehen und wirklich vorgefallene Ereignisse dahinter wenigstens als Möglichkeit zu betrachten. Stets muss eine ausufernde Phantasie als Erklärung herhalten. Und dies, obwohl – wie ich noch anhand viel krasserer Schilderungen zeigen werde – sich mit Phantasie so manches erschreckende Detail nicht mehr erklären lässt. Wenn ein nuklearer Krieg oder der Einschlag eines genügend großen Meteoriten den größten Teil der heutigen Menschheit auslöschen würde: Was bliebe denn sonst erhalten als nebulöse mythische Erzählungen, durch die Überlebenden an den Lagerfeuern von Generation zu Generation weitergeraunt? Viel später, nach Tausenden von Jahren würden die Nachkommen das alles wieder nur als fromme Legenden oder reine Phantasieprodukte abtun. Es wären harte Nüsse, welche die Archäologen künftiger Zeiten da zu knacken hätten.

Flucht aus dem Land des Todes

Der nordamerikanische Kontinent, vornehmlich ein großes Gebiet der heutigen Vereinigten Staaten, muss in weit zurückliegender Vergangenheit zum Schauplatz einer Katastrophe ungeheuren Ausmaßes geworden sein. Tobten auch dort Kriege unter den „Göttern“, die einen so hohen Blutzoll forderten, dass ausgedehnte Regionen verwüstet und nicht nur ihrer menschlichen Bevölkerung beraubt wurden? Die noch heute in Arizona und New Mexico lebenden

Washoe-Indianer erzählen, ihr Volk sei in grauer Vorzeit von einer Rasse menschenähnlicher, ihnen jedoch weit überlegener Wesen unterworfen worden. Jene hätten ihre Vorfahren angewiesen, den Boden zu bearbeiten und Nutzpflanzen anzubauen. Auf einer Insel im Lake Tahoe – an der Grenze zwischen den US-Bundesstaaten Nevada und Kalifornien gelegen – erbauten die Fremden einen gigantischen Tempel mit einem Turm oder einer hohen Säule, auf deren Spitze ein großes, weithin sichtbares Feuer leuchtete.[30] War dies ein Stützpunkt fremder Intelligenzen, von dem aus mit vernichtenden Waffen bestückte Flugkörper zu ihren Kampfeinsätzen starteten?

Die Spuren einer womöglich durch Atomexplosionen verursachten Katastrophe apokalyptischen Ausmaßes sollen noch gelegentlich zu finden sein. Im berüchtigten Death Valley, dem Tal des Todes, das westlich von Las Vegas ebenfalls an der Grenze zwischen Kalifornien und Nevada liegt, will ein gewisser Captain Ives William Walker im 19. Jahrhundert eine ungewöhnliche Entdeckung gemacht haben:

„Das ganze Land zwischen dem Rio Gila und San Juan ist mit zerstörten Städten und Behausungen überdeckt. Ich erkannte ein ansehnliches Bauwerk, um das herum die Reste einer Stadt lagen, die nach meinen Berechnungen eine Meile lang gewesen sein muss. Spuren eines Vulkanausbruchs, verkohlte oder zu Glas zerschmolzene Blöcke legen Zeugnis davon ab, dass über diese Gegend eine furchtbare Geißel hinweg gezogen ist. Im Mittelpunkt dieser Stadt, eines amerikanischen Pompeji, erhebt sich ein 20 bis 30 Fuß hoher Felsen, der die Überreste gigantischer Bauten trägt. Das südliche Ende des Bauwerkes scheint aus einem Schmelzofen gekommen zu sein; der Felsen der es trägt, weist selbst Schmelzspuren auf. Die Anlage der Straßen und die Baufluchten der Häuser sind noch einwandfrei zu erkennen. In der Umgebung gibt es ferner eine erhebliche Anzahl ähnlicher Ruinen. Es ist merkwürdig, dass die Indianer keine Überlieferung bewahrt haben, welche sich auf ehemals in diesem Gebiet ansässig gewesene Gemeinschaften bezieht. Jedes Mal, wenn die Indianer dieser traurigen Überreste ansichtig werden, ergreift sie ein religiöser Schauder, aber sie wissen nichts über die Geschichte ...“[31]

Angeblich sollen die Azteken bei deren erster Begegnung mit dem Eroberer Hernando Cortez (1485-1547) behauptet haben, lange Zeit vorher aus dem Norden gekommen zu sein.[32] Demgegenüber sprechen die Hopi-Indianer davon, aus dem Süden kommend in ihre jetzige Heimat geleitet worden zu sein. Und zwar von den sogenannten „Kachinas", legendären Kulturbringern aus dem All.[33] Uralte Überlieferungen sprechen von einer Massenauswanderung der alten Mexikaner aus jenem Land, in dem sie von einer tödlichen Katastrophe heimgesucht worden waren: „Auf den Rat ihrer Priester hin zogen sie nach Süden, auf der Flucht aus dem Land des Todes. Das verheissene Land musste erreicht sein, wenn sie auf einem Kaktus einen Adler sitzen sahen, der zwischen seinen Fängen eine Schlange hielt."[32]

Dieser auf dem Kaktus sitzende Adler mit der Schlange in seinen Fängen ist übrigens das Staatswappen des heutigen Staates Mexiko.

Ausgerottete Pferde

An vorangegangener Stelle habe ich kurz die Frage angesprochen, ob weite Regionen Nordamerikas durch die Kriege der Götter nicht nur ihrer menschlichen Bevölkerung verlustig gingen. Tatsächlich gibt es das Verschwinden einer Tierart zu beklagen, vollständig und unter ungeklärten Umständen. Es sei denn, man würde eine gewaltsame und ausnahmslose Ausrottung durch außergewöhnliche Einflüsse in Betracht ziehen.

Es ist eine nicht zu leugnende Tatsache, dass zur Zeit der spanischen Eroberung in ganz Amerika keine Pferde existierten. Die Azteken beispielsweise waren völlig geschockt, als sie den berittenen Soldaten Hernando Cortez' gegenüberstanden. Für sie schienen Pferd und Reiter ein einziges Lebewesen zu sein, vergleichbar mit den sagenhaften Zentauren bei den alten Griechen Diese waren kuriose Mischwesen, mit einem männlichen Oberkörper, Kopf und Armen, sowie dem Leib eines Pferdes. Das Überraschungsmoment auf seiner Seite, konnte Cortez 1521 die zahlenmäßig weit überlegenen Azteken vernichtend schlagen.

In allen Teilen der übrigen Welt gehörte das Pferd zu einer sehr alten Tierfamilie, die schon früh domestiziert wurde. Bei der gesellschaftlichen Entwicklung, in der Arbeitswelt und vor allem im Kriegswesen spielte es eine tragende Rolle. In Amerika hingegen fehlte das Pferd – zumal es in moderner Zeit buchstäblich zum Markenzeichen speziell des amerikanischen Westens wurde. Harte Männer auf ihren schnellen Mustangs: Die „Pferdeopern" Marke Hollywood haben ihren Beitrag dazu geleistet, das Klischee der USA als Pferdenation Nr. 1 auf der Welt zu zementieren. Doch das Pferd wurde – zumindest was die geschichtlich erfasste Zeit betrifft - erst von den Eroberern und Einwanderern aus Europa in Amerika heimisch gemacht. Es eignete sich in hervorragender Weise zum Überwinden weiter Strecken in den Prärien. Und auch die Indianer Nordamerikas kamen erst nach ihrer Konfrontation mit den Weißen mit den äußerst praktischen Nutztieren in Kontakt.

Dann fand man ganz überraschend die fossilen Knochen einer urzeitlichen Pferdeart, des Hipparions. Dieser dreizehige Vorfahre des modernen Pferdes lebte am Anfang des Pliozän – einer Unterabteilung des Tertiär vor etwa fünf Millionen Jahren – in Nordamerika.[1] Doch nicht nur das. Bereits 1849 hatte der Anatomieprofessor Joseph Leidy über eine Anzahl prähistorischer Pferde aus dem nordamerikanischen Tertiär berichtet. Es waren fast durchweg Zufallsfunde, die Farmern und Goldgräbern in die Hände gefallen waren und die irgendein aufmerksamer Lehrer, Sheriff oder Pfarrer zu Professor Leidy nach Philadelphia geschickt hatte. Diese Funde erregten schon deshalb großes Interesse, weil sie der überholten Lehrmeinung, Pferde seien bis zur Einführung des Hauspferdes durch die Europäer in Amerika vollkommen unbekannt gewesen, den Garaus machten. Man fand heraus, dass es im Tertiär in Amerika verschiedene Urpferde gegeben hatte: drei- und vierzehige, größere und kleinere Arten. Einzig die plumpen, tapirähnlichen Pferde, die typisch für Europa waren, hatten in Amerika offenbar nie existiert. Alle amerikanischen Vor- und Urpferde – aus welcher Epoche auch immer – wirkten schon viel pferdeähnlicher als die entsprechenden Arten in der Alten Welt.

So kam man auf die Idee, ob die heutigen Pferde nicht zweimal entstanden sein könnten: In der Alten Welt über tapirähnliche Formen, in Amerika jedoch auf direktem Weg. Die Anhänger Charles Darwins konterten hierauf: „Der Gedanke, dass in zwei Erdteilen über verschiedenartige Zwischenformen genau das gleiche Tier zwei Mal entstanden sein soll, hat etwas Unheimliches.“[34]

Eine große Anzahl verschiedener Urpferde fand der amerikanische Paläontologe Othniel Charles Marsh (1831-1899). Von 1872 bis 1874 grub er in den Staaten Nebraska, Wyoming sowie Dakota rund 30 Formen fossiler Pferde aus. Sie entstammten allen Epochen der Tertiärzeit, und bildeten eine nahezu lückenlose Entwicklungskette. Es stellte sich als unumstößliche Tatsache heraus, dass das Pferdegeschlecht nur einmal entstanden war. Und zwar in Nordamerika.[34]

Und dann, vor einigen tausend Jahren, waren die Pferde dort ganz plötzlich, ohne plausiblen Grund, zur Gänze verschwunden. Um solch eine hundertprozentige Vernichtung zu bewirken, musste wirklich eine Katastrophe ungeheuren Ausmaßes stattgefunden haben. Ein Desaster, das sicher nicht auf natürliche Ursachen zurückzuführen ist. Tobte auch über dem prähistorischen Amerika eine verheerende Götterschlacht, welche mit Vernichtungswaffen atomarer Art geführt wurde?

Dieses vollkommen unerklärliche Verschwinden einer so wichtigen Spezies stellt vielleicht das größte Geheimnis der Neuen Welt dar. Übrigens existierte noch im 15. Jahrhundert auf den Azoren ein Pferdestandbild. Es hatte den Blick auf das offene Meer, wo Amerika liegt, gerichtet.[32]

Von Donnervögeln und silbernen Flugdrachen

An dieser Stelle kehre ich noch einmal zurück zu den Mythen der Indianer Nordamerikas. Diese wissen immer wieder von seltsamen „Donnervögeln“ zu berichten, die ihnen das Feuer brachten. Die Ureinwohner zeigten großen Respekt und auch eine gute Portion Angst vor jenen fliegenden Ungetümen. Dass sich dahinter sehr wohl technisches Equipment verbirgt, verrät eine Episode, über die der deutsche Ethnologe Werner Müller berichtete: „Als im Jahre 1911 das erste Flugzeug über der Reservation der Odjibwae (auch Chippewa, ein Indianerstamm aus der Sprachfamilie der Algonkin im Norden der USA und im angrenzenden Kanada) in Red Lake/Minnesota auftauchte, da wussten die Indianer sofort, worum es sich handelte. Das fliegende Monstrum war natürlich ein Donnervogel, jener riesige Gegner der mythologischen Schlangen, dessen Augen Blitze sprühen und dessen Flügelschläge den Donner erzeugen. Eilig lief ein jeder zum See hinunter, um Tabak zu opfern.[35] Diese „Thunderbirds" hatten wahrlich eine martialische, oder eine kriegerische Ausstrahlung. Und mehr als ein halbes Jahrhundert vor Müller berichtete dessen amerikanischer Kollege Copway, dem Mitte des 19. Jahrhunderts jeder Gedanke an Fliegerei und Flugzeuge fernliegen musste: „Niemand schien glücklich genug, das Versteck der großen Vögel zu entdecken, die Ah-ne-me-keeg, nämlich Donnervögel, genannt werden Sie werden selten gesehen, jedoch oft droben im Himmel gehört, weil sie nun höher fliegen als sie es früher taten. Sie schwanken, und Feuer sprüht aus ihren Augen.[36]

Vielleicht wussten andere Indianerstämme mehr. Denn bei den Volksgruppen in der Gegend des Colorado River halten sich noch immer hartnäckig die Legenden über verborgene Höhlen, in denen die Götter ihre Donnervögel aufbewahrt haben sollen.[37]

Selbst die Eskimos im hohen Norden haben ihre Erfahrung mit den geheimnisumwobenen Thunderbirds gemacht. Voller Angst versteckten sie sich in Höhlen, wenn jene großen, schwarzen Vögel über die Erde donnerten.[38] Andererseits verdanken sie ihnen womöglich sogar das Überleben in Zeiten alles vernichtender Götterkriege. Denn in der Mythologie der Eskimos wird behauptet, die ersten Stämme seien von den „Göttern" auf eisernen Flügeln in die arktischen Gefilde gebracht worden.[39] Zeigte sich eine der Kriegsparteien so verantwortungsvoll, die Menschen vorsorglich aus der Todeszone zu evakuieren?

Es ist nun an der Zeit, sich den Weiten des asiatischen Kontinents zuzuwenden. In den Überlieferungen, Chroniken und Heldenepen dieser Weltgegend sind die Hinweise auf Götterschlachten, geführt mit phantastischen Waffen, noch ungleich deutlicher. Und zuweilen auch von solch brutaler Detailliertheit, um uns noch Jahrtausende später aufgeschreckt und höchst verwirrt zurückzulassen.

Der tollkühne Held No Cha aus der alten chinesischen Mythologie nannte ein reich bestücktes Arsenal an Superwaffen sein Eigen, das er ohne zu zaudern gegen seine Feinde einsetzte. So vernichtete er seinen Rivalen Chang Kueifeng mithilfe eines sogenannten „Wind-Feuer-Rades". Was immer dies auch gewesen sein mag, es war äußerst effektiv. Und mit seinem „Himmel-und-Erde-Armband" ließ er den Boden unter all jenen erzittern, die ihm nicht wohlgesonnen waren. No Cha genoss bei alledem die Unterstützung „silberner Flugdrachen", mit denen er sich gen Himmel erheben konnte.[40]

Angriff der Weltraumstädte

Die Mythen aus dem alten Reich der Mitte sind überhaupt eine reiche Fundgrube für furchterregende „Götterwaffen". Da kamen „Blitzspieße" und „Donnerschläge" ebenso zum Einsatz, wie „glänzende Lichtstrahlen" und „kugelförmiges Feuer". Mit „vergifteten Gasen" könnten wohl Massenvernichtungswaffen biologischer oder chemischer Art gemeint sein, mit denen man eine offensive Kriegsführung betrieb. Doch auch für die Defensive war man gut gerüstet. „Schützende Rauchschirme" und „Schleier der Unsichtbarkeit" deckten den Rückzug, falls man sich einmal ein wenig strategisch verkalkuliert hatte.[41,42] Wie hatten das die Tuatha de Danann aus Irland gemacht? Sie pflegten sich unter einem „Mantel der Unsichtbarkeit" zu schützen.[29]

Im Zusammenhang mit für zukünftige Raumfahrtprojekte geplanten Weltraumhabitaten hatte ich einen Vergleich mit gewaltigen „Städten am Firmament" gezogen, die in grauer Vorzeit in mörderische Himmelsschlachten verwickelt waren. Eine uralte tibetische Überlieferung erzählt von Sudarsoma, die auch als „Stadt der 33

Götter" bezeichnet wurde. Es muss ein wahrhaft gigantisches Objekt gewesen sein: Jeweils 2500 yojanas lang und breit, kreuzte Sudarsoma im Weltall und war von sieben Kreisen goldener Mauern umgeben. Die Götter, die in diesem technischen Wunderwerk lebten, besaßen den Mythen zufolge sogar die Fähigkeit der Materialisation. Was immer sie sich wünschten, konnten sie sich einfach von den Bäumen pflücken.

Nachdem König Mandhotar, der Beherrscher dieser himmlischen Stadt, die ganze Welt erobert hatte, gedachte er auch noch den Himmel zu unterwerfen. Damit hatte er sich jedoch ein wenig zu viel vorgenommen. Sein ungezügelter Ehrgeiz kostete ihn alles, was er besaß. Letztendlich auch sein Leben. Während er sich im Weltraum aufhielt, wurde seine „Stadt der 33 Götter" plötzlich von den feindlichen Asuras angegriffen. In einer beispiellosen Schlacht, die mit unvorstellbaren Waffen und äußerster Grausamkeit geführt wurde, gelang es den Asuras, die himmlische Stadt zu besiegen und in den Weltraum zurückzuwerfen.[43]

Berichte vom Atomkrieg

Es ist höchst beeindruckend, wie viele Überlieferungen rund um unseren Globus Zeugnis ablegen von verheerenden Kriegen unter Wesen, deren Technologie der unserer Vorfahren Jahrtausende voraus war. Doch kein Volk und kein Land dieser Welt vermag auf eine umfangreichere Literatur aus legendären Zeiten zurückzublicken, als Indien und dessen Bewohner. Selbst unsere Bibel erscheint im Angesicht dieses nie versiegenden Stroms an Informationen wie ein schmales Brevier. Die Namen der altindischen Heldenepen sind für uns veritable Zungenbrecher: Mahabharata, Vymaanika Shastra oder Samarangana Sudradhara, um nur ein paar wenige zu nennen. Als diese das erste Mal in Schriftform festgehalten wurden – auf Sanskrit, der kultivierten Kunstsprache des alten Indien –, war auch deren Alter längst legendär. Eine unglaubliche Leistung war es bereits, die Inhalte bis zur Niederschrift mündlich weiterzugeben: Denn alleine das Nationalepos Mahabharata umfasst rund 160.000 Verse.[44]

Allen diesen Überlieferungen ist eines gemeinsam: Sie beschreiben hochmodern anmutende Fluggeräte und Waffentechnologien, welche viel eher nach Science Fiction klingen, denn nach einer Epoche, in der man nach gültiger Gelehrtenmeinung mit Speeren, Pfeil und Bogen kämpfte. Indiens älteste Texte sprechen nicht von silbernen Flugdrachen oder Donnervögeln am Himmel, sondern von Hightech-Flugmaschinen, den „Vimaanas". Mit ihnen herrschten die „Götter" über den Luft- und Weltraum, und die Überlieferungen verraten sogar etliche technische Details.[45] Gekämpft wurde dort nicht mit ominösen „Blitzspießen" oder mit „Donnerschlägen". Vielmehr kamen furchterregende Superwaffen zum Einsatz, deren Beschreibungen erstaunlich präzise und ohne jede mythologische Verschleierung daherkommen.

Das Vymaanika Shastra listet Zukunftstechnologien auf, die bei heutigen Militärs größte Begehrlichkeiten wecken dürften. Da werden Vorrichtungen beschrieben, mit denen sich ein Flugkörper während des Fluges vergrößern oder verkleinern lässt, nebst einer Apparatur, die den hellen Tag in schwärzeste Finsternis verwandelt. Schallkanonen waren in dem Arsenal „göttlicher" Waffentechnik ebenso enthalten wie Schutzschilde zur eigenen Sicherheit. Oder Vorrichtungen, mit denen man feindliche Vimaanas mitten im Flug stoppen konnte.[46]

Bis vor wenigen Jahren sah man diese altindischen Texte generell durch die völlig veraltete Brille des 19. Jahrhunderts. Damals gingen eifrige, aber hoffnungslos voreingenommene Fachleute daran, erste Übersetzungen aus dem Sanskrit in die englische Sprache vorzunehmen. Indien war damals britische Kolonie, und die Gelehrten machten sich mit der herablassenden Einstellung ans Werk, dass einzig unsere westlichen Staaten der Neuzeit über ein fundiertes Wissen und fortschrittliche Technologien verfügten. Dermaßen eingenebelt von ihrem elitären Zeitgeist kommentierten sie Passagen, in denen es um supermoderne Angriffswaffen oder weltraumtaugliche Fluggeräte ging, mit abwertenden Bemerkungen. Formulierungen wie „dummes Geschwätz", oder „diese Stelle kann getrost ausgelassen werden, da sie nur Fantastereien enthält", fanden sich in zahlreichen Fußnoten jener frühen Übersetzungen.[47]

Zum Glück beginnen sich nun die Zeiten zu ändern. Aufgeschlossene indische Sanskritgelehrte haben sich darangemacht, uralte Texte aus der Sicht unserer Epoche zu betrachten. Die Schilderungen, die sie enthalten, sind alles andere als nur Ausgeburten einer blühenden Phantasie ihrer Vor-Vorfahren. Sie enthalten sogar detaillierte Berichte über Atomschläge.

„... sie sahen nicht mehr wie Menschen aus"

Das fünfte Buch des Nationalepos Mahabharata beschreibt den Einsatz einer Waffe, deren entsetzliche Auswirkungen sofort an den atomaren Holocaust erinnern, der im August 1945 die japanischen Städte Hiroshima und Nagasaki heimgesucht hatte: „Die Sonne schien sich im Kreise zu drehen. Von der Glut der Waffe versengt, taumelte die Erde vor Hitze. Elefanten waren angebrannt, und rannten wild hin und her (...) Das Toben des Feuers ließ die Bäume wie bei einem Waldbrand reihenweise stürzen ... Pferde und Streitwagen verbrannten, es sah aus wie nach einem fürchterlichen Brand. Tausende von Wagen wurden vernichtet und dann senkte sich tiefe Stille über die Erde (...) Es bot sich ein schauerlicher Anblick. Die Leichen der Gefallenen waren von der fürchterlichen Hitze verstümmelt, sie sahen nicht mehr wie Menschen aus. Niemals zuvor haben wir eine derart grauenhafte Waffe gesehen, und niemals zuvor haben wir von einer derartigen Waffe gehört (...) Sie ist wie ein strahlender Blitz, ein verheerender Todesbote, der alle Angehörigen der Vrischni und der Andhaka zu Asche zerfallen ließ. Die verglühten Körper waren unkenntlich. Den Davongekommenen fielen Haare und Nägel aus. Töpferwaren zerbrachen ohne Anlass, die überlebenden Vögel wurden weiß. In kürzester Zeit war die Nahrung giftig. Der Blitz senkte sich und wurde feiner Staub."[48]

Im achten Buch der Mahabharata versuchten Krieger, die das Inferno von Weitem beobachtet hatten, sich den todbringenden Fallout abzuwaschen: „... denn alles war vom tödlichen Hauch des Gottes belegt. Auch die ungeborenen Kinder im Mutterleib starben."[48] Es sind Szenen aus Hiroshima, aus Nagasaki? Nein. Wir sind immer noch im alten Indien vor Tausenden von Jahren!

In einer weiteren Passage des Mahabharata wird die zum Einsatz gebrachte Waffe mit dem Namen „Agneya" bezeichnet, und um einiges drastischer veranschaulicht:

„Es war ein einziges Geschoss,
geladen mit der ganzen Kraft des Universums.
Eine weißglühende Säule aus Rauch und Flammen,
so hell wie zehntausend Sonnen,
stieg auf in all ihrem Glanz.
Es war eine unbekannte Waffe, ein eiserner Donnerkeil,
ein riesiger Todesbote, der in Asche verwandelte
das gesamte Geschlecht der Vrischnis und Andhakas.
Die Leichen waren dermaßen verbrannt,
dass sie nicht wiederzuerkennen waren.
Die Haare und Nägel fielen ihnen aus,
Tongefäße zerbrachen ohne Grund
und die Vögel verfärbten sich weiß."[48]

Radioaktive Spuren

An dieser Stelle erübrigt sich wohl jeglicher Kommentar; zu deutlich fallen die Parallelen zu den Atombombenabwürfen Amerikas ins Auge. Mit diesem barbarischen Gewaltexzess bombten die USA die Welt buchstäblich in ein neues Zeitalter. Der Physiker J. Robert Oppenheimer (1904-1967), der auch „Vater der Atombombe" genannt wurde, litt bis an sein Lebensende unter der gewaltigen Schuld, mitverantwortlich für diesen atomaren Massenmord gewesen zu sein. Ebenso waren ihm offenbar die so frappierend an Hiroshima und Nagasaki erinnernden Textstellen des indischen Nationalepos Mahabharata geläufig. In seiner Eigenschaft als Direktor des „Institute for Advanced Study" in Princeton (New Jersey) wurde er im Juni 1952 im Verlauf einer Diskussion von seinen Studenten gefragt, ob die

Testbombe von Alamogordo (am 16. Juli 1945) wohl die erste gewesen sei. Heute, da wir begonnen haben, die alten indischen Überlieferungen mit modernen Augen zu sehen, vermögen wir die Antwort, die er seinen Studenten gab, besser zu verstehen. Oppenheimer ließ, nach einer Weile des Überlegens, vernehmen: „Nun ja. Jedenfalls in neuerer Zeit."[49]

Wenn nun die im Nationalepos Mahabharata beschriebenen atomaren Schläge kein Phantasieprodukt sind, sondern erlebte, grausame Realität, muss man sich die Frage stellen, ob heute, nach Tausenden von Jahren, noch irgendwelche greifbaren Spuren existieren. Das ist tatsächlich der Fall. Im Jahre 1947 gruben Archäologen im Tal des Euphrat, im südlichen Irak, einen sehr tiefen Schacht, der durch mehrere alte Kulturschichten führte. Dabei stießen sie auf babylonische, chaldäische, sumerische und noch frühere Kulturstufen, die rund 8.000 Jahre zurückreichten. Ganz unten trafen sie dann auf eine Schicht, die wie grünliches geschmolzenes Glas aussah.[49] Später stellte man fest, dass sich ein langer Streifen derartiger verglaster Sand- und Gesteinsschichten vom Westen Chinas über Indien und Pakistan bis nach Mesopotamien, dem alten Zweistromland, erstreckt. Gibt es eine Antwort auf die Frage, warum diese rätselhafte Schicht jenen Sandverglasungen so ähnlich sieht, wie sie bei Atombombentests seit dem Juli 1945 entstanden sind?[50]

In den Ruinen von Parhaspur, nicht weit von Srinagar im indischen Teil von Kaschmir gelegen, sind noch die Reste dreier Tempel zu erkennen, obwohl das Areal den Eindruck vermittelt, als sei es von einem Bombenangriff heimgesucht worden. Und innerhalb der Tempelanlage von Marand, nahe der Grenze zu Pakistan, konnte der Schweizer „Götterforscher" und Bestsellerautor Erich von Däniken schon 1976 eine starke radioaktive Strahlung messen.[51]

Seit Jahrzehnten ist bekannt, dass in der Region um Jodhpur im indischen Rajasthan die Rate der Krebserkrankungen weit höher liegt, als im Landesdurchschnitt. Bei den Vögeln in dieser Gegend wurden unnatürliche Mutationen beobachtet. Doch erst im Jahre

1999 kamen indische Wissenschaftler auf die Idee, einmal Detektoren für Radioaktivität einzusetzen. Dies war im ersten Augenblick eine reichlich absurde Idee, denn es hatten dort weder neuzeitliche Kernwaffentests der Atommacht Indien stattgefunden, noch ist irgendwo ein Atomreaktor am Netz. Die Geigerzähler lieferten jedoch ein ebenso unerwartetes wie eindeutiges Resultat: Unter Sand und Steinen verborgene Ascheschichten wiesen eine deutlich erhöhte Radioaktivität auf![44]

Nein, zu viele Indizien weisen darauf hin, dass die in grauenvollsten Details geschilderten Götterschlachten einst beinharte Realität waren. Aus welchen Gründen die aus den unermeßlichen Weiten des Alls gekommenen Fremden diesen „Feuerzauber" veranstalteten, kann man heute nur spekulieren. Kam es zum unerwarteten Streit unter einst durch ein gemeinsames Raumfahrtprojekt Geeinten, der dann irgendwann eskalierte? Eine Option, nicht in dem Inferno umzukommen, war die Flucht in den Untergrund. Die „Götter" verbargen sich, ihre Waffen und Ausrüstung in gesicherten unterirdischen Refugien. Und auch die Menschen jener unruhigen Zeit suchten Zuflucht unter der Erde, um wenigstens halbwegs mit heiler Haut davonzukommen.

3 Abgetaucht!

Rettende Flucht in den Untergrund

Es gibt Regionen auf dieser Welt, die man ohne Übertreibung mit einem Schweizer Käse vergleichen kann. Da sind ganze Landstriche durchlöchert: Durch den Untergrund zieht sich ein Labyrinth von Gängen und Tunneln, riesigen Hallen und Ventilationsschächten, sowie Vorrichtungen, mit denen Durchgänge an den strategisch wichtigsten Stellen blockiert werden können. Andere Gegenden sind buchstäblich übersät mit in das harte Felsgestein gebohrten Unterständen, in denen sich ein, zwei oder drei Menschen verstecken können. Manche dieser unterirdischen Bauwerke sind von einfachster Machart, andere verfügen über Infrastrukturen, die uns höchste Bewunderung abnötigen.

So unterschiedlich sie sich immer präsentieren, haben diese unterirdischen Bauten doch einiges gemeinsam. Ihr Alter dürfte Tausende Jahre betragen – man kann sie in der Regel als prähistorisch bezeichnen. Und sie boten einer nicht zu beziffernden Menge Menschen Schutz. Aber Schutz gegen was? Ganz offensichtlich gegen Bedrohungen, die „von oben“ kamen.

Im vorangegangenen Kapitel habe ich die Legenden der Indianerstämme aus der Region des Colorado River erwähnt, denen zufolge die Götter deren „Donnervögel“ in verborgenen Höhlen gelagert haben sollen. Versteckt wäre sicher der passendere Ausdruck. An etlichen Felswänden im Canyon des Colorado kennt man schon seit vielen Jahren in den Fels eingekerbte Pfeile und andere Zeichen, die nur bei einem bestimmten Einfallswinkel des Sonnenlichtes zu erkennen sind. Für die Indianer dieser Gegend sind diese allesamt Hinweise auf geheime Höhlen von ungeheuren Ausmaßen, in denen Götter und Menschen sich verborgen hätten, als „der Himmel auf die Erde gefallen sei“.[52] Eine mehr als harmlose Umschreibung für jene verhängnisvollen Katastrophen oder Götterkriege, die am Himmel der Vorzeit tobten.

Künstlich errichtete Höhlensysteme und Tunnel von respektablen Ausmaßen finden wir an allen Ecken und Enden der Welt. Darüber werde ich noch ausführlich berichten. Es gibt aber auch einen Ort, an dem jene Wesen, die unsere Vorfahren „Götter" nannten, zwar keine „Donnervögel" verbargen. Zumindest hat man da noch kein Flugobjekt ausgegraben. Doch möglicherweise lagerten sie Waffen und andere Gerätschaften unter einem perfekten Hitzeschild, dessen Existenz bis dato einmalig ist auf dieser Welt. Ich war bereits wiederholte Male dort.

„Der Ort, an dem man zum Gott wird"

Ungefähr 40 Kilometer nordöstlich der oft von Erdbeben heimgesuchten Hauptstadt von Mexiko liegt die archäologische Zone von Teotihuacan. Als sich der bereits erwähnte spanische Konquistador Hernando Cortez ein Jahr vor seiner Eroberung des Aztekenreiches, beim ersten Sturm auf Tenochtitlan, eine blutige Nase holte, musste er in nördlicher Richtung nach Otumba fliehen. Auf den dortigen Anhöhen dürften ihm seltsam gleichmäßig geformte Hügel aufgefallen sein. Vielleicht ritt er mit seinen wenigen verbliebenen Soldaten mitten zwischen den Erhebungen durch, die sich später als größte Pyramidenanlage der Neuen Welt herausstellen sollten. Und sicher ahnte er nicht, an welch geheimnisvollem Platz er sich befand. Die Azteken wussten es wohl, doch ihm, der gerade eine Niederlage von ihren Kriegern eingesteckt hatte, verrieten sie wohlweislich nichts.

Sie nannten das überwucherte Areal *téotihuacan*. Dies bedeutet so viel wie „der Ort, an dem man zum Gott wird". Indes ist der ursprüngliche Name dieser Stätte bis heute unbekannt. Kein Mensch weiß, wer die Erbauer und Bewohner Teotihuacans gewesen waren, woher sie kamen, und in welcher Sprache sie miteinander gesprochen haben. In jedem Fall aber gilt der Ort als die älteste Zivilisation auf der mexikanischen Hochebene. Ebenso als Stadt, die keine Vorgängerin hatte. Die französische Archäologin Laurette Séjourné stellte hierzu fest:

„Wenn es schon recht schwer fällt, anzunehmen, dass Kulturmerkmale (…) bereits im Anfang ihre definitive Prägung gefunden haben sollen, dann ist es noch schwerer sich vorzustellen, dass der zugehörige Komplex geistiger Voraussetzungen dann urplötzlich und vollständig ausgebildet, einfach vorhanden gewesen sei. Wir haben keinerlei materielle Zeugnisse für so einen erstaunlichen Entwicklungsprozess."[53]

Was im Klartext heißen soll, dass die Stadt urplötzlich da war, und kein Mensch wusste, wer sie wann dorthin gestellt hatte. Dass Teotihuacan ein gewaltiges, steinernes Modell unseres Sonnensystems darstellt, darüber wurde bereits erschöpfend berichtet.[54,55] Doch so sensationell das ist – besonders im Hinblick auf ein unerklärlich detailliertes Wissen über unser Sonnensystem in grauer Vorzeit –, soll es nicht Gegenstand meiner Betrachtungen in diesem Kontext sein.

„Mica" bedeutet Glimmer

Ein beinahe noch faszinierenderes Rätsel dieser geschichtslosen Stätte befindet sich unter massiven Stahlplatten, welche mit schweren Vorhängeschlössern abgesichert sind. Es sind dies unterirdische Kammern, die mit dicken, großflächigen Schichten aus Glimmer nach allen Regeln der Kunst abgeschirmt, gegen externe Einflüsse isoliert sind. Das Material ist Muskowit, ein in tafeligen Kristallen mit blättriger Spaltbarkeit auftretendes Mineral. Selbiges besitzt phantastische Eigenschaften, die ihm in unserer modernen Technik ungeahnte Einsatzmöglichkeiten eröffnen. Glimmer rostet nicht; bei gleichzeitiger Zugfestigkeit ist er hochelastisch, bis zu 800 Grad hitzefest, und auch übergangslose Temperaturschwankungen können ihm nichts anhaben. Seine hervorragendste Eigenschaft aber ist die hohe Isolierfähigkeit gegenüber Elektrizität. Muskowit ist kriechstrom- und lichtbogenfest und widersteht plötzlichen Entladungen. So verwendet man ihn noch heute als Fenster von Hochöfen, und in der Elektrotechnik dient er zur zuverlässigen Isolierung von hochbeanspruchten Geräten.

Doch zurück nach Teotihuacan. Schon 1991, bei meiner ersten Mexiko-Reise, hatte ich vor den Stahlplatten gestanden, welche den Blick auf die Decke jener Glimmerkammern verwehren. Leider stand damals niemand zur Verfügung, einen der Eisenverschläge für mich zu öffnen. Im August 1993 war ich mit Erich von Däniken dort, und der setzte alle Hebel in Bewegung, um die allgegenwärtigen Wächter zur Öffnung eines der Deckel zu überreden. Ihre Position ist nicht zu verfehlen. Sie wird durch ein Hinweisschild mit dem Wort „Mica“ gekennzeichnet – der Ausdruck bedeutet auf Spanisch nichts anderes als Glimmer. Der „Götterforscher“ schaffte es wirklich, einen Wärter mit dem passenden Schlüssel aufzutreiben. Als die schwere Stahlplatte endlich emporschwenkte, mussten wir uns beinahe abwenden, so grell leuchteten die Schichten in der Mittagssonne. Und sogar ein dritter Besuch im Herbst 2005 war von Erfolg gekrönt.

Für die Archäologen ist das ganze Thema eine Art Super-GAU. Da brennt fürs erste schon einmal die Frage unter den Nägeln, wer vor unbekannten Zeiten das Material eingebaut hatte. Zudem kommt Glimmer in Mexiko kaum vor. Die bedeutendsten Lager entdeckte man in Madagaskar, Indien und Südafrika, sowie in Brasilien und den USA. Von dort hätte man es nach Teotihuacan exportieren müssen, was aber dem Dogma der voneinander isolierten Frühkulturen widerspricht. Es ist schon verzwickt: Man kann sich so gar keinen Reim auf diese mysteriösen Installationen im Untergrund von Teotihuacan machen, ohne dass „abgefahren“ klingende Überlegungen in Betracht gezogen werden müssen.

Versteckte Götterwaffen?

Aus einem dieser isolierten Räume verläuft ein gleichfalls mit Glimmer ausgekleidetes Rohr. Wohin, das wissen die Götter. Und die Archäologen verraten es nicht, sollten sie dem Verlauf des Rohres bereits gefolgt sein.[44] Was ging dort im Dunkel der Vergangenheit vor sich? Wurde an dem „Ort, an dem man zum Gott wird“, mit einer Hochtechnologie gearbeitet, die selbst uns um Tausende Jahre voraus ist? Oder lagerte man unter diesem perfekten Hitzeschild

Waffen, wie sie in den grauenhaften Götterschlachten der Vorzeit zum Einsatz kamen? Gut geschützt sowohl vor unbefugtem Zugriff, als auch vor unerwünschten Einflüssen, welche das Kriegsgerät schlimmstenfalls zu einer unkontrollierten Detonation gebracht hätten. Dies klingt im ersten Moment verdächtig nach Science Fiction. Doch nach Lage der Dinge müssen wir eingestehen, dass solche Überlegungen nicht einer gewissen Wahrscheinlichkeit entbehren. Auch wenn es den Archäologen der alten Schule die Zornesröte ins Gesicht treibt. Denn nach vorherrschender Lehrmeinung waren die Erbauer von Teotihuacan nur primitive Steinzeitmenschen.[54] Individuen also, die weder zur Errichtung bedeutender Anlagen fähig waren, noch eine Vorstellung von den technischen Eigenschaften des verbauten Muskowits hatten. Wer waren die wirklichen Schöpfer dieser geheimnisumwitterten Stadt, die so unvermittelt auf der Bildfläche erschienen war?

Teotihuacan hat noch längst nicht all seine Geheimnisse gelüftet; immer wieder findet man Neues. Erst im Herbst 2014 entdeckten die Ausgräber einen bis dahin unbekannten Tunnel unter der Sonnenpyramide. Mit 138 Metern Länge verläuft der Geheimgang 18 Meter tief unterhalb der Erde. Die Tunneldecke gleicht einem „künstlichen Himmel" aus unzähligen glitzernden Steinen. Erich von Däniken vermutete, dass diese Entdeckung ganz sicher nicht das letzte Mysterium der Anlage darstellt. Mexikanische Archäologen berichteten ihm, dass es in dem Tunnel zwei Türen gebe, die mit gewaltigen Granitblöcken verschlossen seien.[56] Man kann wirklich gespannt sein, was der Untergrund dort noch alles freigibt. Wenn ... ja, wenn Funde, die mit unserem althergebrachten Weltbild nicht in Einklang zu bringen sind, dann nicht plötzlich spurlos verschwinden.

Alles untertunnelt

In vielen Teilen der Welt stoßen wir auf riesige unterirdische Tunnelnetze, von unbekannten Baumeistern vor unbekannten Zeiten errichtet. Die Absicht dahinter dürfte allerdings keine Unbekannte sein: Denn der einzige Zweck, den solche, künstlich aus dem

Gestein gebohrte Höhlen und Tunnel gehabt haben können, ist der von Schutzräumen. Und einmal mehr stelle ich die Frage in den Raum, welche Ereignisse in grauer Vorzeit die zwingende Notwendigkeit heraufbeschworen, sich in den Eingeweiden dieses Planeten in Sicherheit zu bringen. Als einzige können uns die Mythen unserer Vorfahren – so man sie nicht wie gewohnt in der Schublade „Märchen und anderer Unsinn" ablegt – Informationen geben. Regelmäßig zeichnen sich darin Gegensätzlichkeiten ab, die letztlich zu Eskalationen führten. Wie etwa bei den alten Griechen, zwischen Göttern und Titanen. In anderen Kulturkreisen stritten die Götter untereinander, und die Bibel kreierte daraus den ewigen Kampf zwischen Gut und Böse. Im Grunde läuft alles auf dasselbe hinaus, wie ich dies im vorangegangenen Kapitel erschöpfend ausgeführt habe.

Angeblich soll sich in einem riesigen Höhlengebiet im Himalaya ein sagenhaftes Reich mit Namen Agharti verbergen. Dessen Existenz wurde vor allem von der Theosophin Helena P. Blavatsky (1831-1891) postuliert.[57] Allerdings fand sich bis zum heutigen Tage kein schlüssiger Beweis für das tatsächliche Bestehen dieses unterirdischen Reiches.

Unbestritten ist hingegen die Existenz ausgedehnter Tunnelsysteme unter dem südamerikanischen Kontinent. Erich von Däniken berichtete von den Tayos-Höhlen in Ecuador, was zu heftigsten Kontroversen führen sollte.[23] Betrugsvorwürfe machten die Runde, und erst Jahrzehnte später konnte der Schweizer aufklären, was seinerzeit abgelaufen war. Tatsächlich erhoffte sich der Entdecker der künstlichen Höhlen einen exorbitant hohen Anteil an zu erwartenden Buchtantiemen. Und als er merkte, dass seine Forderungen nicht zu verwirklichen waren, diskreditierte er jenen, welchen er finanziell zu melken vorgehabt hatte. Der Streit zog sich über Jahre hin, und ein paar Boulevard-Medien stellten den Schweizer Götterforscher als Betrüger hin – wobei jeder dieser „Qualitätsjournalisten" ungeprüft von seinen Kollegen abkupferte. Zwischenzeitlich hatte eine Filmcrew aus dem kalifornischen Los Angeles das Tunnelsystem besucht und Kavernen entdeckt, die groß genug sind, um dort unten 5.000 bis 6.000 Individuen Schutz zu bieten.[58]

Um die einhundert Kilometer Länge soll ein Tunnel besitzen, den eine Expedition in Peru entdeckte. Dessen Eingang befindet sich in der Nähe der Ortschaft Otuzco, und in 62 Metern Tiefe machten die Teilnehmer eine ungewöhnliche Entdeckung. Am Ende mehrstöckiger Höhlen standen sie plötzlich vor Türen aus mächtigen Felsplatten, acht Meter hoch, fünf Meter breit und zweieinhalb Meter dick. Trotz ihres ungeheuren Gewichts – wie wurden sie eigentlich in die lichtlose Tiefe befördert? – konnten vier Männer, die sich mit aller Kraft dagegenstemmten, die Türen drehen. Der Trick war ebenso einfach wie effektiv. Sie lagen auf steinernen Kugeln in einem Wassertropfbett.

Am Rand einer pechschwarzen Flut

Die renommierte Zeitschrift „bild der wissenschaft" berichtete über die ungewöhnliche Expedition:

„Hinter den sechs Türen beginnen mächtige Tunnelbauten, die sogar moderne Tiefbautechniker vor Neid erblassen lassen. Diese Tunnel führen, teilweise mit einem Gefälle von 14 Prozent, schräg unterirdisch der Küste entgegen. Der Boden ist mit genarbten und quergeriffelten Steinplatten ausgelegt, und rutschsicher. Ist es heute ein Abenteuer, in diesen 90 bis 105 Kilometer langen Transporttunnel in Richtung Küste vorzudringen, und dabei schließlich ein Niveau von 25 Meter unter dem Meeresspiegel zu erreichen, was muss es erst damals, im 14. und 15. Jahrhundert, für Schwierigkeiten mit sich gebracht haben, tief unter den Anden Güter abzutransportieren, um diese dem Zugriff Pizarros und des spanischen Vizekönigs zu entziehen. Am Ende der ‚unterirdischen Gänge von Guanape', so benannt nach der Insel, die hier vor der Küste Perus liegt, weil angenommen wird, dass diese Gänge einst unter dem Meer zur Insel führen sollten, lauert der Große Ozean. Nachdem die Gänge in tiefer Bergfinsternis mehrmals empor- und hinabgeführt haben, dringt ein Rauschen und eine merkwürdig hohl klingende Brandung ans Ohr. Und im Licht der Scheinwerfer endet das nächste Gefälle am Rand einer pechschwarzen Flut, die als Meerwasser identifiziert wird. Hier beginnt unterirdisch auch die heutige Küste. War das früher etwa anders?"[59]

Die Wissenschaftler erachteten damals eine Suche auf Guanape für zwecklos, weil ihrer Meinung nach nichts darauf hindeutet, dass an irgendeiner Stelle der Insel jemals ein Gang vom Festland ans Tageslicht gekommen sei.

Von ähnlicher Länge soll ein Tunnel in Westafrika sein, der sich auf dem Territorium der heutigen Staaten Mauretanien und Mali befindet, und unter dem Niger-Fluss hindurchführen soll. Dieser beschreibt zwischen Mopti und Gao einen großen Bogen in nördlicher Richtung, bevor er ein vergleichsweise bescheidenes Stück durch den gleichnamigen Staat fließt, um schließlich im Süden Nigerias in einem breiten Delta in den Golf von Guinea zu münden. Angeblich wurde dieser Tunnel noch bis ins Mittelalter von Karawanen benutzt, die einen ganzen Tag vom Sonnenaufgang bis zum Sonnenuntergang benötigten, um ihn vollständig zu durchqueren. War dieser Tunnel ursprünglich gebohrt worden, um sich vor tödlichen Gefahren zu schützen?

Vielleicht vermag eine seltsame Bodenbeschaffenheit im weiter westlich gelegenen Gambia Aufschluss zu geben, die auffallend an jene verglasten Schichten erinnert, die sich von China über Indien und Pakistan bis ins Zweistromland, auf dem Gebiet des heutigen Irak, ziehen (vgl. Kap. 2). In unmittelbarer Nähe des Flughafens der gambischen Hauptstadt Banjul, Yundum, fand man glasartige, rotbraune Platten von einer solchen Festigkeit, dass man diese als eine Art „Naturpiste" nutzen konnte. Ein russischer Journalist, der Mitte der 1960er Jahre nach Gambia reiste, zitierte lokale Überlieferungen, die in diesem Zusammenhang von Landungen außerirdischer Raumschiffe sprachen.[60]

Oder tobten auch in dieser Region Westafrikas Götterkriege, geführt mit schrecklichen Vernichtungswaffen und der Grund dafür, dass sich Menschen wie „Götter" in unterirdische Schutztunnel und andere Refugien zurückziehen mussten?

Von der Krim nach Kappadokien

Tunnelbauten wie auch einfachere Unterstände sind uns unangenehm vertraut aus den Kriegen der Neuzeit. Im Zweiten Weltkrieg beispielsweise wurden riesige Gebiete in Thüringen einem Schweizer Käse gleich unterhöhlt. Die Machthaber des 3. Reichs ließen dort in ungezählten Stollenkilometern Flugzeuge und Raketen montieren, wobei Abertausende KZ-Häftlinge, Kriegsgefangene und andere Zwangsarbeiter zu Tode geschunden wurden.[61] Aber kehren wir zurück in prähistorische Zeiten – blicken wir uns dort um, stoßen wir auf noch weitaus mehr spektakuläre Beispiele dieser Art.

Auf der Halbinsel Krim, dem jüngst in die Schlagzeilen gekommenen Zankapfel zwischen Russland und der Ukraine, befindet sich das Jaila-Gebirge. Es bildet die Hauptkette des Krim-Gebirges im Süden der Halbinsel und steigt bis auf eine Höhe von 1.545 Metern über dem Meeresspiegel an. Dort liegt auch die uralte „Höhlenstadt“ Tschufut-Kale, die in grauer Vorzeit vielen tausend Menschen Zuflucht und Schutz geboten hat. Der komplette Bergstock ist wie ein Termitenbau von unzähligen Gängen und Räumen durchlöchert. Nur mit großer Mühe gelangt man an diesen Ort; Fahrzeuge geraten schon weit davor an ihre Grenzen. Rings umher gedeiht kaum Vegetation. Eine praktische Versorgungsmöglichkeit mit Nahrungsmitteln war folglich nicht der treibende Grund, sich dort niederzulassen. Tschufut-Kale kann nichts anderes als eine Zufluchtsstätte gewesen sein, fernab von tödlichen Gefahren, denen die Menschen jener Zeit offenbar fortwährend ausgesetzt waren. Und wie dies bei solchen Anlagen beinahe schon zum „guten Ton“ gehört, sind sowohl das Alter wie die Erbauer unbekannt.[37]

Man weiß nur, dass sich in den letzten zwei vorchristlichen Jahrtausenden unter anderem Tataren, Avaren, Chazaren wie auch die aus dem Norden des Iran stammenden Alanen dorthin zurückzogen. Und vor den letzteren auch Juden, die diesen Ort als „Tal Josaphat“ bezeichneten.[37]

Ungefähr 800 Kilometer Luftlinie genau südlich der Krimhalbinsel stoßen wir auf eine andere Region, die vor lange zurückliegender

Zeit zum Zufluchtsort von noch weitaus mehr Menschen geworden war. Es ist Kappadokien, das bei den Touristen vor allem wegen seiner bizarren, pilzförmigen Tuffsteinkegeln, sowie den Felsenkirchen, sehr beliebt ist. In derselben Gegend existieren viele unter der Erde liegende Städte.

Zwischen den Provinzzentren Nigde und Nevsehir fand man die meisten dieser unterirdischen Städte, die sich durch eine sensationelle Infrastruktur auszeichnen. Die wohl bekanntesten unter ihnen sind Derinkuyu und Kaymakli. Ihnen stattete ich 2010 und 2012 jeweils einen Besuch ab, worüber ich in aller Ausführlichkeit in meinem Buch über Megalithrätsel auf dieser Welt berichtet habe.[3] Daher nachfolgend nur die für diese Betrachtungen wichtigen Einzelheiten.

Als diese Städte bewohnt waren, handelte es sich mitnichten um improvisierte, eilig und ohne Plan erstellte Fluchtmöglichkeiten. Die Gemeinwesen verfügten vielmehr über eine ausgeklügelte Infrastruktur. Sie umfassen kleine Säle ebenso wie riesige Gemeinschaftsräume. Es gibt komplette Wohneinheiten, Wasser- und Luftschächte, Vorratsräume, ja selbst Ställe für Nutztiere und vieles mehr. Die einzelnen Etagen sind durch weitere senkrechte Schächte verbunden. Mir wurde schwindelig, als ich meinen Kopf in eine dieser „Angströhren“ steckte, welche es mutigeren Menschen, als ich einer bin, durch in die senkrechte Wand eingelassene Tritte ermöglichten, rasch von einem Stockwerk in das nächste zu gelangen. Und dann ist ja immer noch die Frage nach der Beleuchtung, die ungeklärt bleibt. Denn die Benutzung dieser elend langen Verbindungsschächte im Dunkeln wäre nichts als glatter Selbstmord gewesen.

Verschwundene Massen

Genauso wie Hochhäuser in den Himmel wachsen, gehen die unterirdischen Städte tief, sehr tief hinab. In Derinkuyu wurden bislang 13 Stockwerke für Besucher zugänglich gemacht; aktuelle Erkenntnisse besagen, dass dort insgesamt 20 Etagen bis in rund 80 Meter

Tiefe reichen. Berechnungen ergaben, dass allein diese Stadt Raum für etwa 20.000 Menschen bot.

Betreten kann man auch das benachbarte Kaymakli, sowie eine weitere Untergrundstadt, das ungefähr 60 Kilometer entfernte Özkonak. Letzteres reicht zwar „nur“ 40 Meter in die Tiefe, jedoch schätzen die Experten, dass die Anlage aufgrund ihrer Weitläufigkeit wie auch der gewaltigen Kapazität ihrer Vorratskammern bis zu 60.000 Menschen für einen Zeitraum von drei Monaten aufnehmen konnte.[62]

Ich habe hier exemplarisch drei unterirdische Städte herausgegriffen - drei von mittlerweile 83 in diesem relativ kleinen Gebiet. Sie sollen auch allesamt untereinander verbunden sein, was in toto ein unfassbares, komplett unter der Erde liegendes Gemeinwesen ergibt. Rechnet man all das mit den Zahlen von Derinkuyu hoch, kommt man auf die unglaubliche Anzahl von mindestens 1,6 Millionen Menschen, die dort auf eine längere Dauer gewohnt, gearbeitet, gegessen und geschlafen haben. Dass diese Annahme eher zu tief gegriffen ist, das belegt die Entdeckung der 83. Stadt in jüngster Zeit.

Am 17. Februar 2015 meldete die bekannte Tageszeitung „Daily Mail“ die Entdeckung einer bis dahin noch unbekannten unterirdischen Stadt unterhalb der Festung von Nevsehir. Freigelegt wurde das, was Fachleute bereits als möglicherweise größte archäologische Sensation des Jahres preisten, im Zuge von Arbeiten, die von der türkischen Wohnentwicklungs-Verwaltung (TOKI) durchgeführt wurden. Die Rede ist dabei von Tunnelpassagen von sieben Kilometern Länge. Andere Untergrundstädte wie das wirklich nicht kleine Derinkuyu würden „nicht einmal einer Küche“ gleichkommen im Verhältnis zu dieser mindestens 45 Hektar messenden Anlage.[63]

All diesen Städten in den Eingeweiden der Erde ist noch etwas gemeinsam. Es müssen bei Ihrer Anlage unübersehbare Mengen an Aushubmaterial angefallen sein. Wo sind Schutt, Sand und Geröll, deren Massen eher nach Kubikkilometern zu bemessen waren, aber letztlich abgeblieben? Wohin wurden sie entsorgt, ohne die Gefahr der Entdeckung zu riskieren? Wie bei der erwähnten Höhlenstadt

Tschufut-Kale gewinnt man den Eindruck, der Aushub habe sich buchstäblich „in Luft aufgelöst“. Im türkischen Kappadokien kommt, uns Zeitgenossen des 21. Jahrhunderts ganz und gar verwirrend, hinzu: Als die umliegenden Städte und Dörfer, die in heutiger Zeit errichtet wurden, noch nicht existierten, deutete überhaupt nichts auf das Vorhandensein der unterirdischen Anlagen hin. Die ganze, weite Landschaft ringsum vermittelte einen öden, von allen verlassenen Eindruck. Tarnen und Täuschen. Niemand hatte ein Interesse daran, entdeckt zu werden.

„Ein-Mann-Bunker“ in Reihe

Auch kleine Baumaßnahmen können einen effektiven Schutz vor Gefahren für Leib und Leben bieten. Diese Binsenweisheit drängte sich mir stets auf, wann immer ich auf meinen Reisen um den Globus auf Löcher im harten Felsgestein stieß, welche mir den Eindruck kleiner Bunker für ein paar Personen vermittelten. In der Ruinenstätte Torre d’en Gaumes auf der Baleareninsel Menorca fielen mir mannbreite Löcher im platten Boden auf, die ganz exakte, runde Einstiege aufweisen. Für die Archäologen stellen sie Wasserreservoirs oder Getreidespeicher dar. Peinlich aber ist, dass in dem porösen Untergrund jeder Tropfen Wasser rasch versickern und dort gespeichertes Getreide in dem feuchten Umfeld ebenso schnell keimen würde.[3]

Doch die eindrucksvollste Häufung solcher „Ein-Mann-Bunker“ konnte ich auf der kleinen Mittelmeerinsel Malta, die so reich an prähistorischen Relikten ist, bewundern.

„Dingli Tanks“ ist die Bezeichnung für mehr als ein Dutzend exakt runder Einstiege in mögliche Schutzräume an der Südküste von Malta. Sie verteilen sich über eine plane Fläche mit lichter Vegetation, die sich nur ein paar Meter vor den Klippen erstreckt, welche an dieser Stelle 200 Meter senkrecht zum Meer hinabfallen. Was mir bei den meisten dieser „Dingli Tanks“ genannten Löcher aufgefallen war, ist die Tatsache, dass ihre kreisrunden Einstiege sozusagen eine Stufe aufweisen. Genauso, als hätte einst eine runde, massive und schlüssig passende Platte daraufgelegen, welche den Einstieg abgedichtet hat. Der Durchmesser erlaubt den einigermaßen bequemen Einstieg in den Untergrund. Welche Raumausdehnung die „Tanks" besitzen und ob sie möglicherweise Verbindungen untereinander aufweisen, ist unklar. Sie sind oft mit Kies und Schotter verfüllt, der erst komplett entfernt werden müsste, um weitere Nachforschungen zu gestatten.

Eine weitere Ansammlung solcher Bodenstrukturen findet sich im Südwesten Maltas, unweit der kleinen Ortschaft Bahrija. Die sogenannten „Bahrija Tanks" sind offenbar sehr schwer erreichbar. Aber ich hoffe, auch diese bunkerähnlichen Refugien bald einmal selbst in Augenschein nehmen zu können.

Ein achtes Weltwunder

Die erwähnten, bis heute 83 im Untergrund Kappadokiens aufgespürten Städte kann man als eine kleine Welt betrachten, die vermutlich keine andere Bestimmung hatte, als Menschen in Zeiten des Krieges Zuflucht zu gewähren. Allerdings muss ich mir schon die Frage stellen – ob des unerhörten Aufwands, der dort getrieben wurde –, welcher Art diese Kriege gewesen sein mögen. Mit den primitiven Waffen der Menschen in jener Zeit wurden da sicher keine Schlachten geschlagen.

Und so kolossal Derinkuyu, Kaymakli und die anderen auf uns auch wirken, werden sie von einer unterirdischen Anlage in den Schatten gestellt, die wahrlich ihresgleichen sucht.

Im Dreiländereck der südchinesischen Provinzen Jiangxi, Zhejiang und Anhui liegt etwa zwölf Kilometer außerhalb der Stadt Tunxi sowie am Ufer des Flusses Xin'an die „Unterirdische Welt von Huashan". Es ist ein System von extrem weitläufigen Hallen und Stollen. Und es ist eindeutig künstlichen Ursprungs, wurde von unbekannten Baumeistern vor unbekannten Zeiten aus dem harten Fels herausgearbeitet. Diese buchstäblich „aus dem Vollen" geschnitzte Unterwelt ist ein achtes Weltwunder – und dazu angetan, unser hoffnungslos angestaubtes Weltbild aus den Angeln zu heben. Eigentlich dürfte es gar nicht existieren!

Über diese Welt unter unseren Füßen hörte ich das erste Mal im Herbst 2013, als der Schweizer Autor und Journalist Luc Bürgin das Wunderwerk in einem Vortrag auf dem Jahrestreffen der „Forschungsgesellschaft für Archäologie, Astronautik und SETI" (A.A.S.) lebhaft präsentierte. Im selben Augenblick wurde mir klar, dass ich noch einmal nach China musste. Und im Juni 2015 war es dann soweit.

Auf einer schwankenden Hängebrücke von 130 Metern, die mich über den nach einem Gewitter gefährlich angeschwollenen Xin'an Fluss führte, gelangte ich zu einem Vorplatz. Von dort zweigen Zugänge zu mehreren Höhlen ab. Bislang sind 36 von ihnen – allesamt künstlich aus dem Fels herausgearbeitet – bekannt. Die Anlage wurde im August 2000 freigegeben; seitdem darf man einzig die Höhlen Nr. 2, Nr. 24 und Nr. 35 betreten. Der damalige chinesische Staatspräsident Jiang Zemin war am 20. Mai 2001 am Ort und taufte die Stätte „Huashan Mysterious Grottoes" – „Die geheimnisvollen Grotten von Huashan".[64]

Dass die übrigen Höhlen nach wie vor gesperrt sind, hat mit Geheimniskrämerei nichts zu tun. Denn das Hauptproblem ist das Wasser, das unterirdisch vom Xin'an-Fluss hereindringt und die imposanten Kavernen immer wieder flutet. Die für Besucher freigegebenen Höhlen Nr. 2 und Nr. 35 müssen praktisch ständig abgepumpt werden, da sie ansonsten in kurzer Zeit wieder vollgelaufen wären. Und viele der Höhlen konnten noch gar nicht ausgegraben werden. An mehreren Stellen konnte ich die imposanten megalithischen Eingangstore bewundern, die bis zu deren Unterrand mit Erdreich und Gesteinsschutt gefüllt sind.

Die Existenz unterirdischer Kavernen an jenem Ort war schon länger bekannt. Denn in den 1950er Jahren soll ein Bauer ganz zufällig durch eine Felsöffnung in die Höhlenwelt eingebrochen sein, und in der Folge von deren Existenz berichtet haben.

Mehrere Quadratkilometer groß

Doch sollte es noch bis 1995 dauern, bis sich die örtlichen Kader der Sache annahmen, und die in Beijing beheimatete Qinghua-Universität mit der Erforschung betrauten. Hierbei stießen die Archäologen auf eine Handvoll Tonscherben, die der Jin-Dynastie (265-420 n.Chr.) zugeordnet wurden. Des weiteren einige eiserne Werkzeuge sowie – jetzt wird es spannend! – eine Reihe versteinerte Dinosaurierspuren. Ich konnte diese Artefakte in einer kleinen Glasvitrine begutachten, die sich im Eingangsbereich der zugänglichen Höhle Nr. 2 befindet.

Was weiß man über das Alter dieser geheimnisvollen unterirdischen Welt? Chronisten erwähnten ihre Existenz erstmalig in der „Periode der drei Reiche“ (221-280 n.Chr.). Dies sagt aber nichts aus, denn die ganze Anlage dürfte schon aufgrund ihrer megalithischen Ausprägung sehr viel älter sein. Wahrscheinlich stammt sie aus prähistorischen Zeiten. Wir stehen ja weltweit vor dem Phänomen, dass megalithische Anlagen umso präziser und imposanter ausgeführt sind, je weiter sie ins Grau der Zeit zurückreichen.[3] Da wurde nämlich geklotzt, und nicht gekleckert, wie in neueren Zeiten üblich.

Als ich zum ersten Mal von dem unterirdischen Mysterium hörte, war da noch die Rede von einer Ausdehnung, die in die Hunderte Quadratkilometer gehen sollte.[65,66] Doch stellte ich anlässlich meines Ortstermines fest, dass sich da möglicherweise ein Umrechenfehler eingeschlichen hatte. Die Ausdehnung der größten zugänglichen Höhle, der Nr. 35, sollte beispielsweise unglaubliche 12,8 Quadratkilometer betragen.

Tatsächlich aber sind es etwas über 12 Hektar (ein Quadratkilometer sind 1000 mal 1000, also eine Million Quadratmeter, ein Hektar jedoch 100 mal 100, also zehntausend Quadratmeter). Dies kommt der Sache schon näher. Denn wie mir mein örtlicher Reiseführer, Herr Zhou Haijun, erklärte, besitzt der Gebirgsstock, unter dem sich alle Höhlen befinden, eine Gesamtausdehnung von etwa 7,5 Quadratkilometern. Von den künstlichen Grotten sei er jedoch ausgehöhlt wie ein Schweizer Käse. Unter dieser Prämisse dürfte die gesamte Fläche von allen 36 Höhlen zwischen fünf und sechs Quadratkilometern liegen. Dies ist immer noch eine ganze Menge und sensationell, keine Frage.

Auch mit diesen Dimensionen bricht das „unterirdische Reich von Huashan" alle Rekorde. Begibt man sich in die zugänglichen Höhlen Nr. 2 und Nr. 35, so fallen die geradezu unüberschaubaren Hallen und Verzweigungen auf. Man hat beinahe den Eindruck sich in einem unterirdischen Flugzeughangar zu befinden. Wohin man auch blickt, gibt es steinerne Balken, Nischen, Kanten und Ecken, sowie auf dem Kopf stehende Treppenstufen, die offenbar ins Nichts führen. Monumentale Pfeiler, die so dick sind, dass mehrere Männer sie mit ihren Armen kaum umfassen können, stützen die Decke der mit nichts vergleichbaren Anlage, die genauso gut an einen vorzeitlichen Atombunker denken lässt. Mancher Pfeiler besitzt sogar die Dimensionen eines Einfamilienhauses. Alles scheint wie mit einem Buttermesser aus den harten Felsen geschnitten, so exakt sind die Bearbeitungen.

„Hier existiert eine andere Welt"

Ein wenig abseits liegt Höhle Nr. 24, deren Eingänge völlig im Wasser liegen. Um dorthin zu gelangen, überquert man zuerst einen künstlich angelegten See. Dann geht es weiter mit wackeligen Ruderbooten einen tropischen Flusslauf entlang. Urplötzlich hat man geradezu aus dem Fels geschossene, monolithische Säulen vor sich. Bei der Besichtigung per Boot heißt es zudem, den Kopf einzuziehen, denn je nach Wasserstand wird es eng. In dieser Höhle ist darum auch eine Besonderheit gut zu erkennen, die all diesen künstlichen Höhlen gemeinsam ist.

Immer wieder fallen, speziell an den Decken, wie maschinell eingebrachte Bearbeitungsspuren auf. Viele davon zeigen Linien, welche plötzlich im rechten Winkel die Richtung ändern. Strukturen also, welche die Natur nicht kennt. Einige Bearbeitungen erwecken den Eindruck, als sei mit modernen Hochleistungswerkzeugen gearbeitet worden. Partielle Abplatzungen lassen gar an Spritzbeton denken, der hier mit Hochdruck aufgetragen und bearbeitet wurde.

Die Archäologen sind absolut ratlos über Herkunft und Zweck der rätselhaften Anlage. Verheimlicht wird indessen nichts und es findet sogar ein (bescheidener) Tourismus statt. Überrascht war ich indes, wie ungewöhnlich offen das moderne China unkonventionellen Erklärungen gegenübersteht. An einigen exponierten Stellen wird darauf hingewiesen, dass diese Hinterlassenschaften möglicherweise nicht auf irdische Urheber zurückgehen. So verkünden an einem nahen Berghang überdimensionale Schriftzeichen: „Hier existiert eine andere Welt". Und eine ausladende Schautafel – man stößt rechterhand auf sie, wenn man glücklich die schwankende Hängebrücke über den Xin'an-Fluss überwunden hat - tut folgende Theorie kund, die bei vergleichbaren Stätten in unserem ach so fortschrittlichen Kulturkreis undenkbar wäre:

„Manche glauben, dass Besucher aus dem Weltall diese Anlage in prähistorischer Zeit errichteten."

Haben die Chinesen zu viel Däniken oder Hausdorf gelesen? Mitnichten. Ich glaube, dass die unbekannten Erbauer diese Anlage schufen, weil in jenen Tagen fürchterliche Götterkriege tobten, die ihren festen Platz in allen Mythen und Überlieferungen dieser Welt gefunden haben.

4 Schützenhilfe I

Durch die Wüste

Die albtraumhaften Zeiten der „Götterkriege" über den Köpfen der noch jungen Menschheit waren eines Tages endlich vorüber. Doch anstatt fürderhin in paradiesischem Frieden zu leben, erwies sich der Homo sapiens als gelehriger und willfähriger Schüler seiner nichtirdischen Schöpfer und „Lehrmeister". Sei es, weil er auch deren Gene in sich trägt, weil es die unausweichliche Konsequenz bei der Entwicklung einer Zivilisation darstellt – oder weil es eine zutiefst menschliche Eigenheit ist, gedankenlos alles zu kopieren. Die sogenannten „Cargo-Kulte", vornehmlich in den Tagen des II. Weltkriegs aus dem asiatisch-pazifischen Raum bekannt geworden, sind ein sehr eindrückliches Zeugnis dafür, wie Vorbilder nachgeahmt werden. Da beobachteten die Ureinwohner Neuguineas, die noch nie zuvor Kontakt mit Weißen hatten, die Landungen der Amerikaner und deren Alliierten auf dem Eiland. Die Ethnologen waren begeistert und hielten alles auf Zelluloid fest: Wie die Eingeborenen nun zackig mit Stöcken exerzierten, in Kokosnusshälften brabbelten und als Krönung des Ganzen regelrechte „Flugzeuge" aus Holz und Stroh auf die Urwaldpisten stellten, die sie zuvor mit ihren nackten Füßen aus dem Boden gestampft hatten.[67,68]

Um den Bogen wieder zurück ins Dunkel unserer Vergangenheit zu spannen: Eines gar nicht so schönen Tages wurden die ersten Kriege zwischen den Menschen entfesselt. Zwar schlug man schon seit Olims Zeiten mit wachsender Begeisterung aufeinander ein. Nun hatte das Unglück allerdings eine weit größere Dimension angenommen. Die Kämpfe fanden nicht mehr zwischen zwei oder ein paar Kontrahenten statt. Jetzt zogen ganze Gruppen, Clans und Völkerschaften gegeneinander ins Feld. Da es so etwas wie Neutralität nicht wirklich gibt, geschah es in der Folge oftmals, dass eine der streitenden Parteien buchstäblich Hilfe von oben erhielt. „Göttliche Schützenhilfe" gewissermaßen, weil sich da irgendjemand nicht gerade unparteiisch verhielt.

Und Mose sprach zu Pharao ...

Ein echtes Paradebeispiel für das wiederholte Eingreifen in kriegerisches Geschehen, anscheinend durch eine nicht von dieser Welt stammende Intelligenz, stellt die Geschichte Israels im Alten Testament dar. Jahwe prophezeite seinem auserwählten Volke die Zerstreuung in alle Winkel der Welt, und hielt doch immer wieder seine Hände über seine Schützlinge. Wenigstens in den Anfängen. Später jedoch hatte das Volk Israel beispiellose Verfolgungen zu erdulden, bevor es seine Heimat zurückerhielt. „Erez Israel – Land der Verheissung".

Mit der „göttlichen Schützenhilfe" nahm es spätestens in jenem Moment seinen Anfang, als der Alltag der Israeliten unter der ägyptischen Knechtschaft immer unerträglicher wurde. Stammvater Mose beschwor den Pharao, ihn und sein Volk doch ziehen zu lassen, aber jener schaltete fürs erste komplett auf stur. Wie in der Bibel nachzulesen, musste der halsstarrige Monarch erst einmal durch die berühmt-berüchtigten zehn Plagen in die Knie gezwungen werden, ehe er nachgab.

Es begann damit, dass die Wasser des Nil in Blut verwandelt oder entsprechend eingefärbt wurden, so dass die Fische verendeten, und sich die Ägypter ekelten, ihren Durst aus dem Fluss zu stillen. Dann fielen Frösche, Stechmücken und Fliegen in großen Massen über das Land her. Als auch das nichts fruchtete, wurden die verstockten Ägypter mit Viehpest, Blattern (wie Pocken ist das eine durch Viren verursachte Infektionskrankheit), Hagel, Heuschrecken sowie eine drei Tage währende Finsternis gestraft. Doch erst, nachdem in jeder ägyptischen Familie das erstgeborene Kind sterben musste, durften die Israeliten unter der Führung von Mose und dessen Bruder Aaron das Land verlassen. (2. Buch Mose, Kap. 7-11)[26]

Dass sich sein auserwähltes Volk auf dem Marsch ins Ungewisse nicht heillos verfranzte, dafür sorgte der „Herr" mit einer „Navigationshilfe", die geradezu nach einer technischen Interpretation verlangt: „So zogen sie aus von Sukkoth und lagerten sich in Etham am

Rande der Wüste. Und der Herr zog vor ihnen her, am Tage in einer Wolkensäule, um sie den rechten Weg zu führen, und bei Nacht in einer Feuersäule, um ihnen zu leuchten, damit sie Tag und Nacht wandern konnten. Und niemals wich die Wolkensäule von dem Volk bei Tage, noch die Feuersäule bei Nacht." (2. Buch Mose, Kap. 13, Vers 20-22)[26]

Schwere Artillerie

Nachdem die Israeliten bereits eine gehörige Wegstrecke hinter sich gebracht hatten, änderte der wankelmütige Pharao seine Meinung und schickte einen Trupp Soldaten mit Pferden und Streitwagen hinter ihnen her. Als sie am Schilfmeer in der Zwickmühle saßen – vor ihnen das Meer und hinter ihnen das ägyptische Heer –, war das Geschrei groß. Sie warfen Mose vor, sie von den gut gefüllten Fleischtöpfen Ägyptens weggelockt zu haben in eine ungewisse Zukunft. Sie sehnten sich nun geradezu in die Knechtschaft zurück. Die Stimmung drohte zu kippen, und so war es einmal mehr höchste Zeit für eine eindrucksvolle Performance, um die drohende Rebellion zu stoppen.

Mose hob seinen „Stab" (dieses Objekt muss ungeahnte Kräfte besessen haben, wie wir gleich noch sehen werden) und die Wasser teilten sich, auf dass die Israeliten trockenen Fußes hindurchschreiten konnten. Als dann die Ägypter folgten, hob Mose auf Jahwes Geheiß abermals den Stab. Das Wasser, welches zuvor wie eine Mauer zur linken und rechten Seite der Furt gestanden hatte, fiel nun in sich zusammen, und das Heer der Ägypter kam jämmerlich in den Fluten um: „Und das Wasser kam wieder und bedeckte Wagen und Männer, das ganze Heer des Pharao, das ihnen nachgefolgt war ins Meer, so dass nicht einer von ihnen übrigblieb." (2. Buch Mose, Kap. 14, Vers 28)[26]

Auf ihrem weiteren Weg gelangten die Israeliten nach Raphidim. Dort begegneten sie den Amalekitern, einem im Norden der Halbinsel Sinai beheimateten Nomadenstamm, welcher ihnen noch bis zur Regierungszeit der Könige Saul und David (etwa um 1000 v.Chr.) das

Leben schwer machen sollte. Bei der Konfrontation erhielten Mose und sein Volk erneut „göttliche Schützenhilfe". Und zwar von einem Kaliber, das den Ausgang des militärischen Kräftemessens massivst beeinflusste.

„Da kam Amalek, und kämpfte gegen Israel in Raphidim. Dann sprach Mose zu Josua: ‚Erwähle uns Männer, zieh aus und kämpfe gegen Amalek. Morgen will ich oben auf dem Hügel stehen, mit dem Stabe Gottes in meiner Hand. Und Josua tat, wie Mose ihm sagte, und kämpfte gegen Amalek. Mose aber und Aaron und Hur gingen auf die Höhe des Hügels. Und wenn Mose seine Hand empor hielt, siegte Israel; wenn er aber seine Hand sinken ließ, da siegte Amalek. Aber Mose wurden die Hände schwer; darum nahmen die beiden einen Stein und legten ihn hin, dass er sich daraufsetzte. Aaron aber und Hur stützten ihm die Hände, auf jeder Seite einer. So blieben seine Hände erhoben, bis die Sonne unterging. Und Josua überwältigte Amalek und sein Volk durch des Schwertes Schärfe." (2. Buch Mose, Kap. 17, Vers 8-13)[26]

Nur ein paar wenige Verse weiter ist dann sogar die Rede davon, dass der „Herr" selbst Krieg gegen die Amalekiter führe: „Der Herr führt Krieg gegen Amalek, von Kind zu Kindeskind." (2. Buch Mose, Kap. 17, Vers 16)[26]

Das damalige Geschehen findet sich verewigt als eine der bedeutendsten Schlüsselszenen der jüdischen Geschichte auf der großen Menorah - dem siebenarmigen Leuchter, der vor der Knesset, dem israelischen Parlament in Jerusalem steht. Ich stand vor dem sechs Meter hohen bronzenen Kunstwerk, als mir auffiel, dass es der Künstler leider versäumt hatte, Mose mit seinem „Stab" darzustellen, wie explizit in der Bibel erwähnt.

Wie kann man diese Passage, welche das Kriegsgeschehen zwischen Israeliten und Amalekitern so eindrucksvoll beschreibt, interpretieren? Kam dort „göttliches" Wirken zum Einsatz, ein Wunder? Oder viel profaner, eine real existierende Waffe, die dem damaligen technischen Entwicklungsstand im wahrsten Sinne um Lichtjahre voraus war?

Grausames Exempel

Wie es aussieht, behielten die Krieger Israels nur genau so lange die Oberhand, wie Mose auf dem Berg seine Arme hob. Doch vermochten die nach oben gereckten Arme des Patriarchen allein wohl kaum etwas Entscheidendes für den Schlachtenverlauf beizutragen. Und sie wurden kein bisschen gefährlicher, wenn Bruder Aaron und Gefährte Hur sie stützten. Wäre es nicht plausibler, wenn Mose einen sehr schweren, kriegsentscheidenden Gegenstand in den erhobenen Händen hielt? Die Bibel drückt sich da leider etwas ungenau aus. Vom „Stabe Gottes" ist die Rede. Ob es derselbe war, der die Wasser des „Schilfmeeres" teilte, dies kann ich hier nicht sagen. Sollte mit der Bezeichnung auf eine Herkunft nicht von dieser Welt angespielt werden?

Mose zeigte auch wenig Hemmungen, „göttliche" Waffen gegen die Angehörigen des eigenen Volkes einzusetzen, wenn es galt, seinen Führungsanspruch gegen Aufmüpfige durchzusetzen. So geschehen, als sich Korah, ein Nachkomme des Levi, gemeinsam mit Dathan und Abiram sowie 250 weiteren Männern „gegen Mose empörten". Der sah keinen anderen Ausweg, als – offenbar mit Waffen, die den damals gebräuchlichen weit überlegen waren – ein grausames Exempel zu statuieren. Um den Aufstand niederzuschlagen, sprengte er alle kurzerhand in die Luft!

„Und Mose sprach: ‚Daran sollet ihr merken, dass mich der Herr gesandt hat, alle diese Werke zu tun, und dass ich sie nicht tue aus meinem eigenen Herzen: Werden sie sterben, so wie alle Menschen sterben, oder heimgesucht, so wie alle Menschen heimgesucht werden, dann hat mich der Herr nicht gesandt; wird aber der Herr etwas Neues schaffen, dass die Erde ihren Mund auftut und sie verschlingt mit allem, was sie haben, dass sie lebendig hinunter zu den Toten fahren, so werdet ihr erkennen, dass diese Leute den Herrn gelästert haben.' Und als er alle diese Worte beendet hatte, zerriß die Erde unter ihnen und tat ihren Mund auf, und verschlang sie mit ihren Sippen, mit allen Menschen, die zu Korah gehörten, und mit all ihrer Habe. Und sie fuhren lebendig zu den Toten hinunter, mit allem, was sie hatten, und die Erde deckte sie zu, und sie kamen um, mitten aus der Gemeinde heraus. Und ganz Israel, das um sie her war, floh vor ihrem Geschrei, denn sie dachten: ‚dass uns die Erde nicht auch verschlinge.'

Und Feuer fuhr aus von dem Herrn, und fraß die zweihundertundfünfzig Männer, die das Räucherwerk opferten." (4. Buch Mose, Kap. 16, Vers 28-35)[26]

Hier zeigt sich, dass der pfiffige Mose nicht nur im Besitz technischer Mittel war, mit denen er mit einem Mal gleich Hunderte seiner Widersacher ins Jenseits befördern konnte. Er war gleichzeitig ein raffinierter Psychologe, der das Fanal seinem Volke mit sorgsam gewählten Worten als „göttliche Strafe" verkaufte, und sich selbst einen „überirdischen" Nimbus schuf.

Von Priestern und Posaunen

Auch die nachfolgende Episode aus dem Alten Testament lässt vermuten, dass eine militärische Aktion einzig durch Errungenschaften einer überlegenen Technologie entschieden wurde. Die Rede ist von der Belagerung und der Eroberung von Jericho, einer der ältesten Siedlungen im Nahen Osten. Bis zur Entdeckung von Göbekli Tepe im Süden Anatoliens, dessen Entstehung in die ausgehende Altsteinzeit datiert wird, galt Jericho als älteste Stadt der Welt. Ihre Anfänge wurden im siebten Jahrtausend vor Christus nachgewiesen, doch von dem wenigstens 5.000 Jahre älteren Göbekli Tepe deutlich übertroffen.[69]

Nachdem die Israeliten auf ihrem Marsch ins verheißene Land den Jordan überquert hatten, gelangten sie zur Festung Jericho, die von bis zu sieben Meter dicken Mauern umgeben war. Nie zuvor war es gelungen, die so befestigte Stadt anzugreifen, oder gar einzunehmen. Mose hatte inzwischen das Zeitliche gesegnet. Sein Nachfolger war Josua (hebr. Jehoshua, „Jahwe ist Hilfe"). Jenem oblag die Verteilung des Landes an die einzelnen Stämme. Dass ihm das bis dato Unmögliche gelang, bekam er neben detaillierten Anweisungen auch entsprechende Ausrüstung an die Hand. Das „Unternehmen Mauerfall“ sollte gut geplant und noch besser technisch unterstützt sein. Im alttestamentarischen Buch Josua ist von sieben Posaunen die Rede, die von sieben Priestern geblasen werden sollten.

„Jericho aber war verschlossen und verwahrt vor den Kindern Israel, so dass niemand heraus- oder hereinkommen sollte. Aber der Herr sprach zu Josua: ‚Siehe, ich habe Jericho samt seinem König und seinen Kriegsleuten in deine Hand gegeben. Lass alle Kriegsmänner rings um die Stadt herumgehen einmal, und tue so sechs Tage lang. Und lass sieben Priester sieben Posaunen tragen vor der Lade her, und am siebenten Tage zieht siebenmal um die Stadt, und lass die Priester die Posaunen blasen. Und wenn man die Posaune bläst und es lange tönt, so soll das ganze Kriegsvolk ein großes Kriegsgeschrei erheben, wenn ihr den Schall der Posaune hört. Dann wird die Stadtmauer einfallen, und das Kriegsvolk soll hinaufsteigen, ein jeder stracks vor sich hin.‘“ (Buch Josua, Kap.6, Vers 1-5)[26]

Unter Josuas Führung hielt sich das Volk Israel getreulich an die Anweisungen des „Herrn“, und die Aktion war tatsächlich von Erfolg gekrönt: „Da erhob das Volk ein Kriegsgeschrei, und man blies die Posaunen. Und als das Volk den Hall der Posaunen hörte, erhob es ein großes Kriegsgeschrei. Da fiel die Mauer um, und das Volk stieg zur Stadt hinauf, ein jeder stracks vor sich hin. So eroberten sie die Stadt.“ (Buch Josua, Kapitel 6, Vers 20)[26]

Dem geneigten Leser, der willens ist, die ausgetretenen Pfade unseres althergebrachten Weltbildes zu verlassen, mag sich hier rasch der Eindruck einer hochtechnischen Waffe aufdrängen. In neuerer Zeit experimentierte man in beiden Weltkriegen an sogenannten „Schallkanonen“, die auf dem Prinzip extrem niederfrequenter Schallwellen basieren. Besonders im 3. Reich arbeitete man an zahlreichen Projekten, um mit „Wunderwaffen“ noch in letzter Minute den Krieg für sich zu entscheiden. Spezialtruppen der Siegermächte durchkämmten sofort nach dem Zusammenbruch das gesamte, in Trümmern liegende Reich, um möglichst vieler dieser streng geheimen Entwicklungen habhaft zu werden. Es wäre allerdings blauäugig zu vermuten, dass an diesen Projekten nicht weiter gearbeitet wurde. Und dies nicht nur durch militärische Stellen.

Tödlicher Schall

Das Forschungsinstitut für Elektroakustik in Marseille war eine jener zivilen Einrichtungen, die im Frühjahr 1964 eigentlich ganz zufällig mit den erwähnten, niederfrequenten Schallwellen in Kontakt kamen. Ein Ventilator hatte das ganze Institutsgebäude in Infraschallschwingungen versetzt – gleichzeitig den Großteil der Mitarbeiter, die daraufhin über heftigste gesundheitliche Probleme klagten. Als die Ursache endlich gefunden war, machte man sich ans Werk, genau dieselben Effekte gezielt zu wiederholen. In einer experimentellen Anordnung entstand eine „Schallkanone", die aus 61 schachbrettartig angeordneten Pressluftleitungen bestand. Damit wurde ein gerade noch hörbarer Ton von 196 Hertz erzeugt.

Das Ergebnis des ersten Probelaufs war verheerend. Die Wände des Institutes bekamen Risse, und die inneren Organe vieler Beschäftigter begannen schmerzhaft zu vibrieren. Die unheilvolle Apparatur musste sofort abgeschaltet werden.

Der seinerzeitige Leiter des Institutes, Professor Gavreau, zog aus diesem Versuch praktische Konsequenzen. Zuerst ließ er für die Bedienungsmannschaften wirksame Schutzvorrichtungen installieren. Dann konstruierte er eine wahre „Todesposaune" mit einer Leistung von 2000 Watt, die dabei Schallwellen von gerade einmal 37 Hertz aussandte. Diese Konstruktion konnte in Marseille nicht in ihrer vollen Wirksamkeit getestet werden, denn sie hätte viele Gebäude im Umkreis von mehreren Kilometern zum Einsturz gebracht. Der nächste Schritt war dann eine Schallkanone, die Schallwellen bis hinunter zu einer absolut tödlichen Frequenz von 3,5 Hertz erzeugen sollte.[70]

Wie die Entwicklung derartiger Schreckenswaffen weiterging, darüber kann man bestenfalls spekulieren. Was verbirgt sich in den Geheimarsenalen der Großmächte, von denen die Öffentlichkeit nichts wissen darf? Doch, um wieder auf den Einsatz solch topmoderner Kriegswaffen vor Tausenden von Jahren zurückzukommen: Die in der Bibel geschilderte Zerstörung von Jericho dürfte indes nicht die einzige Erwähnung dieser Art sein. Ganz ähnliche „Schallkanonen“ wurden auch in altindischen Sanskrittexten wie dem Vymaanika Shastra beschrieben.[46] Bekanntlich herrschte im alten Indien Krieg unter den „Göttern“, den sie in fürchterlichen Schlachten untereinander austrugen.[45,46]

Harte Gangart

Stand der „Höchste“ den Israeliten hilfreich zur Seite, als es galt, Jericho einzunehmen, so hielt er umgekehrt immer wieder schützend die Hände über sein auserwähltes Volk und dessen Siedlungen. Im alttestamentarischen Buch des Propheten Jesaja (hebr. Jescha'jah, „Jahwe hat geholfen“) ist ein Zwischenfall aus der Regierungszeit des Königs Hiskia (725-698 v.Chr.) festgehalten, in dessen Verlauf eine sechsstellige Anzahl von Feinden niedergemetzelt wurde. Die Assyrer hatten unter König Sanherib bereits einen beträchtlichen Teil von Judäa erobert, und im Jahr 701 v.Chr. ihren Belagerungsring um Jerusalem gezogen. Im Angesicht der gewaltigen Übermacht bat Hiskia Gott Jahwe um Rettung, denn die Stadt stand kurz vor ihrer Eroberung. Jahwe wiederum fackelte nicht lang: „Darum spricht der Herr über den König von Assyrien: ‚Er soll nicht in diese Stadt kommen, und soll auch keinen Pfeil hineinschießen und mit keinem Schild davorkommen und soll auch keinen Wall gegen sie aufschütten ..!“ (Buch Jesaja, Kap. 37, Vers 33)[26]

Ein paar Zeilen später wird klar, dass sich der „Herr“ keinesfalls mit defensiven Schutzmaßnahmen zufrieden gab. Ganz im Gegenteil – er hatte sich für die „harte Gangart“ entschieden: „Da fuhr aus der Engel des Herrn und schlug im assyrischen Lager hundertfünfundachtzigtausend (185.000 !) Mann. Und als man sich früh am Morgen aufmachte, siehe, da lag alles voller Leichen. Und der König von Assyrien, Sanherib, brach auf, zog weg und kehrte wieder heim und blieb zu Ninive.“ (Buch Jesaja, Kapitel 37, Vers 36-37)[26]

König Sanherib regierte noch bis 681 v.Chr. und endete dann durch Mord. Er wurde von seinen Söhnen Adrammelech und Sarazer mit dem Schwert erschlagen. Beiläufig erwähnen auch assyrische Inschriften die Eroberungszüge Sanheribs. Auf der Inschriftenstele „Taylor Prisma", welche sich im Britischen Museum in London befindet, wird zwar die Belagerung Jerusalems beschrieben. Doch es findet sich kein Wort darüber, dass man die Stadt auch betreten hätte. Stattdessen ist die Rede davon, die Armee habe nicht, wie sonst üblich, Tribute von Jerusalem im Triumphzug nach Hause schaffen können. In König Sanheribs Palast zu Ninive gab es einen Raum mit Steintafeln, die den Feldzug gegen Judäa zeigen.

So ist die Eroberung einer Stadt zu sehen, bei der es sich jedoch nicht um Jerusalem, sondern Lachisch handelte. Hätten die Assyrer die Hauptstadt Jerusalem erobert, wäre dieses Ereignis mit Sicherheit auf den Wänden dargestellt worden. Unrühmliches wurde auch damals schon gerne unter den Tisch gekehrt.

Unter der Davidsstadt

In direktem Zusammenhang mit der Belagerung durch Sanheribs Truppen, die so unvermutet endete, steht ein außergewöhnliches unterirdisches Bauwerk in der Davidsstadt, dem alten Teil von Jerusalem. Es ist bekannt als Hiskias Tunnel. Wie und warum es zu dem Bau - eine wahre architektonische Meisterleistung - kam, berichtet das 2. Buch der Chronik:

„Und als Hiskia sah, dass Sanherib kam und willens war, gegen Jerusalem zu kämpfen, da beriet er sich mit seinen Obersten und Kriegshelden, ob man die Wasserquellen verdecken sollte ..." (2. Buch Chronik, Kap. 32, Vers 2-3)[26]

Getrieben von der Sorge, das assyrische Heer könnte die lebenswichtigen Wasservorräte außerhalb der Stadtmauern plündern, ließ Hiskia einen Tunnel mitten durch den Bergrücken unter der Davidsstadt bauen. Dieser beginnt bei der Gichon-Quelle, dann verläuft er gewunden in süd-südwestlicher Richtung, und mündet schließlich in den Teich von Shiloah. Das heute sichtbare Wasserbecken stammt indes aus byzantinischer Zeit. Wie ich jedoch bei meinem Ortstermin im März 2017 vor Ort erfuhr, legten neueste Ausgrabungen noch ein viel älteres, tiefer gelegenes Becken, wohl aus König Hiskias Zeiten stammend, frei.

Der insgesamt 533 Meter lange Tunnel, den man bei niedrigem Wasserstand auch durchwaten kann, wurde von zwei Seiten begonnen. Einer der Bautrupps begann an der Gichon-Quelle, der andere arbeitete sich von der Mündung am Shiloah-Teich her kommend durch den harten Fels. Kurz bevor die Arbeiter zusammentrafen, konnten sie sich hören – so genau waren Planung und Arbeiten – und den Durchstich schließlich vollenden.

Dass dies so reibungslos gelang, ist ebenso erstaunlich wie die Tatsache, dass der Höhenunterschied auf der gesamten Länge nicht mehr als 30 Zentimeter beträgt. Dies entspricht einem durchschnittlichen Gefälle von gerade einmal 0,06 Prozent. Eine unglaubliche ingenieurtechnische Herausforderung, nicht nur für damalige Zeiten. Doch es kommt noch spannender!

Jerusalem von Flugobjekt gerettet?

Kehren wir dazu ins Hier und Jetzt zurück. Im Jahr 2015 fanden Archäologen der Hebräischen Universität von Jerusalem, unter der Leitung von Dr. Eliat Mazar, ein Siegel König Hiskias. Bis dahin kannte man zwar schon einige Siegel jenes Königs aus der Zeit der ersten Tempelperiode. Diese zeigten einen Skarabäus, der besonders im alten Ägypten als heilig galt, und große Verehrung genoss.

Sein neues Siegel gruben die Archäologen zusammen mit einem Papyrus, welchen er verschloss, am Fuß der nördlichen Wand des Tempelberges aus. Die Überraschung könnte nicht größer sein – Hiskias Siegel zeigte keinen Skarabäus mehr. Denn in der Folge der göttlichen Hilfe gegen das Assyrerheer hatte König Hiskia kurzerhand sein Siegelsymbol geändert. Das zeigte nunmehr eine geflügelte Scheibe.[71] Der Wechsel des Symbols auf dem Königssiegel wird mit Sicherheit noch für die eine oder andere Kontroverse nicht nur unter Archäologen sorgen. Ich kann schon den Chor der Skeptiker hören, bei dem Symbol handle es sich um die Darstellung eines Insekts. Zwar verteidigt jeder seine Theorie als die einzig richtige gegen andere Meinungen, doch sind sich alle wunderbar einig, es nicht mit einem technischen Objekt zu tun zu haben. Weil nicht sein kann, was nicht sein darf.

Ich ziehe es vor, weiterhin unbequeme Fragen in den Raum zu stellen. Mit welchen fürchterlichen Mitteln mag der „Engel des Herrn" ausgefahren sein, die 185.000 Mann auf assyrischer Seite mit einem Schlag zu töten? Kam die massenhafte Vernichtung der Belagerer einmal mehr „von oben"? Wurde Jerusalem damals durch das Eingreifen eines Flugobjekts gerettet, das fürderhin König Hiskias offizielles Herrschersiegel zieren durfte?

Das UFO auf der Münze

Die geflügelte Scheibe auf Hiskias neuem Siegel erinnert an eine Episode, die sich knappe 900 Jahre später im Römischen Reich ereignete. Nur drei Monate dauerte die Regierungszeit des Kaisers Publius Helvius Pertinax im Jahre 193 n.Chr., das auch als „Fünfkaiserjahr" in die Geschichte eingegangen ist. Denn außer ihm beherrschten noch Julian, Pescennius Niger, Clodius Albinus sowie Septinius Severus das Reich. Und auch in einem anderen Zusammenhang müssen seltsame Dinge vorgefallen sein. Um diese zu dokumentieren, ließ Kaiser Pertinax besondere Münzen prägen. Eines dieser heute nur noch in wenigen Exemplaren vorliegenden Geldstücke fand man in Syrien, das damals ebenso wie Palästina zur Machtsphäre des Imperium Romanum gehörte.

Das Außergewöhnliche an jener Münze ist, dass ein kugelförmiges Flugobjekt auf ihr dargestellt ist. Rundherum besitzt es „Strahlen", die eher den Antennen eines künstlichen Satelliten gleichen. Eines womöglich nicht irdischen Flugobjektes, da bis zum Start des ersten russischen „Sputnik" noch über 1.700 Jahre vergehen sollten. Dies klingt, ehrlich gesagt, schon ein wenig nach Science Fiction.

Gibt es aber Anhaltspunkte, die diese verwegene Hypothese stützen könnten?

Das Geldstück zeigt auf der einen Seite das Bild einer Frau, die ihre Hände zu einem geheimnisvollen Gegenstand erhebt, der offensichtlich keinen Stern, sondern eine fliegende Kugel darstellt. Um diese Kugel herum sind vier „Strahlen“ asymmetrisch angeordnet – und gänzlich anders, als es üblich wäre, wenn man die Sonne oder irgendeinen weiteren, natürlichen Himmelskörper hätte abbilden wollen. Unter der Lupe betrachtet, wird es noch mysteriöser. Da scheint es sogar, als ob eine Art Lichteffekt deutlich gemacht worden wäre.

Auf der Vorderseite der Münze, die zum Fundus eines Museums im norditalienischen Alba gehört, stehen die lateinischen Worte providentia deorum – was „göttliche Vorsehung“ bedeutet. Es bleibt nur zu spekulieren, auf welches aus dem normalen Erlebnisrahmen fallende Ereignis mit der Prägung dieses Geldstückes hingewiesen werden sollte.[72]

Skrupellos

Ich kann mich noch dunkel erinnern, wie vor ein paar Jahren die bizarre Geschichte eines US-Senators durch die Medien geisterte, der da allen Ernstes die Absicht hegte, den Gott der Bibel vor ein ordentliches Gericht zu zerren. Kein Witz. Einer der zahlreichen Anklagepunkte wäre etwa massenhaft begangener oder mindestens angestifteter Mord gewesen. Der kühne Vorstoß des amerikanischen Politikers mag sicher in erster Linie dem Hang nach Publicity geschuldet gewesen sein. Doch liest man das „heilige Buch“ der Christen (andere „heilige“ Bücher sind, im Vertrauen gesagt, nicht weniger grausam) einmal aufmerksam durch, kann man sich des Gedankens nicht erwehren, dass der zornige Gott vor allem im Alten Testament mit teils beispielloser Brutalität vorgegangen ist. Skrupel kannte er nicht. Und er ging nicht nur gegen jene vor, die dem Wohl seines auserwählten Volks im Weg standen. Die Amalekiter und, wie eben beschrieben, die Assyrer hatten diese schmerzvolle Erfahrung schon gemacht. Nicht weniger unerbittlich traf sein Zorn manchmal auch das Volk Israel selbst.

Der Prophet Samuel (hebr. „von Gott erhört") berichtet über eine furchtbare „Pest", welche der „Herr" drei Tage lang gegen Israel wüten ließ. Sie forderte einen hohen Blutzoll: „Da ließ der Herr die Pest über Israel kommen vom Morgen an bis zur bestimmten Zeit, dass von dem Volk starben siebzigtausend Mann." (2. Buch Samuel, Psalm 24, Vers 15)[26]

Solche gegen das eigene, das auserwählte Volk gezielte Aggressionen lassen das Rätsel nur noch größer und undurchsichtiger erscheinen, welche Intentionen hinter den Eingriffen jener geheimnisvollen Intelligenz stecken mögen, die sich hinter dem allmächtigen, allwissenden Gott der Bibel verbirgt. Dass jener eben alles andere als allwissend und allmächtig ist, dies enthüllt bereits der nächste Vers: „Als aber der Engel seine Hand ausstreckte über Jerusalem, um es zu verderben, da gereute den Herrn das Übel, und er sprach zum Engel, der das Verderben anrichtete im Volk: ‚Es ist genug; lass nun deine Hand ab.'„ (2. Buch Samuel, Psalm 24, Vers 16)[26]

Wie ist es möglich, dass sich der als unfehlbar und allwissend geltende Gott doch irrte und die Folgen seines Tuns nicht voraussehen konnte? Dass ihn die begonnene Vernichtung Israels plötzlich reute? Reue ist eine menschliche Tugend; vor Gericht wirkt sie häufig strafmildernd. Voraussetzung ist das Erkennen von Fehlern, verbunden mit dem Bedürfnis nach Wiedergutmachung Das hier zitierte Verhalten jedoch ist alles andere als „göttlich". Allwissend und unfehlbar funktionieren anders.

Einmal völlig unabhängig von meiner über viele Jahre gewachsenen Überzeugung, die „Götter" der Urzeit seien Intelligenzen aus den Weiten des Alls gewesen, geht mir manchmal ein seltsamer Gedanke durch den Kopf. Wer kann schon absolut sicher ausschließen, dass in einem parallel zu uns existierenden Universum Lebensformen möglich sind, die nicht wie wir an stoffliche Körper gebunden sind. Denkbar auch, dass uns nur ganz minimale Schwingungsdifferenzen voneinander trennen. Wir brauchen nicht davon auszugehen, dass andere Lebensformen unsere Definitionen von „gut" und „böse", von „moralisch" und „unmoralisch" teilen. Ein Hai, der sich am Great Barrier Reef an der Ostküste Australiens einen Surfer schnappt, ist im eigentlichen Sinne weder gut noch böse. Seinen Urinstinkten folgend, bereichert er nur hier und da seinen Speiseplan mit einem Wassersportler.

Auf unserem Planeten kennen wir drei große, monotheistische Weltreligionen. Allein die Anhänger des Christentums sowie des Islam zählen jeweils deutlich mehr als eine Milliarde Häupter. Diese schicken, je nach ihrer religiösen Ausprägung, jeden Tag mehr oder weniger inbrünstige Gebete in ihren Glaubenshimmel. Wie jede Funktion unseres Gehirns sind auch diese Gebete reine Energie, die der Betende emittiert, und die nach dem physikalischen Lehrsatz von der Erhaltung der Energie nicht so einfach verloren gehen kann.

Was wäre, wenn irgendeine Wesenheit irgendwo diese Energien abfängt, aufsaugt - sich möglicherweise sogar davon „ernährt"? Der Nachschub ist buchstäblich unbegrenzt. Und einmal angenommen, diese hypothetische Wesenheit wäre in unserem Verständnis negativ, böse oder destruktiv in ihrem Handeln. Ein Archetypus jener blutrünstigen Rachegötter frühester Zeiten, denen eingeschüchterte Völker Menschenopfer darbrachten, um sie zu besänftigen. Müssen wir uns jetzt noch wundern, warum es in unserer Welt so viel Elend und Ungerechtigkeit gibt?

Wer weiß schon, wo archaische Schreckgespenster wie der kinderfressende Moloch ihren Ursprung haben. Aber nun möchte ich, nach diesem Exkurs in bizarre Sphären, wieder zum eigentlichen Thema zurückkehren.

Alexander, Liebling der Götter?

Sein Name ist jedem unter uns geläufig, der den Geschichtsunterricht nicht im Zustand des Schlafes oder der völligen Besinnungslosigkeit verbrachte. Gleichzeitig war er einer jener Staatenlenker und

Heerführer, der sich der „Schützenhilfe" einer möglicherweise nicht von dieser Welt stammenden Intelligenz zumindest für einen großen Teil seiner Wege gewiss sein durfte. Die Rede ist von König Alexander von Makedonien (356-323 v.Chr.), den die Geschichtsschreibung mit dem Beinamen „der Große" bedachte.

Als oberster Feldherr der Griechen begann Alexander im Jahr 334 v.Chr. seine als „pan-hellenistischer Rachefeldzug" bezeichneten Kriege gegen das ehemals so mächtige Reich der Perser. Über den Hellespont, wie man damals die Meerenge der Dardanellen – wir werden ihr später in einem anderen Zusammenhang noch einmal begegnen – zu nennen pflegte, ergoss sich mit 35000 Soldaten eine der größten Invasionsarmeen der Geschichte. Alexanders Absicht war es, das Persische Reich zu zerschlagen; darüberhinaus ganz Asien zu unterwerfen.

Allen diesen hochgesteckten Eroberungsplänen zum Trotz, war der Makedonier jedoch keiner jener skrupellosen und blutdürstigen Tyrannen, an denen unsere Geschichte nicht gerade arm ist. So zeigte sich Alexander als ein gelehriger Schüler des großen Philosophen Aristoteles (384-322 v.Chr.), der mit dem Eroberer dessen makedonische Heimat teilte. Naturwissenschaftler und Rechtsgelehrte, Literaten und Philosophen begleiteten das Heer. Diese sollten die Wunder Asiens erforschen und dokumentieren, umgekehrt jedoch auch die griechische Kultur in jene „Länder der Barbaren" bringen. Für seine Soldaten, ebenso für sein Volk, besaß Alexander einen halbgöttlichen Nimbus, hielten sie ihn doch tatsächlich für einen Abkömmling von Göttervater Zeus.

Alexander schlug die persischen Satrapen (dies waren Statthalter der jeweiligen Provinzen) im Mai 334 v.Chr. am Granikos im heutigen Nordwest-Anatolien. Im November 333 v.Chr. war der Perserkönig Dareios III. (380-330 v.Chr.) an der Reihe, dessen Reich von der Ägäis bis nach Ägypten, von Persien bis Phönizien reichte, als Alexander ihn in der berühmten Schlacht bei Issos besiegte. Neun Jahre später setzte er sozusagen noch einen „oben drauf", indem er Dareios' Tochter Stateira ehelichte.[73]

Fünf „wundersame, fliegende Schilde“

Nach einer Reihe weiterer, glanzvoller Siege erreichte Alexander mit seinem immer größer werdenden Heer im Jahre 332 v. Chr. die phönizische Handelsstadt Tyros. Sie war auf einer Insel der Küste des heutigen Libanon vorgelagert, nicht weit von der Mündung des Leontes ins östliche Mittelmeer, und galt als uneinnehmbare Festung. Ihre Mauern waren 15 Meter hoch und so massiv gebaut, dass keine der damals bekannten Belagerungsmaschinen sie zu beschädigen geschweige denn einzureißen vermochten. Die reichen Tyrer verfügten über die genialsten Techniker und Erbauer von Kriegsmaschinen jener Tage. Sogar abgeschossene Brandpfeile konnten sie noch im Flug abfangen – ein antiker Vorläufer heutiger ‚Patriot'-Raketen, wenn man so will. Ebenso besaßen sie schier unbegrenzte Vorräte, um auch eine sehr lange Belagerung ohne Hunger durchzustehen.

Mehr als 200 Jahre zuvor hatte schon der babylonische König Nabuchodonosor – wir begegnen ihm als Nebukadnezar auch in der Bibel – Tyros 13 Jahre lang belagert. Er musste unverrichteter Dinge wieder abziehen. Und auch Alexanders Heer stand bereits volle sieben Monate vor den Mauern der Festung, drohte genauso kläglich zu scheitern wie dereinst das babylonische. Doch ganz unvermutet kam den Griechen, buchstäblich aus heiterem Himmel, eine „göttliche Macht“ zu Hilfe.

Mit einem Male erschienen direkt über dem makedonischen Lager fünf „wundersame, fliegende Schilde“. Die geheimnisvollen Flugobjekte nahmen in V-Formation Aufstellung, mit dem größten der „Schilde“ an ihrer Spitze. Die vier anderen Objekte waren nur halb so groß. Dann begannen sie langsam über der belagerten Stadt zu kreisen, unablässig beobachtet von den Soldaten beider Seiten, die wie gelähmt zum Himmel starrten.

Und plötzlich, wie die Chronisten aus jenen Tagen berichteten, kam etwas wie ein greller Blitz von dem größten der fünf „Schilde“, traf einen Teil der Mauern und ließ sie buchstäblich zerbröckeln.

Dann folgte ein regelrechtes Gewitter von weiteren Blitzen, und die Mauern und Türme zerfielen, als ob sie aus Schlamm erbaut gewesen wären. Für die makedonischen Belagerer war der Weg endlich frei, und so stürmten sie einer Lawine gleich durch die Breschen. Die fünf „fliegenden Schilde" kreisten indessen so lange über der Festung, bis diese vollkommen eingenommen war. Dann stiegen sie mit unglaublicher Schnelligkeit auf und verloren sich binnen kürzester Zeit im Blau des Himmels. Alexander befahl darauf die völlige Zerstörung der Stadt Tyros, die er ohne diese „Hilfe von oben" sicher nicht eingenommen hätte.[74,75]

Es ist wohl überflüssig hier noch explizit darauf hinzuweisen, wie jenes Szenario dem UFO-Phänomen unserer Tage gleicht.

Showdown am Hypathos

Die Nachricht von der wundersamen Einnahme der bis dato unbezwingbaren Festung Tyros eilte Alexander voraus wie ein Donnerhall. Er hatte sich zwischenzeitlich auf den Weg nach Ägypten gemacht, seinem nächsten Etappenziel, das sich ihm kampflos ergab. Dort ließ er sich als Befreier von der Herrschaft der Perser, wie auch als Erneuerer alter pharaonischer Macht feiern. Mit seiner ganzen Armee trat er einen Pilgerzug in die libysche Wüste an, in die Oase von Siwa, dem geheiligten Orakel des Gottes Jupiter Ammon. Wie sein Freund, Generaladjutant und spätere Statthalter von Ägypten, Ptolemaios Soter (367-283 v.Chr.), berichtete, wurde ihnen der Weg dahin von zwei „Drachen" gewiesen, welche an der Spitze des Heerwurmes erschienen. Und zwar just zu jenem Zeitpunkt, als sie sich in der Wüste verirrt hatten. Spontan fällt mir an dieser Stelle die Rauch- und Feuersäule ein, welche den Israeliten bei ihrem Exodus den Weg gewiesen hatte. Im Fall Alexanders hatten die mysteriösen „Himmelsdrachen" sogar mit diesem sowie seinen Generälen gesprochen, will man Ptolemaios Soter Glauben schenken. Als sie glücklich den Tempel erreicht hatten, grüßten die Priester Alexander als den Sohn ihres Gottes und gaben ihm gute Ratschläge für seine künftigen Eroberungszüge.[74,75]

Im Jahre 331 v.Chr. traf der Makedonier am Tigris ein zweites Mal auf Dareios III., schlug den Perserkönig und sein Heer in die Flucht, und ließ sich zum König von ganz Asien ausrufen. Die Statthalter von Babylon, Persepolis und Susa kapitulierten daraufhin bedingungslos.

Inzwischen hatte der Eroberer sein Auge auf Indien geworfen, dem sagenumwobenen, schwerreichen Land jenseits des Indus. Mit seinem auf 50.000 Mann erstarkten Heer, dem sich längst Truppen der von ihm unterworfenen Völker angeschlossen hatten, zusätzlich verstärkt durch über 500 Kriegselefanten, überquerte Alexander 326 v.Chr. den Hindukusch. Er setzte über den Indus und eroberte im Handstreich die Dynastien des Pandschab.[73]

Doch dann kam der große Showdown. Als er den Fluss Hypathos (der heute Beas heißt) überqueren wollte, da demonstrierte ihm dieselbe Macht, die ihm durch ihr Eingreifen in Tyros zum Sieg verholfen hatte, dass sein Weg hier zu Ende sei. Zwei riesige, silberne „Schilde“, aus denen Feuer sprühte, stießen wiederholte Male von oben auf die Truppen des Makedoniers herab. Die Soldaten, Pferde und Kriegselefanten gerieten hierüber so sehr in Panik, dass sie sich weigerten, den Fluss zu durchqueren. Das ehedem so siegreiche, aber nun erschöpfte und verängstigte Heer zwang Alexander zur Umkehr. Nach einem ebenso langen wie verlustreichen Marsch durch die Wüste von Belutschistan erreichte er 324 v.Chr. das westliche Persien.[74,75]

Sein Glücksstern war im Verglühen begriffen. Da konnte auch die Heirat mit Stateira, der Tochter des zwei Mal von ihm besiegten Perserkönigs Dareios III. nichts ändern. Im darauffolgenden Jahr vollendete sich Alexanders irdischer Weg. Der vorher so siegreiche Heerführer starb in Babylon, weit von seiner Heimat Makedonien entfernt.[73]

Jenen im wahrsten Sinne „launisch“ agierenden, silbernen Flugobjekten, die einmal unterstützend eingreifen, ein anderes Mal jedoch geradezu feindlich gesonnen scheinen, werden wir bald erneut begegnen. Denn mittelalterlichen Zeiten machte ein anderer, sehr bekannter Staatenlenker recht ambivalente Erfahrungen mit ihnen. Ihre ohnehin völlig im Dunkeln liegenden Intentionen verschwimmen dank solch seltsamen Verhaltens nur noch mehr. Ein Durchblick scheint unmöglich. Oder sollte es vielleicht Teil ihres Planes sein, gezielte Verwirrung zu stiften?

5 Die Ära der „fliegenden Schilde“

Vom antiken Rom zu Karl dem Großen

Wann immer ich mich an den Geschichtsunterricht – lang lang ist's her – meiner Gymnasialzeit erinnere, fällt mir als Erstes das antike Römische Reich ein. Kein Wunder bei der epischen Breite, die es im Lehrplan einnahm. Und das Fach Latein, dem ich allerdings das Erlernen der französischen Sprache vorgezogen hatte, lebte geradezu von den Zitaten der Schriftsteller und Chronisten des alten Rom. So werden im Lateinunterricht nach wie vor die Texte von Plinius dem Älteren (823-79 n.Chr.) oder Titus Livius (59 v.-17 n.Chr.) durchgekaut und übersetzt. Geschichten aus der Geschichte, von Kaisern und Konsuln, Verschwörung und Verrat, von Mord, Macht und Intrigen.

Doch die wirklich spektakulären Vorkommnisse aus diesem geschichtlichen Zeitraum fallen meist komplett unter den Klassentisch. Obwohl blitzsauber dokumentiert von den ansonsten recht eifrig zitierten Historikern, suchen wir sie vergeblich in unseren Geschichtsbüchern. Sie passen nämlich überhaupt nicht in jenes gängige Klischee, welches wir uns von der Welt der Antike geschaffen und liebevoll gepflegt haben.

Bereits der prominente Anwalt und Staatsmann Marcus Tullius Cicero (106-43 v.Chr.) berichtete in seinem bekannten Werk „De Divinatione“ von sonderbaren Vorgängen am Himmel. Was hatte es zum Beispiel mit jenen ominösen „zwei Sonnen“ auf sich, welche die verwunderten Beobachter am Firmament erblickten? Die nachfolgende Passage lässt die Ratlosigkeit konkret spürbar werden, die angesichts der völlig aus dem Rahmen des Gewohnten fallenden Szenarien um sich griff: „Wie oft hat unser Senat den Decemvirn (ein altrömisches Magistratskollegium von zehn Männern mit außerordentlichen Vollmachten) empfohlen, das Buch der Sibyllen zu befragen, als die zwei Sonnen erschienen, oder die drei Monde und als man Feuerflammen am Himmel sah. Oder damals, als die Sonne in der Nacht schien und man großen Lärm am Himmel hörte und der Himmel auseinanderzubrechen schien, während man merkwürdige Kugeln (!) sah."[76]

Doch blenden wir erst einmal zurück zu jenen Tagen, als die „Ewige Stadt" auf den sieben Hügeln am Tiber gegründet wurde. Schon damals ging es nicht ganz geheuer zu.

Entrückte Herrscher

Die Chroniken vermelden übereinstimmend den 21. April des Jahres 753 v.Chr. als den Tag der Stadtgründung, und schreiben diese den Brüdern Romulus und Remus zu. Als Söhne des Kriegsgottes Mars und der Rhea Silvia – die als Priesterin der Göttin Vesta genau genommen zur Kinderlosigkeit bestimmt war – seien beide unmittelbar nach ihrer Geburt ausgesetzt, somit einem ungewissen Schicksal überantwortet worden. Die Sache wäre mit Sicherheit tragisch ausgegangen, hätte sich nicht eine Wölfin der verlassenen Zwillinge angenommen und sie gemeinsam mit ihren eigenen Jungen gesäugt. Später soll der Hirte Faustulus die Kinder bei sich aufgenommen haben. Soweit die Sage.

Der bereits kurz erwähnte Titus Livius war einer der bedeutendsten römischen Schriftsteller und Historiker. Ihm verdanken wir mit dem ursprünglich 142bändigen Werk „Ab urbe condita" eine herausragende Zusammenfassung der Geschichte Roms, ab dem Tage seiner Gründung. Im ersten Band dieses Monumentalepos berichtet Livius von einem äußerst mysteriösen Vorfall. Der eine Stadtgründer und erste König Roms, Romulus, wurde augenscheinlich von einer unbekannten Macht „entrückt". Was soll man sich unter dem seltsamen Begriff vorstellen?

In vielen alten Chroniken und „heiligen Schriften" wurde damit das plötzliche, buchstäblich „aus heiterem Himmel" geschehene und zumeist auch endgültige Verschwinden von höherstehenden Persönlichkeiten bezeichnet. Aus dem alten Reich der Mitte kennen wir die legendären „Urkaiser" aus vordynastischen Zeiten. Nicht genug, dass jene offenbar bereits „regierungsfertig" zur Erde herniederkamen. Stets behaupteten sie von sich, nicht von irdischen Vorfahren abzustammen – vielmehr von den sogenannten „Söhnen des Himmels", welche auf „feurigen und metallenen Drachen" aus dem Weltall gekommen waren.[77] Auch umgekehrt war alles anders. Der erste Urkaiser, Huangdi (nicht zu verwechseln mit dem Kaiser Qin Shi Huangi), soll nach Hunderten Jahren seiner Regierung nicht den Weg alles Irdischen gegangen sein. Mit einem „Drachen" wurde er in den Himmel entrückt.[78]

Der biblische Henoch (hebr. „der Eingeweihte") gilt als der siebte von zehn Urvätern; jenen Patriarchen, die vor der Sintflut lebten. Im Alten Testament gibt er indes ein kurzes Gastspiel, denn das erste Buch Mose handelt ihn mit wenigen Sätzen ab: „Henoch war 65 Jahre alt und zeugte Methuschelach (Methusalem). Und Henoch wandelte mit Gott. Und nachdem er Methuschelach gezeugt hatte, da lebte er 300 Jahre und zeugte Söhne und Töchter, dass sein ganzes Alter war 365 Jahre. Und weil er mit Gott wandelte, nahm ihn Gott hinweg und er ward nicht mehr gesehen." (1. Buch Mose, Kap. 5, Vers 21-24)[26]

Ausführlichere und detailliertere Informationen hat für uns das Buch Henoch – ein apokrypher (grch. „verborgen") Text, der von den Kirchenoberen nicht in den Kanon der Bibel aufgenommen wurde. Vielleicht war ihnen suspekt, dass darin von Reisen in „verschiedene Welten und zu fernen Himmelsgewölben" berichtet wird.[79] Es existieren mehrere Versionen des Henochbuches: Eine hebräische, eine äthiopische, sowie eine slawische Ausgabe.[58] Die Letztere wartet mit einer genauen Schilderung auf, wie die „Entrückung" des Patriarchen vor sich gegangen war.

„Als ich 365 Jahre alt geworden, war ich am Tag des zweiten Monats alleine zu Hause (...) Da erschienen mir zwei sehr große Männer, die ich nie auf Erden gesehen. Ihr Antlitz leuchtete wie die Sonne, ihre Augen wie brennende Fackeln; aus ihrem Munde sprühte Feuer. Ihre Kleidung und ihr Gesang waren herrlich, ihre Arme wie goldene Flügel. Sie standen zu Häupten meines Bettes und riefen mich mit Namen. Ich erwachte vom Schlaf, und stand von meinem Lager auf; dann verneigte ich mich vor ihnen, mein Antlitz bleich vor Schrecken. Da sprachen die beiden Männer zu mir: Sei getrost, Henoch! Fürchte dich nicht! Denn der Ewige Herr hat uns zu dir gesandt, du sollst mit uns heute in den Himmel gehen. Gib deinen Söhnen und deinem Gesinde Anweisung für das, was sie in deinem Haus tun sollen. Und keiner soll dich suchen, bis der Herr dich wieder zu ihnen führt."[80]

Versammlung beim Ziegensumpf

Dieser Henoch muss wirklich eine bedeutende Ausnahmeerscheinung gewesen sein; für Religionswissenschaftler muss er allerdings eine Art Super-GAU darstellen. So weltbildstürzend sind die von ihm beschriebenen Details. Doch nun möchte ich wieder an die Vorgänge rund um den antiken römischen Stadtgründer Romulus anknüpfen und erteile dem äußerst produktiven Chronisten Titus Livius das Wort:

„Als er diese unsterblichen Taten vollbracht hatte, und gerade zur Musterung seines Heeres eine Volksversammlung auf dem Felde beim Ziegensumpf abhielt, brach plötzlich mit großem Getöse und Donner ein Unwetter los, hüllte den König in eine so dichte Wolke ein, dass sie der Versammlung seinen Anblick entzog, und danach befand sich Romulus nicht mehr auf Erden."[81]

Vorsicht, Satire! Vielleicht wären solch korrigierende Hau-Ruck-Aktionen bei unseren Politikern eine Option, insbesondere dann, wenn selbige trotz erwiesener Untauglichkeit wie Pech an ihren Stühlen kleben. Schlagzeilen wie „Regierungschef(in) von Aliens entführt" würden ihre Wirkung beim Politiker-verdrossenen Volk garantiert nicht verfehlen ...

Jene himmlischen oder fliegenden Schilde, die dem makedonischen König Alexander in Tyros zum Sieg verhalfen, waren auch im alten Rom Teil der undurchsichtigen Strategie geheimnisvoller Mächte. Als „ancile" bezeichnet, setzten die Römer sie symbolisch mit himmlischen Flugobjekten gleich.[82]

Anno 708 v.Chr. wurde die Stadt von einer furchtbaren Pestepidemie heimgesucht, der sehr viele ihrer Bewohner zum Opfer fielen. Die Verzweiflung unter den Bürgern war groß, als plötzlich Unglaubliches geschah. Aus heiterem Himmel fiel etwas wie ein bronzener Schild zur Erde hernieder. Woher, das wissen die Götter. Numa Pompilius (715-672 v.Chr.), nach dem in unbekannte Gefilde „entrückten" Romulus der zweite König Roms, bewies Schlagfertigkeit und nutzte den Vorfall, um seine schwer demoralisierten Untertanen zum Durchhalten zu bewegen. Er ließ verkünden, die Musen hätten ihm anvertraut, in diesem „Wunder der Götter" ein sicheres Omen dafür zu sehen, dass diese der Stadt ihren besonderen Schutz angedeihen lassen würden. Gleichzeitig ließ er weitere elf genaue Nachbildungen des vom Himmel gefallenen Schildes anfertigen.[81]

Von diesen himmlischen Schilden, häufig auch von silberner Farbe, war im alten Rom oft die Rede. Denn immer wieder sichtete man sie am Himmel, und ihr Flugverhalten erinnert uns verblüffend an künstliche, unter intelligenter Kontrolle stehende Objekte. In Band XXII seines monumentalen Geschichtswerkes „Ab urbe condita" hielt Titus Livius fest: „Im Bezirk Amiterno wurden an vielen Stellen Männer in weißen Gewändern, von weit her gekommen, gesehen. Der Strahlkreis der Sonne wurde kleiner. In Praeneste kamen ‚glühende Lampen' vom Himmel und bei Arpi hing ein Schild am Himmel, der Mond mitsamt der Sonne, und während der Nacht sah man zwei Monde. Phantomschiffe erschienen am Himmel."[83] Das Ganze ereignete sich im Jahre 217 v.Chr.

Unheimliche Begegnung im Heerlager

Ich glaube nicht, dass in den alten Chroniken von ganz normalen Schilden, wie sie die Soldaten in der Antike trugen, gesprochen wurde. Waren die alten Römer auch sehr abergläubisch, so hätten sie doch auf keinen Fall einem gebräuchlichen, banalen Ausrüstungsgegenstand so viel Verehrung zuteil werden lassen, wie von König Numa Pompilius angeordnet. An einer anderen Stelle von Titus Livius' Chronik werden diese himmlischen Schilde unter der Bezeichnung „parmas" geführt – Rundschilde mit einer kuppelförmigen Erhebung in der Mitte. Dass diese somit zufällig unserem heutigen UFO-Typus erstaunlich ähnlich erscheinen, wirft die Frage auf, ob die von den Legionären benutzten Schilde nicht ihrerseits nach Vorbildern geschaffen wurden, die man am Himmel erblickte. Um dieselben dann wiederum mit den Schilden aus „irdischer Produktion" zu vergleichen. Das Phänomen hat einen Namen: Missverstandene Technologie. Und es kennt unzählige Beispiele, bis in moderne Zeiten hinein. Für die Indianer Nordamerikas waren die ersten Eisenbahnen feuerspeiende, schnaubende Dampfrösser. Und wie in so vielen Fällen, in denen Vergleiche mit altvertrauten Dingen des täglichen Lebens fehlendes technisches Vokabular ersetzen, dürfte es auch bei den silbernen Schilden am Himmel zu der speziellen Namensgebung gekommen sein.

Gab es womöglich gar Kontakte mit den Besatzungen der fliegenden Schilde? Man ist versucht, eine unheimliche Episode aus der Zeit der sogenannten Latinerkriege in dieser Art und Weise zu interpretieren. Von 340 bis 338 v.Chr. versuchten die Römer den Latinern die fruchtbare Campagna zu entreißen. In Band Nr. VIII seines Geschichtswerkes berichtet Titus Livius über eine Begegnung, die sich im Jahre 340 v.Chr. im römischen Heerlager zugetragen haben soll. Zwei Konsuln, welche den militärischen Oberbefehl innehatten, wurden eines Nachts ganz überraschend von einem geheimnisvollen Wesen besucht. Ein Mann, größer und in seiner Statur majestätischer als ein gewöhnlicher Mensch, teilte den erstaunten Konsuln mit, dass sowohl der Kommandant der eigenen Seite, als auch die ganzen Armeen des Feindes den Manen (die als Gottheiten der Unterwelt verehrten Seelen der Verstorbenen[1]) sowie der Mutter Erde geopfert werden müssten.[84]

Ein – gelinde ausgedrückt – befremdliches Ansinnen! Was für eine finstere Intention, die sich uns selbst bei angestrengtestem Nachdenken nicht erschließen will, mag hinter der Nacht-und Nebelaktion stecken? Unweigerlich drängt sich mir der Eindruck auf, jener fremde Besucher hätte sich ein perfides Spiel mit den beiden Kriegsparteien erlaubt. Schach mit lebenden Figuren. In der Gewissheit, von den Menschen für ein höheres Wesen angesehen zu werden, manipulierte er diese aufs Gemeinste. „Cui bono“, würde der Lateiner fragen. Zog jemand einen Nutzen aus derartigen Aktionen? Zugegeben: Einen „roten Faden“ hinter dem parteiischen Eingreifen kann man kaum erkennen – wie schon Alexander der Große am Ende seiner Laufbahn sehr leidvoll und am eigenen Leibe erfahren musste.

Der unverhoffte Sieg des Lucius Lucullus

Doch kehren wir zurück zu den Sichtungen von „Schilden“ und ähnlichen Himmelsobjekten, die über den Himmel des antiken Rom rasten. Während der Herrschaft der Konsuln Lucius Valerius und Caius Marius – man schrieb das Jahr 100 v.Chr. – konnten viele Augenzeugen beobachten, wie eines Abends ein brennender, helle Funken sprühender „Schild“ mit großer Geschwindigkeit den Himmel von Osten nach Westen überflog. Das Ereignis wurde von dem Historiker und Schriftsteller Plinius d. Ältere (23-79 n.Chr.) in seinem Werk „Naturgeschichte“ für die Nachwelt erhalten.[85] Einer gewaltigen Zerreißprobe sah sich das Römische Reich dann im Jahre 73 v.Chr. ausgesetzt. Und die Sache hätte ganz sicher katastrophal für Rom geendet, hätte sich nicht wieder eins jener fremden Flugobjekte am Himmel gezeigt.

Immer wieder hatte sich Rom mit seinen Nachbarn im Krieg befunden. Besonders die Auseinandersetzungen mit den Latinern um die Campagna hatten das Imperium arg geschwächt. Dies versuchte Mithridates (132-63 v.Chr.), der König von Pontus, weidlich auszunutzen. Darum schickte er sich an, die Kolonien in Kleinasien zu erobern. Dies stellte Konsul Lucius Licinius Lucullus (117-57 v.Chr.), den genussfreudigen Feldherrn und Oberbefehlshaber des Reiches im Osten, vor eine schier unlösbare Aufgabe. In diesem Schicksalsjahr 73 v.Chr. stand die gewaltige Streitmacht des Mithridates mit 120.000 Soldaten zu Fuß, 16.000 Berittenen und 100 Streitwagen den faktisch zum Untergang verurteilten 35.000 Infanteristen und 2.500 Reitern des Lucullus in Otriyae unweit der Dardanellen gegenüber.

Mit bedrücktem Schweigen, den sicheren Tod vor Augen, beobachteten die römischen Legionäre, wie sich die Armee des Mithridates zum Angreifen formierte. Waffen und Rüstungen blitzten in der Sonne, die Pferde scharrten ungeduldig mit ihren Hufen. Es bedurfte keines allzu großen Pessimismus, sich auszumalen, dass der unmittelbar bevorstehende Kampf für die Römer einzig in einem Desaster enden konnte. Doch ganz plötzlich, als König Mithridates die Hand zum Zeichen des Angriffes erheben wollte, öffnete sich der Himmel, und ein völlig unerwartetes Spektakel nahm seinen Lauf.

Was sich nun vor den Augen unzähliger Zeugen abspielte, beschrieb der griechische Historiker, Philosoph und Biograf Plutarchos (ca. 50-125 n.Chr.) in seiner „Vita Luculli": „Ein gewaltiger, flammender Körper, geformt wie eine Trinkschale, und von einer Farbe wie geschmolzenes Silber, fiel unversehens zwischen die beiden Heere." Gebannt standen sich die gegnerischen Soldaten gegenüber. Wie hypnotisiert, starrten sie auf das in niedriger Höhe schwebende, diskusförmige Objekt. Für beide verfeindete Parteien war es buchstäblich ein Zeichen des Himmels. Während die Römer neue Hoffnung schöpften, fürchteten die Pontier, den Zorn ihrer Götter herausgefordert zu haben. Sie verzichteten kurzerhand auf die offene Feldschlacht mit der Armee Roms und setzten sich unverzüglich nach Norden ab, um Cyzikus am Marmarameer zu belagern.

Für Konsul Lucius Lucullus bedeutete es die Chance schlechthin. Er verfolgte die abrückenden Söldner des Mithridates, und schnitt sie von ihrem Nachschub ab. Schon nach kurzer Zeit litten die Pontier großen Hunger. Das einstmals so stolze Heer löste sich auf und floh in alle Himmelsrichtungen. Jetzt konnte Lucullus in die Offensive gehen. Innerhalb von fünf Jahren vermochte er Mithridates vernichtend zu schlagen. Der flüchtete an den Bosporus, wo er im Jahre 63 v.Chr. bei einem Aufstand seines Sohnes Pharnakes II. getötet wurde.

Das Glück war nun auf der Seite der Römer. Nachdem der siegreiche Lucullus das Kommando an den Plebejer – das waren Angehörige der nicht-adeligen Bevölkerungsschicht – Gnaeus Pompeius

Magnus (106-48 v.Chr.) abgetreten hatte, kehrte er im Triumphzug nach Rom zurück. Dort lebte er bis ans Ende seiner Tage in jenem Reichtum und Luxus, für den sein Name noch heute sprichwörtlich ist.[86,87] Das Volk Roms feierte ihn als Retter. Zu verdanken hatte er seinen Erfolg jedoch vielmehr einem geheimnisvollen Flugobjekt, dessen so plötzliches Erscheinen eine vollkommen aussichtslose Lage ins direkte Gegenteil wendete.

Aus dem Geschichtsbuch gestrichen

An anderer Stelle habe ich bereits über No Cha, einen tollkühnen Helden der altchinesischen Mythologie, berichtet. Seine Kriegszüge wurden durch ominöse „silberne Flugdrachen" unterstützt[40], die man wohl im selben Kontext sehen darf, wie die „fliegenden Schilde" in unseren Breiten.

Ein Staatenlenker, der wie der makedonische König Alexander im Blickfeld wahrscheinlich nicht von der Erde kommender Mächte stand, war Kaiser Karl (747-814) aus dem Geschlecht der Arnulfinger, das seither nach ihm auch Karolinger genannt wird. Zieht man Vergleiche zwischen ihrer beider Leben, dann könnte man beinahe dem Gedanken verfallen, Herrscher mit dem Beinamen „der Große" seien nicht selten unter stetiger Beobachtung „von oben" gestanden. Mehr noch: Fremde Intelligenzen mischten sich gern in deren Kriegszüge ein, zogen unsichtbare Fäden in einem höchst undurchsichtigen und ominösen Spiel.

Der junge Karl übernahm im Jahre 768 - er zählte damals gerade einmal 21 Lenze - gemeinsam mit seinem vier Jahre jüngeren Bruder Karlmann die Herrschaft über das Frankenreich. Darin waren bedeutende Teile Deutschlands und Frankreichs vereinigt; bei unseren westlichen Nachbarn wird er „Charlemagne" genannt. Drei Jahre später verstarb Karlmann mit nur 20 Jahren, und daher regierte Karl ab 771 alleine weiter.

Im darauffolgenden Jahr begannen die lang anhaltenden Kriege gegen den Stamm der Sachsen, welche insgesamt 32 Jahre währen sollten. Sie kosteten das Reich wie auch den Monarchen gewaltige militärische, finanzielle und politische Kraftanstrengungen. Siege wechselten sich mit Niederlagen ab. Heute werfen die Historiker dem Kaiser vor allem die Massenhinrichtungen an sächsischen Geiseln unweit von Verden an der Aller im heutigen Niedersachsen vor. Sie führten zu einem blutigen Volksaufstand unter dem Kommando des westfälischen Edelmanns Wittekind (auch Widukind). Dieser Aufstand brach jedoch im Jahre 783 zusammen, und die schonungslose Niederschlagung weiterer Rebellionen zwischen 792 und 804 führte dann zur endgültigen Unterwerfung der Sachsen. Und da sie ja „Heiden" waren, auch zu deren zwangsweisen Christianisierung.

Schließlich wurde Karl am 25. Dezember 800 – in Erneuerung des weströmischen Kaisertums – durch Papst Leo III (Pontifikat von 795-816) in Rom zum Kaiser des „Heiligen Römischen Reiches Deutscher Nation" gekrönt.[1] Ein in seiner historischen Tragweite ebenso schwerwiegender wie spektakulärer Vorfall aber wurde von der offiziellen Geschichtsschreibung unter den Teppich gekehrt, aus den Geschichtsbüchern getilgt. Oder genauer gesagt, er fand erst gar keine Erwähnung. Und dies, obwohl er in einer Reihe zeitgenössischer Chroniken mit der ihm gebührenden Genauigkeit verzeichnet ist. Es geht um die Tatsache, dass das Auftauchen unbekannter Flugobjekte am Himmel über dem Schlachtgetümmel entscheidend den Verlauf eines Waffenganges Karls gegen die Sachsen beeinflusste.

„Wundersamer Feuerschein" über der Burg

Wir schreiben das Jahr 776. Karl hält sich gerade im Gebiet des heutigen Frankreich auf. Die Sachsen, gegen die er bereits wiederholte Male in den zurückliegenden Jahren Feldzüge unternommen hatte, nutzen diese seine Abwesenheit ungeniert aus und erobern die südlich der westfälischen Stadt Soest gelegene Eresburg. Nach vollendeter Einnahme ziehen sie weiter zur Sigiburg. Diese Festung ist heute als Hohensyburg bekannt; die Ruine liegt ebenfalls in Westfalen, zwischen Hagen und Dortmund. Auch diese Burg wollen die Sachsen erobern und beginnen sofort mit der Belagerung. So einfach jedoch, wie ihnen die Eresburg in die Hände gefallen war, wird es bei der Sigiburg nicht werden. Ganz im Gegenteil ...

Folgt man der offiziellen Geschichtsschreibung, dann führte ein für die Belagerer völlig unerwarteter Ausfall der auf der Sigiburg verschanzten fränkischen Verteidiger zu der überraschenden Wende in dieser Schlacht. Arbeitet man sich aber ein wenig tiefer in die damaligen Geschehnisse ein, so wird schnell klar, dass besagter Ausfall der Franken als unmittelbare Folge eines mysteriösen Ereignisses zu interpretieren ist.[88]

So lassen sich beispielsweise die „Annales Regnorum Francorum" aus dem Jahr 1871 über den bei deren Niederschrift beinahe 1100 Jahre zurückliegenden Zwischenfall folgendermaßen aus: „Karl der Große eroberte auf seinem Feldzuge gegen die Sachsen die Hohensybürg. Im folgenden Jahr versuchten die Sachsen, ihrerseits die Burg zurückzuerobern, sie wurden nach dem Bericht des fränkischen Chronisten aber durch ein über der Kirche gut sichtbares Zeichen dermaßen erschreckt, dass sie die Flucht ergriffen."[88]

Ein gutes Stück detaillierter umriss der frühere Dortmunder Stadtarchivar, Professor Karl Rübel, um die Wende vom 19. zum 20. Jahrhundert das ungewöhnliche Geschehen in respektive über der umkämpften Festung:

„Die sogenannten Lorscher Annalen, welche in die karolingische Zeit gehörten, berichten, dass während der Belagerung der Sigiburg durch die Sachsen urplötzlich ein ‚wundersamer Feuerschein' wie von zwei großen, feurigen Schilden sich über der Kirche gezeigt, und die Heiden in blinde Furcht versetzt habe, auf dass diese sich in kopfloser Verwirrung geflüchtet hätten, und weil sie fortwährend auf der Flucht sich nach dem schrecklichen Wunderzeichen umsahen, blindlings in die Spieße der eigenen Leute hineingelaufen wären."[89]

Abbild zweier Schutzschilder

Hier sind sie also wieder, diese wahlweise silbern glänzenden, oder sich in einem unheimlichen Feuerschein präsentierenden

„Schilde". Sie scheinen den Himmel über den Köpfen der zutiefst erschrockenen Erdbürger seit wer weiß wie lange zurückliegenden Zeiten als ihr „Jagdrevier" zu betrachten. Wenn sich auch die Namen, die man ihnen gegeben hat, über die Zeiten immer ein wenig geändert haben, so ist ihre Art aufzutauchen und dabei Unruhe, Panik und nicht selten gar Schlimmeres zu verursachen, doch erstaunlich konstant geblieben. Wir haben keinerlei Mühe, ihnen in moderneren Beschreibungen bis in unsere Tage zu folgen.

Einem ebenso gebildeten wie akribisch arbeitenden Mönch mit dem Namen Laurencio verdanken wir die wohl ausführlichsten Informationen zu diesem ominösen Vorfall. Es sind dies die *Annales Laurissenseses*, die ihrerseits in einer noch umfangreicheren Chronik aus dem 8. und 9. Jahrhundert – der sogenannten Patrologiae – enthalten sind. Diese Aufzeichnungen wurden erstmals von dem englischen Forscher W. Raymond Drake übersetzt. Ihr Inhalt, niedergeschrieben in einem altertümlichen, sich typisch für die Zeit umständlich ausdrückenden Latein, besitzt nichtsdestotrotz einen eigentümlichen Reiz:

„Da überbrachte ein Bote die Nachricht vom Aufstande der Sachsen. All ihre Geiseln hatten sie getötet, ihre ernsten Eide gebrochen. Mit großer List hatten sie die Aeresburg zurückerobert, die Franken vertrieben, so dass sie, als die Burg verlassen und die Franken geflohen, Mauern und Türme schleifen konnten. Dann zogen sie weiter, und überall auf ihrem Weg verkündeten sie voller Hoffart, dass sie nun das gleiche auch mit der Sigiburg zu tun gedächten. Die dortigen Verteidiger widersetzten sich ihnen mit Gottes Hilfe und großem Mut, jedoch der Übermacht hätten sie nicht lange standhalten können. Dennoch waren die Sachsen unfähig, sie aus der Burg zu vertreiben und diese zu zerstören, so, wie sie es bei all den anderen Burgen getan. Alsdann begannen sie, Katapulte und andere Waffen zu errichten.

Doch nach Gottes Willen schadete der Wurf der Steine, die sie aufgelegt, mehr ihnen selbst als jenen, die in der Festung lebten, denn sie flogen in die eigenen Reihen zurück. Also begannen sie ein noch größeres Gerüst zu errichten, um von jenem aus die Burg zu erstürmen. Gott ist gut und gerecht, darum belohnte er der Verteidiger Mut. An demselben Tage, an dem der Angriff gegen die in der Burg weilenden Christen beginnen sollte, zeigte sich die Herrlichkeit Gottes über jener Kirche, die sich in der Festung befindet. Diejenigen, die alles von außerhalb des Platzes sahen, viele von ihnen leben noch heute, sie sagen, dass sie das Abbild zweier Schutzschilde erblickten, in rötlich flammender Farbe und Bewegung über der Kirche.

Und als die Heiden, die vor den Mauern lagerten, dieses Zeichen sahen, waren sie plötzlich in Verwirrung gestürzt und sie wandten sich in wilder Panik erschrocken zu einer ungestümen Flucht. Einige von ihnen ermordeten wahllos andere. Zitternd vor Angst, warfen sie ihre Speere, die sie auf den Schultern trugen, auf die, die vor ihnen flohen. Andere wurden durch ihre eigenen Schläge gestoßen und durch die göttliche Vergeltung wurde so über sie gerichtet."[90]

Ermutigt durch diese plötzliche und unerwartete Wendung des Kriegsgeschehens, wagten die fränkischen Verteidiger daraufhin den historisch belegten Ausfall. Sie setzten den wild in Panik fliehenden Sachsen bis an die Lippe nach und besiegten sie vernichtend in einer offenen Feldschlacht.

Karl der Große nahm diesen Vorfall zum Anlass, auch weiterhin und sogar in verstärktem Maße gegen die Sachsen vorzugehen, um sie schließlich im Jahre 804 endgültig zu unterwerfen. Ganz offenbar hatte die hinter diesem Eingreifen stehende unbekannte Intelligenz ein Interesse daran, den Franken – nicht jedoch den Sachsen – zum militärischen Sieg zu verhelfen.[91] Worin ihr Interesse aber bestand, das vermag zum jetzigen Zeitpunkt kein Mensch zu beantworten. Wir haben ja in den vorangegangenen Kapiteln schon etliche Beispiele gesehen, bei denen jene Fremden mal der einen, und mal der anderen Seite beistanden. Die einen wurden unterstützt, die anderen bekämpft, doch was die Absicht dahinter sein dürfte, liegt noch immer im Dunkeln. Und ich befürchte, an dieser Informationslücke wird sich so rasch nichts ändern.

Doch mit des Geschickes Mächten ...

Die geheimnisvollen Fremden begleiteten die Kriegszüge von Kaiser Karl auch weiterhin. Als er anlässlich eines Feldzuges gegen die Awaren – dies war ein asiatisches Nomadenvolk, das sich erstmals im 6. Jahrhundert auf den Weg ins westliche Europa machte – im Jahr 791 bei Regensburg sein Heerlager aufschlug, spielte sich erneut Seltsames am Himmel ab. Wie die Regensburgische Chronik zu vermelden weiß, wurde der Regent „von einer himmlischen Erscheinung gewürdigt und hat das heilige Kreuz gesehen". Später werde ich unter anderem von Kaiser Konstantin – auch ihm hat die offizielle Geschichtsschreibung den Namenszusatz „der Große" verliehen – berichten, dem im Jahre 312 n.Chr. gleichfalls ein weithin sichtbares Kreuz am Himmel erschienen war. Verbunden mit der Frage, wie derlei „Visionen" wohl technisch bewerkstelligt werden können, da wir heute etwas Vergleichbares kennen.

Doch jetzt muss ich noch ein letztes Mal zu Karl dem Großen zurückblenden. Ihm widerfuhr wenige Jahre vor seinem Tod etwas Ähnliches wie dem Makedonier Alexander.

Auch Karl wurde persönlich, und zwar in ebenso nachteiliger Weise, von jenem Phänomen betroffen, welches ihn zuvor eindeutig unterstützt hatte. Wie Einhard, der Vertraute und Biograf des Kaisers, in seiner Vita Caroli Magni berichtet, war dieser im Jahre 808 auf dem Weg nach Aachen, der damaligen Hauptstadt des Frankenreiches. Das Unerwartete kam buchstäblich aus heiterem Himmel. Denn plötzlich stieß eine große „Kugel", die zuvor den Horizont von Ost nach West überquert hatte, nahezu auf Bodenniveau herab. Dabei leuchtete das Objekt, dessen Flugeigenschaften nicht auf einen natürlichen Himmelskörper hindeuten, so grell, dass das Pferd des Monarchen scheute und ihn abwarf. Der Sturz war so schwer, dass Karl nicht mehr in der Lage war, aus eigener Kraft aufzustehen. Es brauchte einige Zeit, bis er sich von den Folgen erholt hatte.[75]

Einmal mehr musste ein bedeutender Herrscher die schmerzliche Erfahrung machen, dass jene, die bis dahin ihre schützende Hand über ihn gehalten hatten, ihm ganz plötzlich ihre Unterstützung wieder entzogen. Die Motivation hinter diesem Verhalten? Nach wie vor Fehlanzeige. Uns bleibt hier allenfalls übrig, ins Blaue hinein zu spekulieren. Einzig ein geflügeltes Wort des großen deutschen Dichterfürsten Friedrich v. Schiller (1759-1805) mag in Situationen wie dieser treffend erscheinen:

> „Doch mit des Geschickes Mächten
> ist kein ew'ger Bund zu flechten."

Abb. 1: „Schneeball durchs All“: Mit sogenannten Generationen-Raumschiffen ließe sich unsere Galaxis in zehn Millionen Jahren kolonisieren.

Abb. 2: Uralte Mythen und Überlieferungen berichten von regelrechten „Städten am Himmel“, die sich mithilfe furchtbarer „Götterwaffen“ bis zur gegenseitigen Vernichtung bekriegten.

Abb. 3: Gab es in unserer Vergangenheit Gefahren, die buchstäblich „von oben“ kamen und die Bewohner dieses Planeten bedrohten?

Abb. 4: In Teotihuacan (Mexico) führen Gänge zu unterirdischen Kammern, die auf ganz besondere Weise gegen verschiedene Einflüsse gesichert sind.

Abb. 5: Und zwar durch dicke Lagen von Muskowit, einer Glimmerart, die auch in unserer Zeit breite Verwendung findet. Wurden hier in grauer Vorzeit schreckliche „Götterwaffen" gelagert?

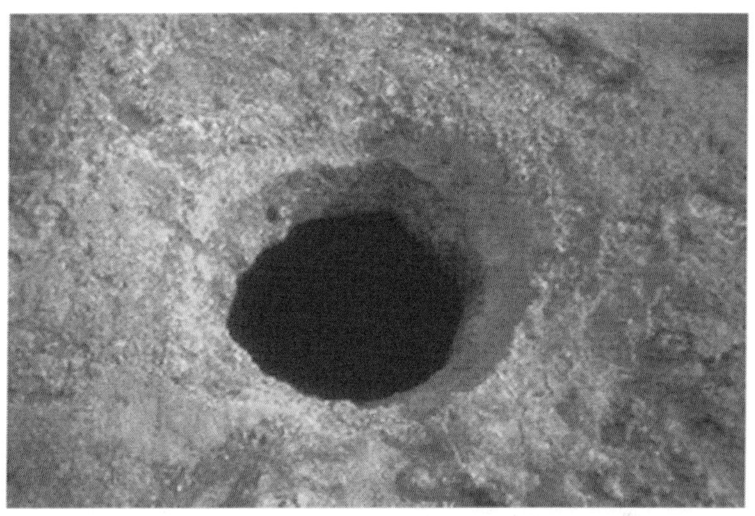

Abb. 6: Die „Dingli Tanks“ auf Malta sehen Luftschutzbunkern ähnlich - und sie waren verschließbar!

Abb. 7 u. 8: Die unterirdischen Städte Kappadokiens: Wie hier in Derinkuyu bieten sie Tausenden Menschen Platz, zusammengenommen sogar Millionen. An strategisch wichtigen Stellen lassen sich die Zugänge schnell und wirksam blockieren. Welche Gefahren drohten hier?

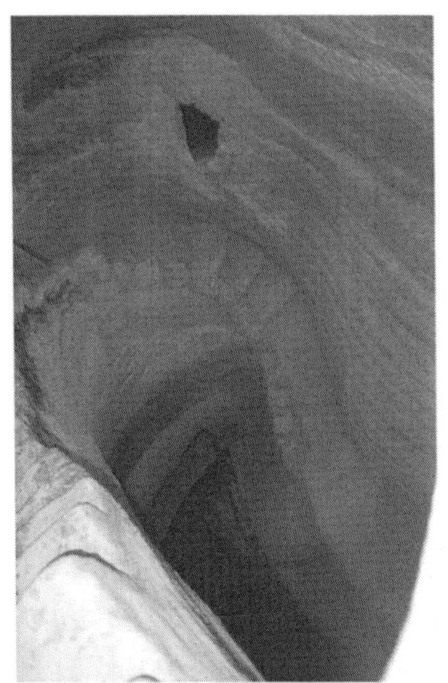

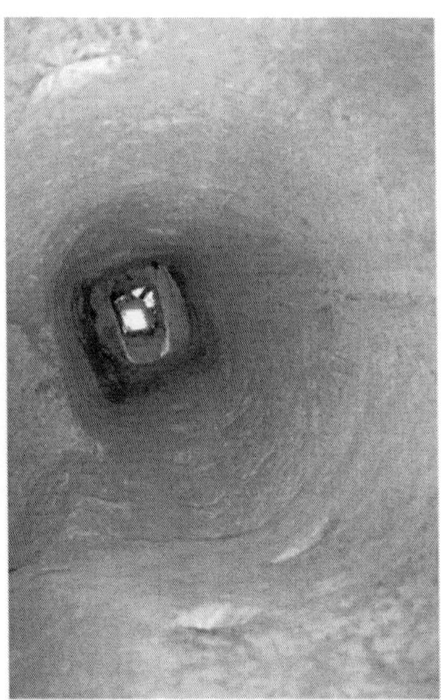

Abb. 9 u. 10: Dienten einige der unterirdischen Anlagen von Maresha (Israel) ebenfalls zu Schutzzwecken, um eine große Anzahl Menschen vor Gefahren „von oben“ zu retten?

Abb. 11: Die künstlichen Höhlen von Huashan im Süden von China: Ihre Ausmaße sind gigantisch, und die Stützpfeiler stellen alles Bekannte in den Schatten!

Abb. 12 u. 13: Der Krieg der Israeliten gegen die Amalekiter: Hielt Patriarch Mose einen schweren und kriegsentscheidenden Gegenstand in den Händen, der entscheidend für den Ausgang der Schlachten war?

Abb. 14: Das alttestamentarische Geschehen findet sich als eine der wichtigsten Schlüsselszenen der jüdischen Geschichte auf der großen Menorah wieder, dem siebenarmigen Leuchter, der vor der Knesset (dem israelischen Parlament) in Jerusalem steht.

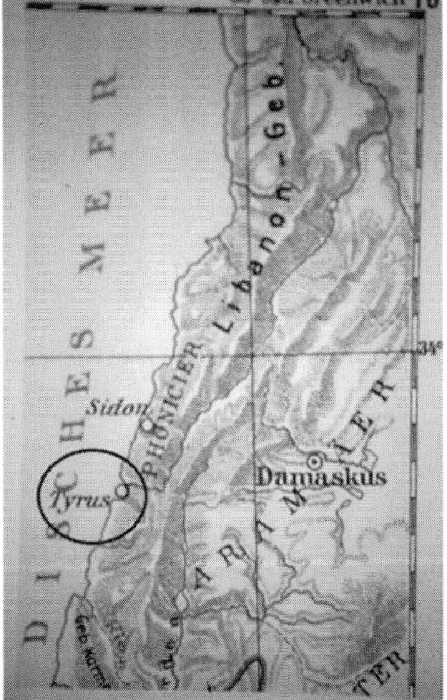

Abb. 15 u. 16: Während der Regierungszeit König Hiskias wurde Jerusalem von den Assyrern belagert, die alle im Verlauf einer Nacht getötet wurden. Daran erinnert noch heute ein technisch brillianter Tunnel unter der Davidsstadt (oben).

Abb. 17: Fünf „fliegende Schilde" zerstörten die Mauern der Festung Tyros, die zuvor als uneinnehmbar galt. So geschehen während der Belagerung durch Alexander dem Großen, der offenbar „Schützenhilfe" durch eine unbekannte Intelligenz erhielt.

Abb. 18: Roms sagenhafter Stadtgründer Romulus - hier als Säugling mit Bruder Remus - wurde später von einer unbekannten Macht „entrückt". Ein Schicksal, das häufig höhergestellte Personen betraf.

Abb. 19: Die Ruinen der Sigiburg (Hohensyburg). Bei der Belagerung durch die Sachsen kamen zwei große „fliegende Schilde" den eingeschlossenen zur Hilfe.

Abb. 20: Wann immer ich auf Malta bin, besuche ich das dortige „Maritime Museum". Eine Fotografie erinnert an eines der größten ungelösten Rätsel aus den blutigen Tagen des I. Weltkrieges.

Abb. 21: Geheimnisvolle, silbrige Flugobjekte verwirrten im II. Weltkrieg die Piloten aller Kriegsparteien mit ihren unglaublichen Flugeigenschaften. Auch wenn sich die Amerikaner - wie hier - sicher waren: geheime „Wunderwaffen" der Deutschen waren es nicht ...

Silver Balls Floating in Air Nazis' Newest War Device

1944

(The Associated Press)

Paris, Dec. 13.—As the Allied armies ground out new gains on the western front today, the Germans were disclosed to have thrown a new "device" into the war—mysterious silvery balls which float in the air.

Pilots report seeing these objects, both individually and in clusters, during forays over the Reich.

(The purpose of the floaters was not immediately evident. It is possible that they represent a new anti-aircraft defense instrument or weapon.)

(This dispatch was heavily censored at supreme headquarters.)

6 Schützenhilfe II

Der lange Zug nach Norden

Jahwe, der Gott der Israeliten, geleitete sein auserwähltes Volk aus der ägyptischen Knechtschaft. Ziel des Trecks, der 40 Jahre dauern sollte, war das „Land der Verheißung", in dem die Hebräer ohne Verfolgung, Not und in Frieden leben sollten. Der Weg dorthin war indes mit allerlei Hindernissen, Problemen und nicht selten auch kriegerischen Auseinandersetzungen mit anderen Völkern gepflastert. Deshalb griff Jahwe immer wieder, und zum Teil äußerst massiv ein, um seinen Schützlingen den Rücken freizuhalten. Oder besser gesagt, ihnen entscheidende Vorteile gegenüber den Feinden zu verschaffen, ohne die das Volk Israel kaum sein Ziel erreicht hätte. Denken wir nur an den Krieg gegen die Amalekiter, in dem Mose aller Wahrscheinlichkeit nach einen schweren und den Ausgang der Schlacht bestimmenden Gegenstand einsetzte. Eine Waffe aus „göttlichem" Arsenal?

Auf der anderen Seite des Ozeans im Westen spielte sich etwas Ähnliches ab. Dort war eine geheimnisvolle Elite zugange, die ihr ebenfalls auserwähltes Volk in eine neue Heimat führte Dieser Zug ging noch viel weiter und dauerte wesentlich länger Denn es galt, den amerikanischen Doppelkontinent fast der ganzen Länge nach von Süden nach Norden zu durchqueren. Folgt man den Überlieferungen, welche die Nachfahren der einst Betroffenen bis auf den heutigen Tag sorgsam hüten, waren die Begleitumstände noch ein gutes Maß dramatischer. Litten die Juden als rechtlose Minderheit im Land der Pharaonen unter Diskriminierung und Repressionen, so galt es im anderen Fall, eine zahlenmäßig weitaus größere Bevölkerungsgruppe aus ihrer dem Untergang geweihten Heimat zu evakuieren. Und sodann in einen anderen Teil der Welt zu bringen. Eine Mammutaufgabe, die etliche Jahrhunderte in Anspruch nahm, um die Menschen letztendlich an ihren vorausbestimmten Ort zu verfrachten. Da kamen fliegende Objekte zum Einsatz, doch darüber später mehr. Und unterwegs wurde der eine oder andere Feldzug mit

Waffen ausgefochten, die sich radikal von den damals gebräuchlichen unterschieden.

Die Nachfahren jener Exilanten, um die es nachfolgend geht, leben noch heute auf dem Gebiet des amerikanischen Bundesstaates Arizona. Es sind die Hopi-Indianer – ihr Name bedeutet soviel wie „gut“ oder „friedlich“ –, ein Stamm aus der Sprachenfamilie der Schoschonen. Und die legendenumwobenen Wesen, welche ihnen immer wieder „Schützenhilfe“ angedeihen ließen, werden von den Hopi seit altersher als Kachinas verehrt. Übersetzen kann man diesen Begriff noch am treffendsten mit „hohe und geachtete Wissende“. Diese standen von Anfang an in ständigem Kontakt mit den Indianern respektive deren Vorfahren.

Sie kamen von Tóonátakha

Diese „hohen und geachteten Wissenden“ unterteilten sich in drei Kategorien: Es gab die Erzeuger, die Lehrer und die Hüter des Gesetzes. Schon bei der ersten Gruppe stoßen wir auf Übereinstimmungen mit Schöpfungsberichten aus allen Teilen unserer Welt: „Und Gott schuf den Menschen zu seinem Bilde, zum Bilde Gottes schuf er ihn“, weiß die Bibel zu berichten (1. Buch Mose, Kap. 1, Vers 27).[26] Auch die „Erzeuger“ unter den Kachinas erschufen Menschen.

Es war um das Jahr 1970, als der damalige NASA Projektleiter Joseph F. Blumrich (1913-2002) zum ersten Male White Bear, Häuptling der Hopi, in deren Reservation im Nordosten Arizonas besuchte. Aus diesem ersten Zusammentreffen zweier so grundlegend unterschiedlicher Männer – der eine ein verantwortlicher Ingenieur der amerikanischen Weltraumbehörde, der andere dagegen ein in Tausende Jahre alte Traditionen verwurzelter Indianerhäuptling – entwickelte sich ein tiefes, gegenseitiges Vertrauen, welches in eine über zehn Jahre andauernde Zusammenarbeit mündete. Der „Weiße Bär“ und der Konstrukteur von Raketen setzten sich vor ein Mikrofon; heraus kamen am Ende ungezählte Stunden Tonbandaufzeichnungen über Herkunft, Geschichte sowie Kontakte der Hopi mit diesen als Kachina bezeichneten Intelligenzen. Was einmal mehr im

Widerspruch zu unserem traditionellen Geschichtsbild steht, legte Blumrich ein paar Jahre später in einem hochinteressanten Werk nieder.[33]

Die Überlieferungen der Hopi nennen ganz explizit eine außerirdische Herkunft dieser Wesen; jene kamen aus einer fernen Welt zur Erde hernieder. White Bear erklärte hierzu: „Sie (die Kachinas) kommen zu uns aus dem Weltenraum. Sie kommen nicht aus unserem eigenen Planetensystem, sondern von anderen, weit entfernten Planeten. Unsere Astronauten würden viele Generationen brauchen, um dorthin zu gelangen. Der Hopi-Name für diese Planeten ist Tóonátakha; dies bedeutet, dass sie eng zusammen gehören, nicht im körperlichen sondern im geistigen Sinn, weil alle ihre Bewohner die gleiche Verantwortung tragen, sie arbeiten alle eng zusammen. Deshalb können wir, glaube ich, dieses Wort mit ‚Bund der Planeten' übersetzen. Und weil wir wissen, dass es zwölf dieser Planeten gibt, können wir sie auch ‚Bund der zwölf Planeten' nennen.

Die Kachinas können sich sehr schnell fortbewegen (...) Ihre Schiffe fliegen mit Magnetkraft, auch wenn sie die Erde umrunden."[33]

Und an anderer Stelle findet sich eine Beschreibung, die in mir einen wahren Freudentaumel auslöste. Da werden Flugobjekte der Kachinas mit einem Ausdruck charakterisiert, der uns seltsam vertraut im Ohr klingt: „Die Kachinas sind körperliche Wesen und deshalb brauchen sie Flugkörper für ihre Reisen in unserer Luft, und wenn sie zu ihren Planeten zurückfliegen. Diese Flugkörper haben verschiedene Größen und Namen. Einer davon ist Páatóowa – ‚das Objekt, das über das Wasser fliegen kann'. Pahu heißt in unserer Sprache Wasser, und Toówata ist ein Gegenstand mit gekrümmter Oberfläche. Und wegen dieser Form nennen wir sie ‚Fliegende Schilde'." (!)[33]

Nicht ohne eine gewisse Süffisanz darf ich hier feststellen, dass sich sowohl die Form dieser Flugobjekte als auch deren Beschreibung als wahrhaft global präsentieren. Ganz egal, ob bei Alexanders Kriegszügen, im antiken Rom und bei Karl dem Großen oder hier bei den Hopi-Indianern: Es ist ein starkes Indiz dafür, wie eine technisch weit fortgeschrittene Intelligenz „von da draußen" immer wieder in die Geschicke der Menschheit eingegriffen hat. Und dies über einen sehr langen Zeitraum, der mit ziemlicher Sicherheit noch nicht abgeschlossen ist.

Exodus von einem untergehenden Erdteil

Wie die erwähnten „fliegenden Schilde" technisch beschaffen waren, das vermochte White Bear nicht zu beschreiben. Doch zog er einen Vergleich mit bekannten Gegenständen des alltäglichen Lebens - eine durchaus legitime Methode, wenn es an geeignetem technischen Vokabular gebricht: „Wenn man einen Flaschenkürbis durchschneidet, erhält man eine Form, die wie eine Schale oder wie eine Untertasse aussieht. Und wenn man zwei solcher Teile zusammensetzt, erhält man die Form des Flugkörpers, mit welchem man damals zu den Planeten fuhr. Wenn man in einem Gebilde wie diesem sitzt, kann es sich nach allen Richtungen bewegen, und man fällt nicht heraus, ganz gleich wie schnell es fliegt. Deshalb hat es diese Form, und wir nennen es auch Inioma. Weil der Flugkörper beinahe wie ein Kürbis aussieht, heißt er auch Tawuya.[33]

Eingangs hatte ich bereits kurz angedeutet, dass die Vorfahren der heutigen Hopi aus ihrer dem Untergang geweihten Heimat evakuiert werden mussten. Diese habe auf einem Kontinent im Pazifik gelegen, den sie Kasskara nannten. Es sei ein sehr schöner Erdteil gewesen, so die Überlieferung, dessen größter Teil südlich des Äquator und nur ein kleiner Teil nördlich davon gelegen habe. Eines Tages aber begann diese Landmasse zu sinken, bis nurmehr die am höchsten gelegenen Landesteile aus den Fluten ragten. Diese seien einige der heute bekannten Südseeparadiese und nichts anderes als ehemalige Berggipfel.

Das erinnert ein wenig an den untergegangenen Kontinent Mu, auch unter dem Namen Lemuria bekannt, den einige Forscher mitten im Pazifischen Ozean vermuteten.[92,93] Zugegeben: Die Existenz solch eines Kontinentes in der jüngsten geologischen Vergangenheit wird sehr kontrovers diskutiert. Im berühmten „Book of the Hopi" wird dieser jedoch ausdrücklich erwähnt.[94] Was indessen gleichfalls für die Existenz eines solchen, untergegangenen Erdteils im Pazifik sprechen würde, ist das unerklärbare Vorhandensein megalithischer Großbauten auf zahlreichen Inseln in der Südsee. Überreste von steinernen Wunderwerken, deren Erbauer ebenso unbekannt sind wie der Zeitpunkt ihrer Errichtung, finden sich reihenweise in dieser Region. Ihnen allen ist gemeinsam, dass sie von einem ungleich höheren architektonischen Niveau zeugen, als die Konstruktionen der heutigen Inselbewohner, die bis vor ein paar Generationen noch in Palmblatthütten hausten. Gleich daneben finden wir Säulen, Torbögen, Pyramidenstümpfe und andere Bauten, deren teils gewaltigen Bauelemente die Spuren meisterhafter Bearbeitung tragen.[3]

Doch kehren wir zurück zu jener logistischen Mammutaufgabe, mittels der die Vorfahren der Hopi aus der „Dritten Welt" (das war Kasskara) in die „Vierte Welt" (ihre neue Heimat in Amerika) gebracht wurden.

„Das neue Land sollte unsere neue Heimat werden, welche wir die Vierte Welt, Toówakachi, nennen. (...) Der Schöpfer hatte also beschlossen, uns zu retten, und die Kachinas halfen uns, den neuen Kontinent zu erreichen.

Unser Volk ist auf drei Arten von der Dritten in die Vierte Welt gelangt. Die ersten, so sagt man bei uns, kamen mit den Fliegenden Schilden. Die waren für die wichtigsten Leute, für die am höchsten Gestellten. Sie hatten Vorrang, weil sie die neue Siedlung gründen und alle Vorbereitungen treffen mussten. Und weil sie zuerst kamen, galten sie natürlich als geachtete Menschen. Die Kachinas als Raumfahrer wussten, wo dieses neue Land lag und brachten sie herüber. Einzig die Kachinas konnten das tun, denn sie hatten die Fliegenden Schilde, unser Volk jedoch nicht."[33]

Eine weitere Gruppe wurde von Kasskara, das immer tiefer in den Fluten des Pazifik versank, auf dem Rücken von „großen Vögeln" abtransportiert. Dies erinnert spontan an die Mythen anderer nordamerikanischer Stämme, wie auch der Eskimos im hohen Norden.

Sie wissen alle von jenen „Donnervögeln" zu berichten, mit denen sie durch die Lüfte befördert wurden.[37,38] Offenbar herrschte bei der Rettungsaktion eine strenge Hierarchie, denn bei weitem nicht alle konnten durch die Luft evakuiert werden. Die dritte Gruppe, die den Hauptanteil der Kasskara-Flüchtlinge ausmachte, erreichte das südamerikanische Festland nämlich mit Booten. Sie hatten hatte am schwersten zu kämpfen, um ihre neue Heimat zu erreichen. Doch auch bei diesem Massenexodus standen sie stets unter dem Schutz der Kachinas. Diese lotsten sie sicher übers Meer, nichts wurde dem Zufall überlassen: „Sie fuhren mit ihren Booten etwa in nordöstlicher Richtung von Insel zu Insel. Die Kachinas gaben ihnen Ratschläge und wiesen ihnen den Weg zu den Inseln. Auf jeder Insel konnten sie sich ausruhen, bevor sie weiterfuhren, und so kamen schließlich auch sie in der Vierten Welt an."[33]

Und dort begann dann der große Treck, der viele Jahrhunderte, wenn nicht gar Jahrtausende dauern sollte.

Zoff unter den Clans

Mit der Ankunft in der neuen Heimat musste man sich neu organisieren, wobei die traditionelle Aufspaltung in Clans, also Sippen- oder Stammesverbände, für den weiteren Weg von eminenter Bedeutung war. Diese ethnische Unterteilung hatte bereits bei der Evakuierung eine entscheidende Rolle gespielt. Zu den Clans, die mithilfe der Fliegenden Schilde bevorzugt den Luftweg nahmen, gehörten unter anderem der Feuer-Clan, der Schlangen-Clan, der Spinnen-Clan, der Bogen-Clan, der Eidechsen-Clan sowie der Adler- und der Wasser-Clan.

Diese Einteilung ist unter den Hopi noch heute von höchster gesellschaftlicher Relevanz. So gehört White Bear dem Coyoten-Clan an, dem Stamm seiner Mutter und Großmutter, denn die Hopi folgen in ihren Ahnenreihen stets der mütterlichen Linie. Sein Vater hingegen entstammt dem Bären-Clan, der über Jahrhunderte Anführer und Häuptlinge der Hopi stellte. Der Coyoten-Clan gehörte übrigens zu jenen Stammesgruppen, die mittels Booten von Kasskara nach Südamerika gelangten. Er stand folglich nicht so weit oben in der Hierarchie wie etwa der Bogen-Clan, der durch „Fliegende Schilde“ in Sicherheit gebracht wurde.

Einige dieser Clans, doch beileibe nicht alle, begaben sich auf den langen Treck nach Norden, der nach den Hopi-Mythen etliche hundert, wenn nicht gar Tausende Jahre dauerte. Im Laufe dieser Wanderung wurden Städte gegründet, in denen die Kachinas noch lange als Lehrmeister präsent waren. Es kam aber auch zunehmend zu Streitigkeiten einiger Clans untereinander, da es unter deren Führern zu einer Spaltung in verschiedene Überzeugungen gekommen war. So standen beispielsweise die Angehörigen des Bogen-Clans auf dem Standpunkt, ihre Lebensweise hätte sie so mächtig gemacht, und forderten den Schlangen-Clan und andere Verbände zum Kampf auf.

Widerstreitende Ideologien sind auch heute noch – womöglich wieder mehr denn je – ein Thema unter jenen Zeitgenossen, welche sich im alleinigen Besitz der Wahrheit wähnen. Und schenkt man den Politikern gleich welcher Couleur Glauben, so ist dies natürlich deren eigene Partei. Kein Wunder, wenn die Politikverdrossenheit immer mehr um sich greift.

Verschiedene Stammesgruppen hatten sich auf ihrem Treck gen Norden auf der mittelamerikanischen Halbinsel Yucatan niedergelassen, und auch Städte gegründet. Dort provozierte der Bogen-Clan den Schlangen-Clan und weitere Stämme, welche die Herausforderung schließlich annahmen. Als sich die Häuptlinge beider Seiten trafen, brach großer Streit aus. Nach etlichem Hin und Her einigte man sich bei der Festlegung der Kampfregeln darauf, dass der Bogen-Clan als Herausforderer auch mit den Kampfhandlungen beginnen sollte. Es galt, die jeweils gegnerische Stadt innerhalb von vier Tagen zu erobern. Der Kampf sollte täglich nach Aufgang der Sonne beginnen, und dann enden, wenn sie beim Untergehen den Horizont berührt.

Dieser Krieg wurde nicht mit den damals üblichen Waffen wie Keulen, Pfeil und Bogen und auch nicht Mann gegen Mann geführt.

Die beiden Städte der Kontrahenten lagen etwa 80 bis 100 Kilometer voneinander entfernt, und beim Kampf kam Waffentechnologie der „Götter“ zum Einsatz. Der Bogen-Clan begann, die Stadt des Schlangen-Clans mit den stärksten Waffen zu bombardieren, die ihm zur Verfügung standen. Sie funktionierten offenbar mit elektrischer Energie, und ihre Wirkungsweise entsprach der von heftigen Blitzen. Doch die Angegriffenen waren auf den Einsatz dieser mit Sicherheit nicht von Menschenhand konstruierten Waffentechnik bestens vorbereitet.

Und wieder: Flucht in den Untergrund

Die Menschen machten einfach das, was sich schon bei unzähligen Gelegenheiten zu allen Zeiten und in allen Regionen der Welt glänzend bewährt hatte: Sie gingen kurzerhand in den Untergrund. Wirkungsvollen Schutz fanden sie unter einem starken „Schirm“, der vermutlich durch hochfrequente Energie aufrechterhalten wurde. „Den ganzen Tag über zeigten sich nur die Anführer kurz über der Erde, jedoch immer unter dem Schutzschild, um zu sehen, wo die Sonne stand. Es war schwer für alle und die Erleichterung war groß, als die Sonne unterging, denn tatsächlich wurde alles ruhig. Es donnerte nicht mehr so, wie jedes Mal, wenn diese gewaltige Kraft ihren Schild traf. Dieser wurde entfernt, und jeder konnte ins Freie gehen.“[33]

Der Schlangen-Clan hatte die Bombardierung durch den Bogen-Clan gut überstanden. Am darauffolgenden Tag war nun die Reihe an ihm, seinerseits den Gegner zu attackieren. Auch ihm standen furchtbare Waffen – woher mögen diese gekommen sein? – zur Verfügung. Der Angriff auf die Stadt des Bogen-Clans war daher fast wie ein Beschuss mit atomaren Sprengköpfen, doch auch der Feind verfügte über einen „Schutzschild“. So konnte trotz entsetzlicher Angriffswaffen keine der beiden Parteien einen Sieg erringen. Und es wäre sicher bei dieser Patt-Situation geblieben, hätten sich die Strategen des Schlangen-Clans nicht eine besonders raffinierte Kriegslist einfallen lassen.

Als diese schließlich ernüchtert einsehen mussten, dass die gegnerische Schutzvorrichtung nicht weniger stark war wie die eigene, wurde kurzerhand der Beschuss eingestellt. Stattdessen „wurde Gebrauch von den Fähigkeiten der Schlange gemacht, die sich eingraben kann." Mit welcher ausgefeilten Technik dies geschah, darüber können wir allenfalls spekulieren. Jedenfalls bauten die Schlangen-Leute einen Tunnel, der unter den Befestigungen des Bogen-Clans hindurch verlief.

Dessen Angehörige waren wie vom Donner gerührt, als mit einem Mal das Oberhaupt des Schlangen-Clans dem Tunnel entstieg, und allen kundtat, dass sie besiegt seien. Doch würde er ihnen das Leben schenken, und er verlangte vom Bogen-Clan nur, künftig die Herrschaftssymbole des Schlangen-Clans – natürlich eine Schlange – mitzubenutzen.[33]

Der „Kampf der Giganten" ging im Grunde aus wie das sprichwörtliche Hornberger Schießen. Keiner der Kontrahenten konnte einen Sieg erringen. Vielleicht hatten die Kachinas beide Seiten gleich stark aufgerüstet, um ihnen damit die Sinnlosigkeit von Kriegen zu verdeutlichen.

Dann würde die Handlungsweise jener Fremden aus unbekannten Gefilden - so undurchsichtig sie sich uns in den allermeisten Fällen auch präsentieren mag – wenigstens einen Anflug nachvollziehbarer Logik erahnen lassen. Vergessen wir aber keinen Augenblick lang, dass wir uns mit derartigen Überlegungen ziemlich auf Glatteis, sprich: auf spekulativem Terrain bewegen. Das berühmte Stochern im Nebel.

Geheimnisumwitterte Städte

Auf ihrem Zug nach Norden, ständig unter dem Schutz und der Aufsicht durch die Kachinas, wurden mehrere Städte gegründet. Diese geben uns große Rätsel auf, denn was man dort fand, will so garnicht in jenes Bild unserer Vergangenheit passen, wie es die Historiker noch immer vermitteln. Zwei dieser Städte möchte ich hier kurz vorstellen, denn sie stecken voller Hinweise auf eine phantastische Vergangenheit, die ganz anders verlief, als uns die Altertumsforscher erzählen. Und ich war bereits mehrere Male dort, kenne sie aus eigener Anschauung.

Die erste ist Tiahuanaco, unweit des Titicaca-Sees im bolivianischen Andenhochland gelegen. Dort und in der benachbarten Ruinenstätte von Puma Punku sind Steinbearbeitungen zu bestaunen, für deren unglaublich präzise Herstellung es ausgefeilter und fortschrittlichster Technologien bedarf.[3,11] In der Mythologie der Hopi ist sie unter dem Namen Táotoóma bekannt. Diese sei von jenen Vorfahren erbaut worden, welche auf „fliegenden Schilden" ankamen – also von den Höhergestellten, die als Vortrupp Siedlungen gründeten und so alle Voraussetzungen für die Unterbringung des später nachkommenden Großteils der Exilanten schufen.[33] Die Archäologen lehnen diese Lesart schlichtweg ab: Für sie waren die Erbauer Tiahuanacos die Vorfahren der Aymara, eines noch heute in dieser Region lebenden Volkes. Jene hätten die monumentalen Meisterwerke, allesamt in fast stahlhartem Andesitgestein, geschaffen. Vor gerade mal 2.000 Jahren mit primitiven Werkzeugen wie nassen Holzkeilen, weichen Kupfersägen sowie groben Steinfäustlingen. Wer wie ich wiederholte Male vor den Hightech-Ruinen stehen durfte, kann darüber entweder jämmerlich weinen oder schallend lachen. Zu sehr weichen dort steinharte Realität und Wunschdenken der Archäologen voneinander ab.

Und die Aymara? Die würden auf die Behauptungen der Scherben sammelnden Zunft mit einem berühmten Zitat aus Shakespeares „King Lear" antworten: „Never, never, never, never, never!"

Es drängt sich der Eindruck auf, dass die klassische Altertumsforschung unserer Tage eine fast panische Scheu davor hat, die Relikte einer staunenswerten Vergangenheit weiter als ein paar läppische Jahrtausende zurückzudatieren. Dazu kommt, dass man eher Funde in der „Alten Welt" als älter ansieht, weil die Hochkulturen in anderen Teilen der Welt gefälligst viel jünger zu sein haben. Was für ein Chauvinismus!

Der Geodät und Ingenieur Arthur Posnansky (1873-1946) arbeitete mehr als 40 Jahre lang, von 1904 bis 1945, in Tiahuanaco. Aufgrund astronomischer Berechnungen datierte er die früheste Bauphase der Stadt auf mehr als 15000 Jahre v. Chr.[95] Nach dem Tod Posnanskys forschten der Wiener Professor Dr. Hans Schindler Bellamy (1901-1982) und dessen Kollege Dr. Paul Allan dort. In den Gravuren auf einer Statue glaubten sie einen prähistorischen Kalender entziffert zu haben, dessen astronomische Daten bis 27000 Jahre v. Chr. zurückreichen.[96] War Tiahuanaco, sowie die nur einen knappen Kilometer entfernte Anlage von Puma Punku, einst ein Stützpunkt der als Kachinas bezeichneten Aliens? Ich bin überzeugt, dass der ganze Komplex, der heute in Ruinen auf einer Höhe von mehr als 3800 Metern über dem Meeresspiegel liegt, genau dazu diente! Zu nüchterntechnisch präsentierte sich die Anlage.

Erst Anfang 2015 wurde mittels eines Bodenradars eine vollständig vergrabene Pyramide in Tiahuanaco entdeckt. Die bis dahin unbekannte Struktur, zu der auch „eine Anzahl Anomalien im Untergrund" gehören, bei denen es sich wahrscheinlich um viele Tonnen schwere Monolithen handelt, liegt östlich der Akapana – einem gleichfalls als Pyramide angesehenen Bauwerk in dem sehr weitläufigen Ruinenfeld.[97]

Die zweite dieser geheimnisumwitterten Städte liegt im mexikanischen Bundesstaat Chiapas – auf dem langen Treck viel weiter nördlich –, in den Regenwäldern Yucatans. Es ist Palenque, das in der Sprache der Hopi den Namen Palatquapi trägt. Lange Zeit lebten dort mehrere Clans in Frieden miteinander, und die Kachinas selbst waren dort noch allgegenwärtig. Und zwar als Lehrer. Denn das heutige Palenque war einst eine wichtige Universitätsstadt.

Der Weg führt nach Norden

Da gab es ein zentrales Gebäude, welches nur dem Lernen gewidmet war. Nach dem Bericht von White Bear lernten die jungen Leute im untersten Stockwerk die Geschichte ihrer Clans, sowie von den früheren Welten. Hier war der Geschichtsunterricht angesagt; im nächsten Stockwerk standen die Naturwissenschaften auf dem Plan. Die Pflanzen- und Tierwelt, aber auch die chemischen Elemente, aus denen alles Leben besteht. Noch eine Stufe höher wurden die Kräfte des Geistes geschärft, das Verständnis für den Einklang aller Lebensformen mit der Natur geweckt. Und in der obersten Etage schließlich, wo bereits eine Auslese der Studenten stattgefunden hatte, unterrichteten die Kachinas das Fach Astronomie. Sie lehrten von den Gesetzmäßigkeiten im Universum und von den Planeten unseres Sonnensystems.[33,54]

Alle diese Beschreibungen passen wunderbar auf den Palacio. Dieses große Gebäude liegt zentral, und bietet Hörsäle in verschiedenen Abmessungen an. Wie auf einem Campus in unseren Tagen gelegen, führen breite Treppen nach oben, wo sich über einem Labyrinth von Räumen und Höfen ein 15 Meter hoher Turm mit drei Stockwerken erhebt. Die Konstruktion dieses Turmes jedoch ist alles andere als typisch für die Mayas, denen die Errichtung der Anlage zugeschrieben wird. Heute wird der Turm als Observatorium angesehen. Als der Palacio in Betrieb war, fehlten auch die sanitären Anlagen nicht. Es gab fließendes Wasser und über das ganze Gebäude waren Spültoiletten verteilt, damit man den hygienischen Anforderungen genügen konnte, welche sich aus einer großen Anzahl von Besuchern ergaben.[54]

Und dann gibt es ja auch noch die berühmte Grabplatte. Seit Erich von Däniken 1968 in seinem Erstlingswerk die Frage aufgeworfen hatte, ob das darauf dargestellte Szenario einen Astronauten in dessen Kapsel darstellen könnte[98], brodelt es in der Fachwelt. Wenn sich die Archäologen auch absolut uneinig sind, wer oder was auf diesem grandiosen Werk der Steinmetzkunst abgebildet ist, üben sie doch gleichzeitig den selten einmütigen Schulterschluss gegenüber unbequemen, andersdenkenden Außenseitern. Eine technische Interpretation kann es nicht geben, weil es sie nicht geben darf! Über die Grabplatte wurde mittlerweile soviel geschrieben, dass ich an dieser Stelle nur die Überlegung äußern will, ob es sich bei der in Stein verewigten Gestalt nicht um einen jener legendären Kachinas handeln könnte.

Nach vielen Jahrhunderten des friedlichen Zusammenlebens in Palatquapi kam es offenbar wieder zu Meinungsverschiedenheiten ideologischer Art. In der Folge begannen mehrere Clans in nördliche Richtung abzuwandern. Darunter der Schlangen- und der Bogen-Clan, die neue Städte gründeten, und sich mit hochmoderner Waffentechnik untereinander bekriegten. Andere zogen noch weiter nach Norden, wo sie im heutigen Arizona ihren Hauptort Oraibi gründeten. Dies waren unter anderem der Bären- und der Coyoten-Clan, dem Häuptling White Bear angehörte.[33]

Hier, in dieser wüstenhaften und unwirtlichen Gegend Nordamerikas, endete die Geschichte eines vielleicht Tausende Jahre dauernden Exodus, der unter der stetigen „Schützenhilfe" einer außerirdischen Intelligenz stand. Rund um Oraibi, der ältesten Siedlung der Hopi – erst nach Ankunft dort durften sie sich so bezeichnen – wiesen Felszeichnungen darauf hin, dass das logistische Meisterwerk mit dem Einsatz hochtechnischer fliegender Objekte einherging. Zum Beispiel mit „fliegenden Schilden". Da sieht man auf einer Zeichnung eine Frau in einem nach oben gekrümmten Schild; darunter ist ein Pfeil mit Federn in den Fels geritzt. Dieser stilisierte Pfeil bedeutet „Fliegen" und „Geschwindigkeit". Es wird Zeit, Darstellungen wie diese mit „modernen" Augen statt durch trüb gewordene Brillen zu betrachten.

Auf Goldplatten graviert

An dieser Stelle möchte ich noch einmal auf das Volk Israel zurückkommen. Denn offenbar wurden zwei seiner Stämme - ebenso wie die Hopi von den Kachinas - von Gott Jahwe in dieselbe Region geführt. Sie kamen jedoch nicht aus dem pazifischen Raum, sondern fuhren von Palästina aus nach Westen. Einer der beiden Stämme benutzte sogar ein reichlich ungewöhnliches Verkehrsmittel, doch alles der Reihe nach.

In der Nacht des 21. September 1823 widerfuhr dem damals 18 Jahre alten Joseph Smith jr., Sohn armer schottischer Emigranten, in dessen Schlafkammer im Hause seiner Eltern in Palmyra (New York) eine spektakuläre Vision. Ganz plötzlich wurde der kleine Raum in gleißend helles Licht getaucht, und es materialisierte sich wie aus dem Nichts eine Engelsgestalt im weißen Gewand, die sich dem sichtlich geschockten Jungen als Götterbote Moroni vorstellte. Moroni eröffnete Joseph, dass in einem Hügel unweit vom Wohnort der Familie Smith ein auf Goldplatten graviertes Buch versteckt sei, das einen vollständigen Bericht über die frühen Einwanderer Nordamerikas enthalte. Zusammen mit zwei „Übersetzersteinen", mit deren Hilfe sich die uralten Aufzeichnungen in modernes Englisch übertragen ließen.

Als Götterbote Moroni seine Ausführungen beendet hatte, da geschah erneut Seltsames. Das Licht, in dem er erschienen war, begann sich zusammenzuziehen, bis es restlos verschwunden, und Josephs Schlafkammer wieder in Dunkelheit getaucht war. Dieses Prozedere lässt uns heute an holografisch erzeugte Bilder denken. Wir werden dem Phänomen noch öfter begegnen, vor allem im Kontext mit „Wunderzeichen am Firmament" oder gar regelrechten „Himmelsschlachten", die schon seit altersher über den Köpfen der erschrockenen Menschheit tobten.

Doch noch zwei weitere Male tauchte Moroni in dieser Nacht auf, um seine Anweisungen an Joseph zu wiederholen. Und diesem einzuschärfen, die Platten nur insgesamt elf vorherbestimmten Personen zu offenbaren. Zwei Tage später begab sich der junge Smith zu dem besagten Hügel mit Namen „Cumorah", welcher sich südlich von Palmyra und ein Stück außerhalb des Ortes Manchester erhebt. Tatsächlich fand Joseph Smith unter der Hügelkuppe eine steinerne Kiste, und darin die goldenen Platten sowie die „Übersetzersteine" und einen Brustschild.

Bis zur endgültigen Hebung der Pretiosen musste er sich jedoch noch vier Jahre gedulden. Am 22. September 1827 konnte er die Kiste mit den gravierten Platten und den anderen Gegenständen in Besitz nehmen. Bevor er sich an die Übersetzung der Inschriften machte, zeigte er sie den zuvor bestimmten Zeugen die galten allesamt als seriös und von untadeligem Ruf -, die in einer feierlichen Erklärung beschworen, sowohl die Platten, als auch die darauf eingravierten Schriftzeichen mit ihren eigenen Augen gesehen zu haben.[99]

Joseph Smith gründete 1830 die „Kirche Jesu Christi der Heiligen der letzten Tage" – besser bekannt als Mormonen –, deren Grundlage die auf den Goldplatten verzeichnete Fortsetzung der biblischen Geschichte auf amerikanischem Boden ist. Von jenen elf Zeugen, welche die Realität der Platten eidesstattlich bestätigt hatten, wandten sich später drei im Streit vom Mormonentum und dessen Gründer ab. Doch keiner von ihnen widerrief den einst gegebenen Eid! Es kann keinen Zweifel darüber geben, dass Smith die gravierten Platten für die Zeit der Übersetzung (später forderte Moroni sie zurück) besessen hatte. Er fertigte Abdrücke von diesen Schriftzeichen an. Sprachforscher erkannten später darin „reformierte ägyptische Hieroglyphen".[100]

„... den kriegerischen Wirren entreißen"

Welche Anhaltspunkte haben uns die Texte zu bieten, die auf einen „von oben" gesteuerten Exodus hinweisen? Besonders interessant erscheinen im Kontext des „Buches Mormon"[99] das erste Buch Nephi, noch mehr aber das Buch Ether. Darin wird die Geschichte zweier jüdischer Volksgruppen – der Nephiten und der Jarediten – erzählt, die sich zu unterschiedlichen Zeiten aufmachten, Amerika zu erreichen. So berichtet das Buch Ether von den Jarediten, die sich in ihrer Heimat bedrängt fühlten. Während des ersten Turmbaues von Babel, der vom 18. bis 16. Jahrhundert v. Chr. stattfand, soll besagter Stamm seinen Gott angefleht haben, er möge sie den kriegerischen Wirren der Völker entreißen. Der gab ihrer Bitte nach, und bereitete den Jarediten ein auserwähltes Land auf der anderen Seite des Atlantiks. Für die Reise über den „großen Teich", die insgesamt 344 Tage dauern sollte, gab der „Herr" den Jarediten detaillierte Instruktionen zum Bau einer Flotte von acht Schiffen:

„Und der Herr sagte: Geht an die Arbeit und baut Fahrzeuge, wie ihr sie bisher gebaut habt. Und der Bruder Jareds machte sich mit seinen Brüdern ans Werk; und sie bauten Fahrzeuge wie sie sie früher gebaut hatten, nach den Anordnungen des Herrn. Die Fahrzeuge waren klein und leicht auf dem Wasser, so leicht wie ein Vogel auf dem Wasser. Und sie waren so gebaut dass sie außerordentlich dicht waren, und Wasser hielten wie ein Gefäß. Boden und Seiten der Schiffe waren dicht wie ein Gefäß, die Enden waren spitz, und das Oberteil hielt dicht wie ein Gefäß. Sie hatten die Länge eines Baumes, und die Tür war dicht wie ein Gefäß, wenn sie verschlossen war." (Buch Ether, Kapitel 2, Vers 16-17)[99]

Nachdem die Jarediten acht fensterlose, völlig dichte Fahrzeuge nach den „göttlichen" Anweisungen gebaut hatten, beanstandete Jareds Bruder zwei nicht unerhebliche Konstruktionsfehler. Zum einen fürchtete er, dass die Passagiere an Bord jämmerlich ersticken müssten, wenn die Fahrzeuge hermetisch abgeschlossen sind. Diesem Mangel wurde abgeholfen, indem zwei verschließbare Löcher in jedes Boot gebohrt wurden.

Um vieles spannender präsentiert sich indes die Abhilfe des zweiten Mankos. In den verschlossenen Booten war es grottenfinster. Man hatte schlicht und einfach vergessen, für eine adäquate Beleuchtung im Inneren der Schiffe zu sorgen. Es gab zunächst eine Diskussion, in deren Verlauf Jahwe darauf hinwies, dass weder Fenster noch die Benutzung offenen Feuers als Problemlösung infrage kämen. Gleichzeitig wies er die „Auswanderer in spe" darauf hin, dass ihre Schiffe zuweilen auch unter der Meeresoberfläche kreuzen würden, „denn Wellenberge sollen über euch herschlagen". Dann jedoch ersann er eine wahrlich clevere Abhilfe für das Problem.

Licht im Unterseeboot

Der Bruder Jareds begab sich zu einem Berg, welchen die Israeliten den Berg Shelem nannten. Dort schmolz er 16 „kleine Steine aus einem Felsen, die waren „weiß und klar wie durchsichtiges Glas". Dann stieg er den Berg noch ein Stück höher hinauf, wo er offenbar eine Begegnung mit dem „Herrn" hatte. Dieser nahm sich sogleich der „geschmolzenen Steine“ an: „Nachdem der Herr die Steine leuchtend gemacht hatte, die der Bruder Jareds auf den Berg gebracht, kam der Bruder wieder vom Berg herunter und brachte die Steine in die bereitgestellten Fahrzeuge, einen in jedes Ende derselben; und seht, sie gaben den Fahrzeugen Licht. So ließ der Herr die Steine in der Dunkelheit leuchten, um den Männern, Frauen und Kindern Licht zu spenden, auf dass diese nicht in Dunkelheit über die großen Wasser fahren würden.“ (Buch Ether, Kap. 6, Vers 2-3)“[99]

Dem großen Abenteuer der Atlantiküberquerung stand nach dem Geniestreich nun nichts mehr im Wege.

Bei heiterem Wetter dümpelten die acht Wasserfahrzeuge, von lebhaften Winden getrieben, an der Meeresoberfläche dahin. Von Zeit zu Zeit aber wurden sie von hereinbrechenden Wellenbergen überspült. Hierbei offenbarte sich eine konstruktionsbedingte Fähigkeit der Schiffe, die uns ganz verblüffend an moderne Unterseeboote erinnert: „Wenn sie aber in den Tiefen begraben waren, vermochte ihnen das Wasser keinen Schaden zu tun, weil ihre Fahrzeuge so dicht waren wie ein Gefäß, ja so dicht wie die Arche Noahs. Als sie daher von vielen Wassern umgeben waren, riefen sie den Herrn, ihren Gott, an, und der brachte sie wieder heraus, an die Oberfläche des Wassers.“ (Buch Ether, Kapitel 6, Vers 7)“[99]

Der Rest des Buches Ether schildert, wie es mit den Auswanderern in der „Neuen Welt“ weiterging. Da folgten sich blutige Machtkämpfe und Intrigen aufeinander, bis es am Hügel Ramat – dem späteren Hügel Cumorah mit dem Versteck der gravierten Metallplatten – zum großen Showdown zwischen den Heeren von zwei bis aufs Blut verfeindeten Warlords kam.

Die Nephiten kommen

Im Übrigen findet sich auch bei den Sumerern eine Erwähnung eines Unterseebootes. Der Gott Enki verlangte „ein überdachtes Schiff, das ringsum hermetisch versiegelt, und mit zähem Teer abgedichtet ist. Es darf kein Deck haben und keine Öffnung, so dass die Sonne nicht hineinblicken kann. Es soll sein wie ein Apsu-Schiff, ein sulili."[101]

Beinahe dasselbe Wort, nämlich soleleth, wird heute im Hebräischen für Unterseeboot verwendet.

Ein weiterer Exodus in die „Neue Welt" ist im 1. Buch Nephi wiedergegeben. Nephi war der jüngste Sohn des Lehi und dessen Gattin Sariah, die um 600 v.Chr. in Jerusalem lebten. Eines Tages, als Vater Lehi betete, nahm er eine Feuersäule wahr, aus der ein blendend helles Wesen niederstieg. Parallelen zum Engel Moroni (ein Hologramm?), der Joseph Smith jr. instruierte, sind unübersehbar. Das Wesen aus der Feuersäule forderte Lehi auf, seine Gattin Sariah sowie Söhne und Töchter samt Familien und Freunden zusammenzutrommeln. Sie seien dazu ausersehen, in ein fernes Land der Verheißung zu fahren. So, wie es die Jarediten gute 1000 Jahre vor ihnen getan hatten.

Im Gegensatz zu jenen genügte ein Schiff herkömmlicher Bauart, das die Auswanderer unter den sachkundigen Anweisungen des „Herrn" zusammenbauten. Er versorgte sie zudem mit einem für die Seefahrt wichtigen Instrument, das damals - vor ungefähr 2600 Jahren - auf Erden noch gar nicht existierte: „Als mein Vater des Morgens aufstand und vor die Tür des Zeltes ging, sah er zu seiner großen Verwunderung auf der Erde eine seltsam geformte Kugel aus feinem Messing. In der Kugel waren zwei Spindeln; die eine zeigte uns den Weg, den wir in der Wildnis einschlagen sollten." (1. Buch Nephi, Kapitel 16, Vers 10)[99]

Langer Rede kurzer Sinn: Der „Herr" entsandte die Nephiten nicht ohne Kompass auf die lange Seereise! Der wurde aber, wie wir wissen, vor etwa 2000 Jahren im alten „Reich der Mitte" erfunden, während er in Europa erst ab dem 13. Jahrhundert Verwendung zur Navigation in der Seefahrt fand.[50] Der „vom Herrn bereitete Kompass" versagte übrigens seinen Dienst, als Nephis Brüder während der Überfahrt eine Meuterei anzettelten. Plötzlich wurde die Situation brenzlig, und erst als die Aufrührer einsahen, dass einzig Nephi mit dem Instrument umgehen konnte, banden sie ihn wieder los. Die

Reise ging weiter, „und nachdem wir viele Tage gesegelt waren, kamen wir im Lande der Verheissung an ..." (1. Buch Nephi, Kapitel 18, Vers 23)"[99]

Vielleicht wird man mir den Vorwurf machen, hier „Mormonenwerbung" zu betreiben (was ist dann mit der Hopi-, Inder-, Chinesen- oder sonstiger Werbung?) Mit welcher Berechtigung jedoch sollten wir die im Buch Mormon verzeichneten Schilderungen ins Reich der Fabel verweisen, während wir die Geschichten aus der Bibel für bare Münze nehmen? Und nur, weil das Versteck der – tatsächlich existierenden – Platten durch eine „Vision" offenbart wurde? Wie war das mit dem gleichem Recht für alle? Müssten demnach nicht ohne Ausnahme alle „Heiligen" und Religionsstifter, Propheten und „Erleuchtete" kurzerhand zu Fällen für die Psychiatrie erklärt, und ihre Lehren in Acht und Bann geschlagen werden?

Gestehen wir also auch dem Buch Mormon ein gewisses Quantum Authentizität zu, dann ergeben sich daraus viele spannende Schlussfolgerungen. Lange vor Kolumbus, der praktisch als letzter „Entdecker" amerikanischen Boden betrat, taten dies die erwähnten zwei Stämme aus Israel. Zum einen waren das die Jarediten, die ihre große Fahrt mit einem Schiffstyp antraten, welcher zahlreiche konstruktive Gemeinsamkeiten mit den Unterseebooten moderner Bauart aufweist. Vom zeitlichen Rahmen kann man diesen Exodus ins 2. vorchristliche Jahrtausend datieren, mit großer Wahrscheinlichkeit in die Periode zwischen 1800 und 1600 v.Chr.

Deutlich später, um das Jahr 590 v.Chr., kamen dann die Nephiten in Amerika an. Sie benutzten vermutlich ein Schiff konventioneller Bauart.

In beiden Fällen standen sowohl Vorbereitung als auch Durchführung permanent unter der Anleitung und Überwachung durch eine offenbar nicht von dieser Welt stammenden Intelligenz. Parallelen zu jener Umsiedlungsaktion, mit der die Kachinas die Vorfahren der Hopi von ihrer dem Untergang geweihten Heimat retteten, sind nicht zu übersehen. Da kamen technisch fortgeschrittene Hilfsmittel zum Einsatz, welche himmelweit jenseits der Möglichkeiten der Auswanderer lagen. Als zusätzliche Unterstützung wurde mit Tricks gearbeitet, die uns spontan an holografisch erzeugte Illusionen denken lassen. Gute Beispiele geben der Auftritt des „Götterboten" Moroni ab, oder das Wesen aus der Feuersäule, das zu Lehi sprach.

Auf diese Art erzeugte Bilder sollten ihre Wirkung auch in den folgenden Jahrhunderten und Jahrtausenden nicht verfehlen. Sogar während der großen Völkerschlachten des 20. Jahrhunderts bediente sich offensichtlich „irgendjemand" dieser recht fortschrittlichen Art psychologischer Kriegsführung. Und nutzte die ungeheure Macht der Bilder ...

7 Der Krieg der Bilder

„Visionen" nicht nur am Himmel

Um die Mitte des 6. Jahrhunderts v.Chr. hatte Belsazar, der Sohn König Nebukadnezars II. (605-562 v.Chr.), als letzter König Babylons die Regierungsgeschäfte inne. Belsazar – heute würde man ihn auch als Partykönig bezeichnen – hatte 1.000 Gäste zu einem opulenten Mahl eingeladen. Der Wein floss reichlich bei diesem orgiastischen Gelage. Als die illustre Gesellschaft völlig betrunken war, ließ Belsazar goldene und silberne Gefäße, die Vater Nebukadnezar in Jerusalem erbeutet hatte, unter großem Gejohle in den Saal schleppen. Damit, wie uns Daniel, der alttestamentarische Prophet überlieferte, „der König mit seinen Mächtigen, mit seinen Frauen und mit seinen Nebenfrauen daraus trinke." (Buch Daniel, Kapitel 5, Vers 2)[26] Doch mitten in dem lasterhaften Trubel fuhr es ganz plötzlich allen Beteiligten eiskalt über den Rücken.

„Im gleichen Augenblicke gingen hervor Finger wie von einer Menschenhand, die schrieben gegenüber dem Leuchter auf die getünchte Wand in dem königlichen Saal. Und der König erblickte die Hand, die da schrieb. Da entfärbte sich der König und seine Gedanken erschreckten ihn, so dass er wie gelähmt war, und ihm die Beine zitterten." (Buch Daniel, Kapitel 5, Vers 5-6)[26] Dem sichtlich schockierten und kreidebleichen Belsazar stand der Sinn nun nicht mehr nach feiern. Er rief alle seine Schriftgelehrten und Berater zusammen, doch keiner konnte ihm die buchstäblich von Geisterhand an die Wand geworfenen Zeichen entziffern. Die Mutter des Königs indes hatte den rettenden Einfall: Sie ließ den Hebräer Daniel rufen, der sich in jenen Tagen wie viele seiner jüdischen Landsleute in der babylonischen Gefangenschaft befand. Und dieser vermochte Belsazar die unheimliche Schrift an der Wand zu deuten. „Meneh, meneh, tekel, upharsim" – „gezählt, gewogen, für zu leicht befunden". Aus zweien dieser bedeutungsschwangeren Worte entstand der heute gebräuchliche Begriff Menetekel, der für drohendes Unheil verwendet wird.

Das Unheil, welches Daniel dem mittlerweile völlig ernüchterten Belsazar in Aussicht stellte, war die Beendigung seines Königtums aufgrund charakterlicher Unzulänglichkeiten (die Tage als Herrscher waren gezählt, da man ihn als „zu leicht" befunden hatte), sowie die Aufteilung seines Reiches unter die feindlichen Perser und Meder. Was König Belsazar nicht mehr miterleben musste, denn noch in derselben Nacht fiel er einem Mordanschlag zum Opfer.

„Himmlische" Entscheidungshilfe

Die rätselhaften Vorgänge bei Belsazars ungezügelter Tafelrunde fanden ihre Erwähnung nicht nur im Alten Testament. Sie spiegelten sich auch in Kunst und Literatur wider: Den berühmten deutschen Dichter Heinrich Heine (1797-1856) inspirierten sie zu einer großartigen Ballade, und den holländischen Maler Rembrandt (eigentlich: Rembrandt Harmensz van Rijn, 1606-1669) zu dem Gemälde „Belsazars Gelage". Das Phänomen geisterhafter Bilder und Szenarien trat in den hierauf folgenden 2.500 Jahren noch öfter auf, besonders am Himmel. Die Auswirkungen waren in allen Fällen beachtenswert.

Zu Beginn des 4. Jahrhunderts n.Chr. herrschte im Römischen Reich die sogenannte Tetrarchie. Was im Klartext bedeutet: Die Regierungsgewalt war auf vier gleichberechtigte Regenten aufgeteilt. Einem von ihnen, dem um das Jahr 280 geborenen Konstantin, war dieser Zustand ein Dorn im Auge. Als junger und ungemein ehrgeiziger Emporkömmling – Vater war der römische Kaiser Constantius Chlorus (um 264-306 n. Chr.) – träumte Konstantin davon, das Reich wieder in einer einzigen starken Hand zu vereinigen. Am besten natürlich in seiner eigenen. Und wie es das „Schicksal" so wollte, soll ein mysteriöses Spektakel am Himmel dem späteren Kaiser Konstantin als Entscheidungshilfe zur Verwirklichung seiner Pläne gedient haben. Was sich dabei Unglaubliches über seinem und den Köpfen unzähliger Zeugen abgespielt hat, ging in die Geschichte ein.

Im Spätsommer des Jahres 312 war sich der in Naissus (heute die Stadt Nis in Serbien) geborene Konstantin noch nicht klar, ob er in

Richtung Italien marschieren, und dort gegen seinen Schwager und Erzfeind Marcus Aurelius Valerius Maxentius kämpfen, oder erst in Gallien seine Macht konsolidieren sollte. Er hegte schwere Zweifel an der Stärke seines Heeres und bat deshalb um ein unmissverständliches Zeichen. Die Götter, oder wer immer zur Realisierung einer solchen Erscheinung technisch in der Lage war, antworteten prompt. Und zwar mit einem grell und weithin am Himmel leuchtenden Kreuz.

Mit seiner Streitmacht befand sich Konstantin auf dem Weg zur Apenninen-Halbinsel, als am frühen Nachmittag eines nicht mehr bestimmbaren Tages das Mirakel geschah. Ein klar und deutlich erkennbares Kreuz aus gleißendem Licht zeichnete sich am strahlend blauen Himmel ab. In bewusstem Kreuz leuchtete sogar eine gut lesbare Inschrift: „In hoc signo vinces" – „In diesem Zeichen wirst du siegen". Der mit dieser Botschaft Konfrontierte dachte zuerst, einer Halluzination oder einer optischen Täuschung zum Opfer gefallen zu sein. Doch sämtliche Soldaten seiner Armee hatten die übernatürliche Erscheinung gleichfalls gesehen. Ein Irrtum schien somit ausgeschlossen.

Nachdem Konstantin die ganze Nacht über die Bedeutung jenes „himmlischen" Ratschlages nachgedacht hatte, fasste er am Morgen des Folgetages einen Entschluss. Er bestimmte das Kreuz zu seinem neuen Feldzeichen, schmückte damit seine Fahnen und die Schilde seiner Soldaten. Und er gelobte, im Falle seines Sieges das noch junge Christentum – nach beinahe drei Jahrhunderten blutiger Verfolgungen – zur neuen römischen Staatsreligion zu erklären. Damit wollte er auch das Imperium vor dem drohenden Zerfall bewahren.[75,102]

Sein Wille war Gesetz

Am 28. Oktober 312 ließ Konstantin an der Milvischen Brücke, der alten Tiberbrücke der Via Flaminia nördlich von Rom, seine Soldaten gegen die Armee des Maxentius in Stellung gehen. Und er war –

wie ihm das „himmlische“ Mirakel vorausgesagt hatte – erfolgreich. Sein Erzfeind und Widersacher wurde vernichtend geschlagen, ertrank dabei im Tiber. Anlässlich dieses Sieges wurde der Konstantinsbogen errichtet, ein dreiteiliger Triumphbogen nahe dem Kolosseum, auf dem Szenen der Schlacht dargestellt sind. Zwölf Jahre später musste er noch Valerius Licinius bei Chrysopolis und Adrianopel schlagen, bevor er 324 n.Chr. zum Kaiser des wiedergeeinten Imperium Romanum gekrönt wurde.[1]

Er hatte das Kreuz zu seinem Zeichen gemacht, und dabei ist Konstantin selbst nie Christ gewesen; er hatte keinen blassen Schimmer von den Lehren Jesu. Erst auf dem Sterbebett ließ er sich taufen. Bis dahin war er überzeugter Anhänger des Sonnenkultes des altpersischen Lichtgottes Mithra. Bis lange in die christliche Zeit hinein wurde er auf Münzen als die „unbesiegbare Sonne“ abgebildet. Und als er der altgriechischen Handelsmetropole Byzanz seinen Namen gab, und Konstantinopel im Jahre 330 n. Chr. zur Hauptstadt des Römischen Reiches ausrief, ließ er sich zur Einweihung eine gewaltige Säule errichten. Auf deren Spitze thronte der Kaiser zusammen mit der unbezwingbaren Sonne. Überdies war Konstantin alles andere als von zartbesaiteten Naturell; christliche Nächstenliebe kannte er nicht einmal vom Hörensagen. So erließ er beispielsweise die Anordnung, dass man Sklaven, die man beim Mundraub erwischt hatte, glutflüssiges Blei in den Mund gießen sollte. Ein wahrer Menschenfreund, dieser Mann.

Auf dem 1. Ökumenischen Glaubenskonzil zu Nicäa im Jahr 325 (heute die Stadt Iznik in der westtürkischen Provinz Bursa) setzte Konstantin die versammelten Oberhirten massiv unter Druck, einige bis heute gültigen Glaubensdogmen abzusegnen. Zuvor noch hatte er ihnen unmissverständlich klargemacht, dass sein Wille oberstes kirchliches Gesetz sei. Und die Kirchenfürsten akzeptierten ihn – ungetauft! – als höchste klerikale Autorität. Seiner großen „Verdienste“ um den christlichen Glauben wegen wurde er in die Reihen der Heiligen aufgenommen, und noch heute in der katholischen Kirche verehrt. Die offizielle Geschichtsschreibung bescherte ihm den Namenszusatz „der Große“. Ehre wem Ehre gebührt. Doch hier haben wir einmal mehr einen Paradefall vor uns, wie die geistlichen und weltlichen Interessen eine gleichsam schmutzige wie perfekte Symbiose eingehen.[103,104,105]

Angefangen hatte alles mit einer geheimnisvollen Himmelserscheinung. Die spektakuläre Präsentation aus dem Jahr 312 muss bei Konstantin wirklich bleibende Eindrücke hinterlassen haben Wir müssten heutzutage mit technischen Tricks wie der Holografie arbeiten, um auch nur ein annähernd vergleichbares Ergebnis zu erzielen. Wem bereits damals die entsprechenden Technologien zur Verfügung standen, hatte bis zu jenem Zeitpunkt längst den Beweis dafür erbracht, dass er politische wie militärische Konflikte ohne Mühe nach seinen eigenen Vorstellungen entscheiden konnte. Nicht nur mit brachialen Methoden, sondern bedeutend subtiler: Mit psychologischer Kriegsführung. Die heute so gerne zitierte Macht der Bilder wurde in den darauffolgenden zwei Jahrtausenden immer wieder eindrucksvoll in Szene gesetzt.

„Lichtgestalt" über dem Prophetengrab

Im Jahr des Herrn 1099 belagerten die Kreuzritter Jerusalem, welches seit 637 von den Arabern besetzt war. Papst Urban II. (Pontifikat von 1088-1099) hatte vier Jahre zuvor die gesamte Christenheit zum Waffengang gegen den Islam, und zur Befreiung des Heiligen Landes aufgerufen. Die Kämpfe wurden hart und unerbittlich geführt, und so verging ein Tag nach dem anderen in demselben blutigen Gemetzel. In dieser Zeit kam es jedoch auch zu einem herausragenden Ereignis, das Eingang fand in die „Historie Anglorum". Als die Christen im Angesicht der schieren Übermacht des Feindes mutlos zu werden drohten, erschien ganz plötzlich ein strahlender Ritter über dem Ölberg. Das Phantom schwang einen leuchtenden Schild, forderte die decouragierten Kreuzfahrer auf, eine neue Attacke zu reiten.[106]

Ich habe mir ja schon etliche Male die Frage gestellt, welche Intentionen hinter solchen Aktionen wohl stecken mögen. Was auch immer jene geheimnisvollen, fremden Intelligenzen im Schilde führen: Zumindest die katholische Kirche ist bei dieser Gelegenheit mit wohlfeilen „Erklärungen“ immer schnell zur Hand. Sie vereinnahmt das ganze Geschehen für sich, indem sie daraus untrügliche „Zeichen“ ableitet, die sie natürlich in ihrem Sinn und ihren ureigenen Interessen auslegt.

Wie bei einem Spektakel, welches sich Anfang des 17. Jahrhunderts im arabischen Medina ereignete. Dort befindet sich in der El-Haram-Moschee das Grab des dort im Jahre 632 verstorbenen Begründers des Islam. Über dem Grab des Propheten Mohammed konnten ein paar tausend Zeugen beobachten, wie eine „Lichtgestalt“ mit einem Schwert und einem Buch in den Händen ein ganzes Moslem-Heer in die Flucht schlug. Das Szenario war 21 Tage lang zu sehen – und wurde von der Kirche als „frohe Botschaft für die Christenheit“ bezeichnet.[106]

War die erwähnte „Lichtgestalt“ über Mohammeds Grabstätte ein Einzelkämpfer, so haben wir es bei einer Erscheinung aus dem spätmittelalterlichen Reich der Mitte mit einem regelrechten „Geisterheer“ zu tun, das die Menschen in Unruhe versetzte. Dass wir überhaupt Kenntnis von dem mysteriösen Himmelsschauspiel im alten China erlangten, haben wir dem Chronisten und Historiker Tao Zhongyi zu verdanken, der das Geschehen in seinem Buch „Von eigenartigen Dingen“ festgehalten hat.

Das Ereignis fand am 23. Januar des 15. Regierungsjahrs von Kaiser Yuan Shun aus der Yuan-Dynastie statt – nach westlicher Zeitrechnung war dies der 5. Februar 1355. Tao Zhongyi befand sich in seinem Haus im nordöstlichen Stadtbezirk von Pingjiang, dem heutigen Suzhou in der Provinz Jiangsu. Über den im Westen gelegenen Bergen von Tianmu war gerade die Sonne am Untergehen, als von draußen mit einem Mal laute Geräusche zu vernehmen waren. Es hörte sich an, als würden Soldaten vorbeimarschieren, Pferde mit ihren Hufen über die holperigen Straßen traben, und Krieger ihre Trommeln schlagen. Lassen wir Tao Zhongyi berichten, was weiter geschah:

„Erschrocken stürzte ich aus dem Hause, um draußen nach dem Rechten zu sehen. Aber ich sah nichts, nicht einmal eine Katze. Unbewusst hob ich den Kopf zum Himmel, doch wer malt sich mein Erstaunen aus! Ich erblickte eine große Wolke, in der sich Soldaten und Pferde zu tummeln schienen. Davor und dahinter waren unzählige Flammen zu sehen, einige groß wie Laternen und andere klein wie brennende Späne. Diese Menschen- und Pferdewolke flog rasch dahin, wobei sie einen Zickzackkurs verfolgte, und verschwand bald in weiter Ferne Richtung Nordwesten. Dann hörte ich mich bei Passanten in der Stadt um, die mir sagten, die Wolke habe zwischen dem Fengmen-Tor (dem Osttor der Stadtbefestigung) und dem Qimen-Tor (Nordtor) im Vorbeifliegen durch die heftige Luftbewegung Hausdächer abgedeckt sowie Betten und Möbel im Hausinneren umgestürzt. Die Lebensmittelhandlung einer Familie namens Dong in der Nähe der Chufang-Brücke hatte mehr als tausend Pfund Reis und ein Faß eingesalzenen Sojaquark verloren, die vom Wind mitgerissen worden waren. Das ungewöhnliche Ereignis, dessen Zeuge ich wurde, ist allen unverständlich, was wahrhaftig zu bedauern ist.“[107]

Was an diesem Fall bemerkenswert ist - und ich kenne keinen ähnlich gearteten Vorfall -, sind die äußerst konkreten „Begleiterscheinungen“. Wechselwirkungen auf die Umgebung, die viel eher durch materielle Ursachen ausgelöst scheinen, als von einer Art Projektion. Dass der Bericht fabuliert sein könnte, ist indes unwahrscheinlich. Denn der Verfasser, der erwähnte Tao Zhongyi, war ein ganz bekannter Autor, der gegen Ende der Yuan- und zu Beginn der Ming-Dynastie lebte. Nach unserer Zeitrechnung also zwischen 1320 und 1380. Als Schriftsteller von untadeligem Ruf nimmt er noch heute einen bedeutenden Rang in der chinesischen Literaturgeschichte ein. Es steht daher kaum zu fürchten, dass Tao Zhongyi einer bloßen Halluzination zum Opfer gefallen ist; gegen diese Annahme spräche auch, dass der Autor mit Passanten über die Erscheinung sprechen konnte, welche ihm die von ihm beobachteten Einzelheiten bestätigten. Ebenso unwahrscheinlich dürfte sein, dass es sich – wenn man die auffälligen Einzelheiten jener mysteriösen

Wolke genau betrachtet – um eine natürliche Erscheinung handelte. Wie zum Beispiel um komplexe Wolkengebilde oder um Meteoriten, die in vergleichbaren Fällen nur allzu häufig als „Erklärung" herhalten müssen.

Schlacht über Stralsund

Keine Auswirkungen am Boden zeigte hingegen ein „Luftkampf" zweier Phantomheere, der Anfang des Jahres 1630 über dem malerischen Städtchen Rothenburg ob der Tauber in Bayern die Beobachter in helle Aufregung versetzte. Ein zeitgenössisches Flugblatt, datiert vom 25. Januar 1630, schildert die damaligen Ereignisse in Gedichtform:

> „Eine schwarze Wolke kame, und zog zum Aufgang dar,
> darinnen man vername, deutlich und offenbar,
> daß zwei Heer stritten grimmiglich,
> wie Picken ließ was sehen sich,
> bißweilen ein Heer verschwande,
> sichs doch bals wieder fande, und auf das andre rante.
> Da die Schlacht waren geschehn in Wolken grimmiglich,
> hat man darauff gesehn, fein klar und eigentlich,
> viel Wolken gefärbt wie lauter Blut,
> welches von Erschlagenen fließen thut,
> wann eine Schlacht geschehen,
> solchs haben wir gesehen,
> ach wie wirds uns ergehen."[91]

Im Jahre 1642 stand England im Visier jener technisch fortgeschrittenen Intelligenzen, die in der Lage sind, den Himmel über unseren Köpfen als Projektionsfläche für blutige Szenarien zu benutzen. Die British Library besitzt eine Druckschrift, die über einen Luftkampf berichtet, der am 4. August 1642, zur besten Teezeit um fünf Uhr nachmittags, nahe dem ostenglischen Küstenstädtchen Aldeburgh stattfand. Dabei waren mehr als eine Stunde lang Musketenschüsse, Trommelklang sowie das ohrenbetäubende Abfeuern von Kanonen zu hören. Als Zeugen wurden „viele ehrbare Männer" aufgeführt, die alle zur Aussage vor führenden Mitgliedern des Unterhauses bereit waren. Dem Bericht zufolge konnten sie sogar einen schweren Stein vorweisen, der während der Erscheinung vom Himmel gefallen war.[106]

Zwei Jahrzehnte später war die altehrwürdige Hansestadt Stralsund an der Ostsee an der Reihe. Am 8. April 1665 wurden dort sechs Fischer Zeugen einer gewaltigen Seeschlacht in den Wolken. Es war etwa 14 Uhr am frühen Nachmittag. Bei klarem Wetter und strahlendem Sonnenschein gingen die Fischer auf dem Meer vor Stralsund ihrer Arbeit nach. Da kam mit einem Mal von Norden her etwas wie eine große Wolke, oder wie „ein großer Hauffen Staare". Wenige Minuten später näherte sich ein weiteres, ganz ähnliches Gebilde von Süden her. Der vermeintliche Schwarm Zugvögel entpuppte sich beim Näherkommen als die Ebenbilder großer Kriegsschiffe, die ohne zu zögern mit einer fürchterlichen Seeschlacht begannen. Es war gespenstisch. Da war Dampf und Rauch zu sehen, zerberstende Ruder und brechende Masten, zerfetzte Segel und explodierende Kanonen. In schwarze Uniformen gekleidete Matrosen liefen geschäftig auf Deck hin und her; ihr lautes Geschrei wie auch das Donnern der Kanonen und die splitternden Aufbauten klangen bis hinab zu den vor Angst wie gelähmten Fischern auf dem Meer.

Das schreckliche Treiben zog sich über mehrere Stunden hin. Erst gegen Abend setzte sich die von Norden her gekommene Flotte wieder dorthin ab. Nach Süden jedoch, in Richtung Stralsund, machten sich nur wenige davongekommene Schiffe auf den Weg. Es hieß, einer der Fischer habe das martialische Schauspiel nicht verkraftet, und sei krank geworden. Zwei weitere Zeugen wurden tags darauf von einem Obristen und einem Militärarzt eingehend befragt und untersucht.[91]

Fünfzehn Jahre später beschrieb Chronist Erasmus Francisisi das noch immer rätselhafte Geschehen erneut. Dabei wies er auf einen Aspekt hin, welcher die Präsenz eines Flugobjekts vom „klassischen" UFO-Typ bei dem unheimlichen Spektakel enthüllt.

„... eine platte runde Form wie ein Teller“

„Da dieses nun vorbey und die eine Flotte in Süden, die andre in Norden gestanden, sey ein großes Schiff hervor aus Westen kommen, welches acht lange Balcken auf jeder Seite heraus gestossen woraus auch continue Rauch und Flammen geflogen; ansonsten unzehlbare kleine durch beyde Flotten segelnde Fahrzeuge als Jagten sich gefunden. Darauf ungefähr sechs Uhr die nordische Flotte ansehens verschwunden, die Süder jedoch stehend geblieben. Nach welchem über eine kleine Weile mitten aus dem Himmel eine platte runde Form wie ein Teller und wie ein grosser Manns-Huth umher begriffen, ihnen vor Augen gekommen von Farben, als wann der Mond verfinsteret wird, so schnurgleich über S. Nicolai-Kirchen stehend geschienen, allda es auch bis an den Abend halten geblieben. Wie sie nun voller Angst und Schrecken diß schreck- und nachdenkliche Spectacul nicht mehr länger anschauen, noch dessen Ende abwarten können, haben sie sich in ihre Hütten verfügen müssen, darauf sie die folgenden Tage theils an Händen und Füßen, theils an Haupt und anderen Gliedern groß Zittern und Beschwer empfunden. Worüber viel gelehrte Leute sich allerhand Gedanken gemacht.“[108]

Es ist faszinierend, wie diese Beschreibung aus dem 17.Jahrhundert eine klassische UFO-Sichtung unserer Tage vorwegnimmt. Doch noch weitaus bedeutsamer erscheint mir die Tatsache, dass sich die vermuteten Protagonisten hinter dem „himmlischen“ Spektakel hier einmal in unmittelbarer Nähe desselben blicken lassen. Offenbar steht das tellerförmige Objekt in einem kausalen Zusammenhang mit dem Geschehen über der Ostsee vor Stralsund. Darum bin ich nicht unglücklich über die Gleichzeitigkeit der beiden Erscheinungen. Denn nur allzu häufig wird das Phänomen entweder psychologisch, oder als Missinterpretationen bekannter atmosphärischer Geschehnisse wie Nordlichter oder Fata Morganas (weg-)erklärt. Wie dies fast beispielhaft geschah bei den Vorgängen, welche im Städtchen Büderich, südwestlich von Wesel am Niederrhein, für großen Wirbel gesorgt haben.

Nicht weniger als 50 bestens beleumundete Augenzeugen bestätigten eine Geisterschlacht, die sich am 22. Januar 1854 über dem besagten Städtchen im heutigen Nordrhein-Westfalen begeben hatte. Nach Aussage der Zeugen marschierte eine stattliche Armee, bestehend aus Infanterie, Reiterei und Pferdewagen, quer über die niederrheinischen Felder. Die Rauchwolken der abgefeuerten Gewehrschüsse und die Farben der Uniformen waren ganz deutlich zu erkennen. Und als die Truppen auf die Wälder des in der Nähe gelegenen Dorfes Schafhäuser zu marschierten, hinterließen sie zwei brennende Häuser und dichte, schwarze Staubwolken. In der Folge verschwand die Armee im Wald. Und nach Sonnenuntergang war der unheimliche Spuk genauso plötzlich verschwunden, wie er aufgetaucht war.

Nicht erst in unseren Tagen wird ein Geschehen wie dieses als simple optische Täuschung oder als Luftspiegelung abgetan.[109] Bereits sieben Jahre nach den Ereignissen wurden diese in die „atmosphärische Ecke“ geschoben, und auch die unvermeidlichen psychologischen „Erklärungen“ kommen zu ihrem Recht: „Das den 22. Januar 1854 bei Büderich gesehene Kriegsheer erklärt der Astronom Heise aus einer Nebelbank und Kimmung (eigentlich die Linie, wo sich auf hoher See Horizont und Wasser treffen) ... Erklärungen solcher Art sind unzureichend. Es mögen allerdings atmosphärische Zustände und meteorologische Erscheinungen die Motive zu Wahrnehmungen dieser Art abgeben, welche dann in Menschen von bestimmter Disposition die Vision erzeugen die mit ansteckender Kraft sich auf andere Empfängliche fortpflanzt – wieder Andere bleiben davon unergriffen und sehen nichts.“[110]

Dann kam der I. Weltkrieg, die erste der beiden großen und mörderischen Völkerschlachten des 20. Jahrhunderts. Die Ereignisse begannen sich zu überschlagen, denn über den blutgetränkten Schlachtfeldern von 1914-1918 gingen unerhörte Dinge vor sich. Zwischenfälle, die den tragischen Umständen geschuldet, von so vielen Zeugen wie nie zuvor beobachtet wurden. Und die uns Menschen des 21. Jahrhunderts, in einer Welt, deren Technologien sich exponentiell entwickeln, einmal mehr an raffinierte holografische Projektionen erinnern. Was uns leichter fallen dürfte, als an bloße „Wunder“ zu glauben.

Retter in aussichtsloser Lage

Nachdem die Deutsche Reichswehr Anfang August 1914 auch ins neutrale Belgien einmarschiert war, erklärte Großbritannien erwartungsgemäß den Deutschen den Krieg. Ende September lag das englische Heer vor der alten Tuchmacherstadt Mons im Hennegau, als die Lage für die Briten aussichtslos wurde. Ganze Truppenteile waren in ihren Stellungen von ihren Einheiten abgeschnitten und sahen sich rettungslos einer erdrückenden deutschen Übermacht ausgeliefert. Verzweifelt kämpften die Männer, jedoch schwand die Hoffnung auf ein Entkommen mit jeder Minute. Schon waren die Deutschen bis auf wenige hundert Meter an die britischen Stellungen herangerückt, und das Ende schien unausweichlich. Doch plötzlich kam der Angriff zum Stillstand. Die Pferde der Kavallerie scheuten, warfen ihre Reiter ab und flüchteten panisch. Auch die eben noch nicht aufzuhaltenden Grauröcke suchten ihr Heil in der Flucht.[111,112]

Was war geschehen, das den entschlossenen Vormarsch der bis dahin unbesiegten Deutschen so jäh stoppen ließ?

Die Ereignisse jenes denkwürdigen Tages gingen als „die Engel von Mons“ in die Kriegsgeschichte ein. Unzählige britische Soldaten schworen später jeden Eid, dass es der heilige Georg war, der Schutzpatron der Schützen und Kreuzritter, bekleidet mit einer blitzenden Rüstung, der den eingeschlossenen Engländern zu Hilfe eilte. Unterstützt wurde er von einer Schar von Engeln, den früheren Bogenschützen von Azincourt (an jenem Ort siegten am 25. Oktober 1415 die Engländer unter König Heinrich V. über das weitaus stärkere Heer der Franzosen). Zusammen mit diesen Bogenschützen hätte sich St. Georg in die Gruppe der so verzweifelt gegen die deutsche Übermacht Kämpfenden eingereiht Und obwohl die Geschichte mehr als unglaublich klingt, bestanden ungezählte Soldaten darauf, das „Wunder“ mit ihren eigenen Augen gesehen zu haben.

Die Erzählungen von jenem „überirdischen“ Eingreifen verbreiteten sich wie ein Lauffeuer. Besonders natürlich in England, wo die Geschichten halfen, das in den ersten Kriegswochen sehr angeschlagene Selbstwertgefühl zu erneuern. Was aber haben die Soldaten wirklich erlebt? War das Ganze nur eine Massen-Halluzination, welche kollektiv die durch das blutige Kriegsgeschehen traumatisierten Männer befiel? Bald wurden nämlich Stimmen laut, die alles nur auf Einbildung oder optische Täuschung zurückführten. Später wurde in britischen und französischen Geheimdienstkreisen die Behauptung aufgestellt, in Mons wäre eine deutsche Sondereinheit zum Einsatz gekommen, die von Flugzeugen aus mit Filmprojektoren die „Geisterarmee“ auf die Wolken projiziert hätte. [91,112] Ein Versuch, die Engländer zu demoralisieren, der jedoch das glatte Gegenteil bewirkt habe. Und heutzutage wird das ominöse Geschehen, das inzwischen mehr als 100 Jahre zurückliegt, nur allzu gerne dem Reich der Legenden zugeordnet. Wohl ein unabänderliches Schicksal, sobald lebende Zeitzeugen nicht mehr aufzutreiben sind.

A.W.M. File No. 449/9/69

Eine unerwartete Quelle weiterer Informationen tat sich aus den Aufzeichnungen ehemaliger ANZAC-Angehöriger auf. ANZAC ist die Abkürzung für „Australian and New Zealand Army Corps“, und die Bezeichnung für all jene Soldaten aus dem früheren Empire, die das Mutterland Großbritannien während des I. Weltkriegs im Kampf unterstützten. Im „Australian War Memorial“ fand ich einige spannende Einzelheiten, die von überlebenden ANZAC-Soldaten zu Protokoll gegeben wurden.

So findet sich unter dem Aktenzeichen A.W.M. File No. 449/9/69, angelegt am 14. Juni 1951, unter anderem die erstaunliche Beobachtung eines als sehr verlässlich eingestuften Lance Corporal

(Obergefreiter). Er hatte das Phänomen ebenfalls persönlich miterlebt „Ich befand mich mit meinem Bataillon auf dem Rückzug von Mons am oder um den 28. August (1914). Das Wetter war sehr heiß und die Sicht war klar, und zwischen acht und neun Uhr abends war ich mit neun weiteren Männern im Einsatz; und in einiger Entfernung hielten Trupps von je zehn Mann auf jeder Seite Wache. Direkt hinter uns lag die Hälfte meines Bataillons am Rand eines Waldstückes. Plötzlich lief ein sehr aufgeregter Offizier auf uns zu und fragte, ob wir etwas Erschreckendes gesehen hätten ... (er) nahm mich und ein paar andere ein paar Meter zur Seite und zeigte auf den Himmel. Ich konnte sehr deutlich mitten in der Luft ein seltsames Licht sehen, das sich recht klar abzuzeichnen schien und keine Spiegelung des Mondes war; zudem waren keine Wolken in der Nähe. Das Licht wurde heller und ich konnte drei scharfe Umrisse erkennen, einen in der Mitte, der etwas wie ausgebreitete Flügel besaß; die beiden anderen waren nicht so groß, unterschieden sich aber deutlich von dem in der Mitte. Es schien, als hätten sie lange, lose umgehängte Kleider von goldener Farbe, und sie standen über den uns zugewandten deutschen Linien. Wir standen da und beobachteten sie etwa eine Dreiviertelstunde lang. Alle Männer, die mit mir dort waren, sahen sie, und dann kamen andere Männer von anderen Gruppen zu uns, die uns auch berichteten, dass sie dasselbe gesehen hätten."[113]

Der namentlich leider nicht genannte australische Lance Corporal traf später nochmal einen jener Männer, die mit ihm Zeugen der unglaublichen Erscheinung waren. Ein Angehöriger der Schottischen Garde, lag jener verwundet im Netley Hospital, höchstwahrscheinlich einem britischen Militärlazarett. Auch er hatte die drei Gestalten freischwebend zwischen Himmel und Erde wahrgenommen. Sie standen über den deutschen Linien, und waren den Briten zugewandt. Die Gestalt in der Mitte war viel größer als die beiden anderen, und sie besaß leuchtende Flügel, mit denen sie die beiden kleineren Wesen links und rechts von ihr zu beschützen schien. Sie besaßen wohl Gesichter, aber Einzelheiten konnte man nicht erkennen. Der verwundete schottische Gardist vermochte sich auch an einen hellen Stern zu Füßen dieser drei Gestalten zu erinnern. Als die drei Figuren nach geraumer Zeit verschwanden, blieb einzig der Stern zurück.

Reverend A. A. Boddy, ein Seelsorger der Armee, welcher nach zwei Monaten Einsatz von der Front in die Heimat zurückkehrte, konnte ebenfalls weitere Informationen beisteuern. Der Pfarrer lernte eine junge Dame kennen, die in einem Genesungsheim für verwundete Soldaten Dienst tat, und deren Name und Adresse er notierte. Ihr hatte ein Patient berichtet, dass sie (die Angehörigen seines Trupps und er) während der kritischen Phase ihres Rückzugs von Mons einen „Engel mit ausgebreiteten Flügeln" erblickten. Der stand wie eine leuchtende Wolke zwischen ihnen und den voranstürmenden Deutschen. Doch im gleichen Augenblick kam der deutsche Vorstoß unvermittelt zum Erliegen. Ein wenig später diskutierte sie die Geschichte mit ein paar Offizieren. Sie machte kein Hehl daraus, dass sie nicht daran glaubte, als ein Colonel (Oberst) zu ihr aufblickte und sagte: „Junge Frau, diese Sache ist geschehen. Sie müssen nicht so ungläubig sein. Ich habe es selbst gesehen!"[113]

Feldpost von der Front

Und auch aus einer deutschen Quelle sickerten offenbar vertrauliche Informationen durch, die die blanke Ratlosigkeit bei den Befehlshabern des Reichsheeres erkennen ließen. Ziehen wir noch einmal die Aufzeichnungen des Australian War Memorial heran: „ ... da gab es lebhafte Diskussionen in Berlin, weil ein bestimmtes Regiment, das einen bestimmten Befehl in einer bestimmten Schlacht ausführen sollte, diesen auszuführen versagte; und als es dafür getadelt wurde, erklärten die Verantwortlichen, dass sie zwar vorrückten, sich plötzlich aber absolut kraftlos fühlten und nicht weitermachen konnten. Zudem machten die Pferde einfach kehrt, flohen in Windeseile und nichts vermochte sie zurückzuhalten ..."[113]

Solche „Engelsbataillone“ tauchten sehr oft im I. Weltkrieg auf. Die jeweiligen Gegner versuchten sie als Halluzinationen, Nordlichter oder als neueste Geheimwaffen des Feindes zu erklären. Doch diese Ausdeutungen werden dem dunklen Geheimnis hinter den Erscheinungen in keiner Weise gerecht.

Kurz vor einem Angriff der deutschen Truppen im nordfranzösischen Arras, der Hauptstadt des Departements Pas-de-Calais, schrieb der Schotte Angus McBean in einem Feldpostbrief an seine Mutter: „Vor ein paar Minuten hat das mörderische Trommelfeuer endlich aufgehört, das uns seit Tagen zusetzt, und darum komme ich endlich dazu, Dir zu schreiben. Hier geht etwas Unheimliches vor. Jede Nacht ziehen ganze Bataillone von altmodisch gekleideten Soldaten über den Himmel. Diese tragen lange Bogen in der Hand und haben Köcher voller Pfeile auf dem Rücken – wie Robin Hood in dem Buch, das ich als Junge gelesen habe. Wir alle haben sie gesehen, aber niemand weiß so recht wer sie sind. Einige Kameraden meinen, dies müssten die Toten der Schlacht bei Azincourt sein - Engländer, die hier vor Jahrhunderten einen großen Sieg errungen haben. Und sie sind hier, um uns Mut zu machen. Aber die meisten glauben, dass es die himmlischen Heerscharen sind, welche den Deutschen zu Hilfe kommen wollen. Eines ist sicher: Etwas Gutes haben diese Gespensterbataillone nicht zu bedeuten.“[91]

Den Schotten Angus McBean hatte sein Gefühl nicht getäuscht. Denn die deutschen Streitkräfte überrannten die Stellungen der Briten bei Arras kurze Zeit später und errangen einen nicht unwesentlichen Sieg. Wieder machte die Behauptung die Runde, die Deutschen hätten das Geisterheer durch den Einsatz von Filmprojektoren an den Himmel geworfen. Das noch junge Medium Film sozusagen als Geheimwaffe eingesetzt, um so den Feind zu demoralisieren. Die Filmtechnik war damals jedoch noch lange nicht so weit entwickelt. Zwar kamen von Hand kolorierte Filmstreifen schon um die Jahrhundertwende auf, doch wäre der Aufwand wohl zu mühsam gewesen. Erst seit dem Jahre 1930 gab es Farbfilme im „Technicolor-Verfahren“.[1] Die Augenzeugen berichteten indes übereinstimmend von grünen Hosen und Hemden, die die geheimnisvollen Reiter am Himmel getragen hätten. Sowie von Säbelrasseln, dem ungeduldigen Schnauben der Pferde und sonderbaren Stimmen, die aus den Wolken herab zu Erde gedrungen wären.[91]

Das alles zu einer Zeit, da die Bilder gerade erst das Laufen lernten, und zwar in schwarz-weiß und ohne Ton. Außerdem: Wie erklären wir dann ganz ähnliche Erscheinungen von Geisterarmeen und Himmelsschlachten Jahrhunderte zuvor? Wer soll denn da bitteschön die Projektoren bedient haben?

„Visionen" nach Plan

Spätestens an diesem Punkt zerplatzt die „Erklärung", Filmprojektoren hätten die Bilder an den Himmel gezaubert, wie eine Seifenblase. So komme ich also nicht um die Frage herum, ob nicht doch außerirdische Wesen vermittels einer der Holografie ähnlichen Technik ins Kriegsgeschehen einzugreifen versuchten. Nein, es waren weder die Deutschen, noch andere Kriegsparteien. Aber vielleicht waren es dieselben Protagonisten, die im gleichen Jahr, als der Schotte Angus McBean bei Arras die Geisterbataillone über den Himmel ziehen sah, für ein noch eindrucksvolleres Schauspiel sorgten. Und dies gleich in Serie, sozusagen nach einem genau ausgearbeiteten Plan.

Ein unbedeutendes kleines Kaff in Portugals karger Estremadura. Obwohl in ganz Europa seit nunmehr drei Jahren die blutige Völkerschlacht tobte, schien an jenem 13. Mai 1917 die Welt in Fátima noch in Ordnung. Und doch sollte dieser Tag in die Geschichte eingehen. Die drei Kinder Lucia dos Santos, deren Cousine Jacinta Martos und ihr Cousin Francisco hüteten außerhalb Fátimas, nahe der Weide „Cova da Iria", Schafe, als sie urplötzlich von einem grellen Lichtblitz aufgeschreckt wurden. Neugierig geworden, woher das Licht wohl kommen mochte, liefen sie in die Richtung der Cova da Iria.

Das helle Licht kam wirklich von dort, aus einer Eiche, und inmitten dieses Leuchtens glaubten sie so etwas wie das Abbild einer

Frau zu erkennen. Die Gestalt begann zu sprechen und verriet den erstaunten Kindern, sie käme aus dem Himmel. Sie forderte die drei auf, an jedem 13. der Folgemonate an diesen Ort zu kommen, bis zum Oktober. Dort sollte dann ein öffentliches Wunder stattfinden, „auf dass es jeder glaube".

Einen Monat später am 13. Juni versammelten sich bereits 50 Personen, um diese angekündigte Erscheinung zu sehen. Lucia, das älteste der Kinder, schien angeregt mit einem unsichtbaren Wesen zu kommunizieren; die Antworten aber konnte sonst keiner der Anwesenden hören. Als das Zwiegespräch mit dem mysteriösen Wesen beendet war, hörten die Zeugen eine Art Explosion, und aus dem Baum, in dem sich alle Visionen abspielten, sah man eine kleine Wolke aufsteigen.

Einen weiteren Monat später harrten schon 4500 Menschen der Erscheinung. Dieses Mal bekamen die Seher-Kinder drei Prophezeiungen verkündet, deren letzte bis heute geheim gehalten wird. Die erste enthielt eine gespenstische Vision der Hölle mit all ihren Schrecken, die zweite befasste sich mit dem aktuellen, politischen Geschehen. Der Krieg, der gerade wütete, würde bald enden - doch ein noch viel schlimmerer würde folgen, und zwar im Todesjahr Papst Pius' XI. Der starb bekanntlich 1939. Die dritte Prophezeiung teilte Lucia nur den kirchlichen Behörden mit. Die übergaben den Inhalt in einem versiegelten Umschlag an den Vatikan. Dort liegt er noch heute, geöffnet, aber nicht veröffentlicht. Trotz gegenteiliger Behauptungen.

Auch in den folgenden Monaten hielt sich das Phänomen exakt an das gegebene Versprechen. Und mit jedem Mal wurde das gebotene Schauspiel spektakulärer.

Die „Sonne" spielt verrückt

Während der fünften Erscheinung am 13. September 1917 sahen Zehntausende eine Lichtkugel, die langsam und majestätisch zum Himmel schwebte. Der als Augenzeuge anwesende Generalvikar von

Leiria, Monsignore Jean Quaresma, hinterließ der Nachwelt eine verblüffend treffende Beschreibung dessen, was er sah. Unwissentlich traf er damit haargenau ins Schwarze: „Die Hirtenkinder hatten in einer himmlischen Vision die Mutter Gottes schauen dürfen; uns jedoch war nur der Anblick des „Gefährts" gewährt worden – wenn man einmal so sagen darf – welches sie vom Himmel zu der unwirtlichen Serra de Aire getragen hatte." Der Monsignore beschrieb, ganz bestimmt ohne es so beabsichtigt zu haben, ein Phänomen, welches uns heutigen Tags wohlbekannt ist!

Mit jeder der Erscheinungen, die sich pünktlich an jedem 13. des Monats einzustellen pflegten, nahm die Anzahl der Zuschauer, Gläubige wie Neugierige, kontinuierlich zu. Am 13. Oktober 1917 versammelten sich schließlich 80.000 Menschen bei schlechtem Wetter – es regnete ohne Unterlass –, um des seit Mai angekündigten öffentlichen Wunders teilhaftig zu werden. Was an diesem Tag vor sich ging, liest sich eher wie der Bericht zu einer modernen UFO-Massensichtung als über eine religiöse Erscheinung.

Plötzlich rissen die dichten Regenwolken auf, und ein Stück blauer Himmel wurde sichtbar. Die Sonne - oder besser, was die verstörte Menge als Sonne zu erkennen glaubte - begann zu zittern und zu schwanken. Jäh manövrierte sie nach links und nach rechts, begann dann, sich mit rasender Geschwindigkeit um sich selbst zu drehen. Rote, violette, blaue und grüne Farbkaskaden schossen aus dem wildgewordenen Objekt, und tauchten die Umgebung in ein unwirklich scheinendes Licht.

Ganz absichtlich habe ich hier den Begriff „Objekt" gewählt, denn unser vertrautes Zentralgestirn kann die ganzen, ihm zugeschriebenen Manöver unmöglich ausgeführt haben. Zahlreiche Augenzeugen beschworen zudem, sie hätten eine flache, rasch rotierende Scheibe gesehen, die ihre Drehung beendete, um in einem sonderbaren Zickzackkurs auf der Erde aufzusetzen. Aber nur für einen kurzen Augenblick, denn das fliegende Objekt stieg sofort wieder auf und verschwand „in der Sonne".

Nach dem 13. Oktober 1917 endeten die „Marienerscheinungen" in Fátima ebenso plötzlich, wie sie begonnen hatten. Dafür ereignete sich bald darauf etwas Anderes, Beunruhigenderes. Kurz nacheinander starben zwei der Seher-Kinder, Francisco dos Santos und Jacinta Martos. Sie zeigten ungewöhnliche Krankheitssymptome, die man damals aus Ratlosigkeit der in Europa wütenden „Spanischen Grippe" zuschrieb.[114,115]

Radioaktiv verstrahlt?

Später wurde ein ungeheuerlicher Verdacht laut. Der Verlauf der Erkrankung, der Jacinta und Francisco binnen zweier Jahre nach dem Ende der Erscheinungen zum Opfer fielen, ließ nämlich eine bemerkenswerte Ähnlichkeit mit jener erkennen, die nach einer radioaktiven Verstrahlung auftritt. Erbrechen und Kopfschmerzen, Durchfall und Schädigungen der Haut sowie eiternde Beulen: Das waren die Anzeichen der unheimlichen Krankheit, die die beiden Kinder dahinraffte. Sie entsprachen genau denen jener heimtückischen Strahlenkrankheit, an der unzählige Menschen noch Jahre nach den Atombombenabwürfen in Japan starben.[116]

Nur ein Zufall? Immerhin prophezeite die „Gottesmutter" dem Mädchen Lucia schon bei der zweiten Erscheinung: „Jacinta und Francisco werde ich bald zu mir holen. Du aber musst noch länger hier unten bleiben." Die Konsequenzen wären unausdenklich, sollte es hier wirklich zu einer radioaktiven Kontaminierung gekommen sein! Bekam allein Lucia ein Präparat verabreicht, das sie vor harter Strahlung - die bei einer Art holografischer Erzeugung der „Visionen" aufgetreten sein könnte – schützte? Wurden die anderen zwei Kinder von den Protagonisten des Fátima-Spektakels kaltblütig geopfert? Liegen in ihren Gräbern, zu denen Jahr für Jahr Millionen Gläubige pilgern, hochgradig verstrahlte Leichen? Einzig Lucia dos Santos überlebte, und trat in das Kloster der Karmeliterinnen im portugiesischen Coimbra ein, wo sie 2005 im gesegneten Alter von 98 Jahren verstarb.

Und die römisch-katholische Kirche sträubt sich noch immer, das „Dritte Geheimnis von Fátima" bekanntzugeben. Von Zeit zu Zeit werden zwar immer wieder „Enthüllungen" lanciert, die jedoch nur durchschaubare Manöver darstellen, die von einer paradoxen Situation ablenken sollen. Papst und Kirche sperren sich de facto gegen den Willen Gottes – denn die Erscheinungen gelten als echtes und wahrhaftes Wirken der Gottesmutter.[117] Doch man weiß, dass Papst Johannes XXIII. nach Öffnung des Briefes im Jahre 1960 kreidebleich verkündete: „Wir können das Geheimnis nicht preisgeben. Es würde eine Panik auslösen." Und 1984 äußerte sich Monsignore Alberto Cosme do Amaral, der Diözesanbischof von Leiria, kryptisch, der Inhalt dieser Prophezeiung habe rein gar nichts mit irgendwelchen Kriegen oder Massenvernichtungsmitteln zu tun, sondern betreffe „vielmehr unseren Glauben".[114,116]

Visionen von Hölle und Fegefeuer, apokalyptische Kriege der Zukunft, Attentate auf den Papst und Verschwörungen wider die Kirche: Die verschiedensten Szenarien wurden uns schon als das „Dritte Geheimnis von Fátima" verkauft. Doch nur im Fall einer Manifestation außerirdischer Intelligenzen wäre diese Panikreaktion der Kurie nachvollziehbar. Vielleicht wurde jenen Fremden irgendwann klar, dass sie ihre undurchsichtigen Ziele kaum mit Kriegen und Schlachten am Himmel erreichen. Also haben sie den Inhalt ihrer „Werbespots" geändert. Statt Kriegsszenen Bilder aus der kollektiven Glaubenswelt – durch Konditionierung schon im Kindesalter tief ins Unterbewusstsein eingebrannt.

Bei nachfolgenden Kriegen haben sie ihre Strategie ein weiteres Mal geändert. Das Versteck spielen hatte ein Ende und sie ließen sich wieder, wie in früheren Zeiten, mit ihren „silbernen Schilden", an den Schauplätzen des Gemetzels blicken.

8 Beobachtung und Einmischung

Vom II. Weltkrieg bis „Desert Storm"

In den Abendstunden des 24. November 1944 hob ein B-17-Bomber der US Air Force, als Teil einer ganzen Staffel, von einem Feldflugplatz in Süditalien ab. Sie sollten Ziele bei Salzburg bombardieren. Der Kommandant war Flugkapitän William L. Fleet. Bald nach dem Start fiel bei seiner stark überladenen Maschine der Kompressor eines Motors aus. So konnte er die vorgeschriebene Flughöhe von 25.000 Fuß (rund 7.600 Meter) nicht halten und musste auf 18.000 Fuß (rund 5.500 Meter) heruntergehen. Da unter diesen Umständen und wegen der starken Flakabwehr der vorgesehene Einsatz zu riskant war, änderte man kurzerhand den Plan. Als Ausweichziel bekam Captain Fleet die Kärntner Landeshauptstadt Klagenfurt zugewiesen. Die Nacht war stockfinster, deshalb erfolgte die Navigation nur mit Instrumenten. Der ganzen Mannschaft war ausgesprochen mulmig zumute.

Plötzlich wurde die B-17 – kurz vor dem neuen Ziel, und mit bereits geöffneten Bombenschächten – von einem blendend hellen Licht erfasst. Der Pilot verspürte eine heftige Hitzewelle; er glaubte zunächst, von einem besonders hellen Flak-Scheinwerfer geblendet zu werden. Die Helligkeit währte nur wenige Sekunden, und als die Maschine ihre tödliche Fracht über den Bahnanlagen bei Klagenfurt abgeworfen hatte, wunderten sich alle, dass weder Flakfeuer noch deutsche Abfangjäger zu registrieren waren. So schlug Captain Fleet südöstlichen Kurs Richtung Triest ein, und begab sich auf den Rückflug zum Stützpunkt.

Doch die Konfrontation mit dem Unbekannten war längst noch nicht überstanden. Denn nun tauchte – wie aus dem Nichts – ein leuchtend orange-gelbes Objekt an der linken Flügelseite auf. Das kreisrunde UFO hielt sich etwa 50 Meter seitlich und zehn Meter hinter der Spitze des linken Flügels. Den Durchmesser schätzte Fleet, der wie hypnotisiert auf die Erscheinung starrte, auf drei bis sechs Meter. Aus dem Heck meldete sich nun der MG-Schütze und fragte, ob er auf das Objekt schießen sollte, was der Captain aber sofort ablehnte. Es hätte ja sein können, dass der ominöse Flugkörper nun seinerseits zum Angriff übergehen würde. Die Befürchtung erwies sich jedoch als unbegründet. Denn das Objekt tat nichts anderes, als die B-17 während der folgenden Dreiviertelstunde zu begleiten. Ohne das geringste Geräusch von sich zu geben, was beim Motorenlärm des propellergetriebenen Bombers ohnehin völlig untergegangen wäre. Danach verschwand der Flugkörper so abrupt, „wie wenn man eine Lampe ausschaltet".

Sofort nach seiner Rückkehr erstattete Captain Fleet ausführliche Meldung, was für große Aufregung und Ratlosigkeit in der Kommandozentrale sorgte. Selbst die Offiziere des Nachrichtendienstes hatten nicht den Hauch einer Erklärung. Denn bei Klagenfurt hatte man im Vorfeld keine Flakscheinwerfer ausgemacht. Was das Flugobjekt betraf, waren die Amerikaner sicher, dass es sich um ein ferngesteuertes, elektronisches Aufklärungsgerät der Deutschen handelte.[118] Das Schreckgespenst „Wunderwaffe" war damals in aller Munde; und so konnte sich eigentlich niemand vorstellen, ob es nicht etwas gänzlich anderes war. Eingesetzt von der Luftwaffe des 3. Reichs, um den Krieg in letzter Minute für sich entscheiden zu können. Oder zumindest den Piloten der Alliierten das Leben so schwer wie möglich zu machen.

Erst 1979 berichtete der zwischenzeitlich pensionierte Flugkapitän der Forschungsgruppe MUFON von seinem Erlebnis aus dem Spätherbst 1944.

Im Zweifel: Immer der Feind

Was er zum Zeitpunkt seiner unheimlichen Begegnung noch gar nicht wissen konnte, war die Tatsache, dass zur gleichen Zeit auch deutsche Jagdflieger immer wieder von solchen nicht identifizierten Flugkörpern verfolgt worden waren. Zudem tat die amerikanische Propagandamaschinerie das Ihrige dazu, eine deutsche Herkunft jener bald als „Foo Fighters" titulierten Dinger zu proklamieren. In der US-Presse wurden sie als „neueste Kriegsmittel der Nazis" dargestellt, und so stand am 13. Dezember 1944 in etlichen amerikanischen Zeitungen zu lesen:

„Während die alliierten Truppen heute wieder große Geländegewinne an der Westfront verzeichnen konnten, wurde bekanntgegeben, dass die Deutschen eine neue „Vorrichtung" ins Kriegsgeschehen geworfen haben – geheimnisvolle silbrige Bälle, die in der Luft schweben. Piloten berichteten, diese Objekte sowohl einzeln als auch in Gruppen während ihrer Bewegungen über dem Reich gesichtet zu haben. (Der Zweck dieser Fluggeräte ist auf den ersten Blick nicht verständlich. Es ist möglich, dass sie ein neuartiges Flugzeugabwehrinstrument, oder eine neue Waffe darstellen.) Dieser Bericht wurde vom obersten Hauptquartier stark zensiert.)"[119]

Offenbar hatten die Amerikaner keine Kenntnis von einem Vorfall, der ein dreiviertel Jahr zuvor für Ratlosigkeit in höchsten deutschen Militärkreisen gesorgt hatte – und der sogar auf Zelluloid festgehalten wurde. Am 12. Februar 1944 wurde im Heeresforschungszentrum von Kummersdorf bei Berlin eine Versuchsrakete vom Typ A-4 (der Vorläuferversion der späteren, berühmt-berüchtigten V-2) getestet. Damals war Deutschland in Sachen Raketen-Technologie weltweit führend. Die Gästeliste dieser Vorführung liest sich wie das „Who is Who" der NSDAP: Reichspropagandaminister Dr. Joseph Goebbels, Reichsführer der SS, Heinrich Himmler, SS-Gruppenführer Dr.-Ing. Hans Kammler sowie eine Reihe hoher Offiziere der Wehrmacht und der SS. Der Start dieser Rakete, der in allen Phasen von einem Filmteam aufgezeichnet wurde, klappte hervorragend, und die anwesenden Funktionäre und Militärs spendeten begeisterten Applaus.

Als sich die Ingenieure jedoch später den Film ansahen, bemerkten sie zu ihrer Bestürzung ein rundes Objekt unbekannter Herkunft. Als wäre es das einfachste Flugmanöver, umrundete es mehrmals die aufsteigende Rakete, bevor es spurlos im Blau des Himmels verschwand.

Die Techniker vermochten sich darauf keinen Reim zu machen, sie waren schlichtweg ratlos. Und in den höchsten Führungsebenen war man verständlicherweise aufgeschreckt. Was war bei dem Versuch geschehen? Wer besaß überhaupt das technische Knowhow für eine solche Demonstration? So vermuteten die Verantwortlichen das in solchen Fällen Naheliegendste – eine waffentechnische Neuentwicklung des Feindes. Sofort setzte man die militärische Abwehr und ein paar Top-Spione auf die mysteriöse Angelegenheit an. Diese mussten jedoch zu ihrer Überraschung feststellen, dass ganz ähnliche Flugobjekte auch über britischen Flugstützpunkten für Aufregung gesorgt hatten. In diesem Fall waren die Engländer felsenfest davon überzeugt, es mit einer völlig neuartigen und supergeheimen deutschen „Wunderwaffe“ zu tun zu haben.[120] Doch was da wirklich den Luftraum unsicher machte, das wusste kein Mensch. Einigkeit herrschte trotz allem: Es war in jedem Fall der Feind!

Da machten auch andere Kriegsschauplätze wie der asiatisch pazifische Raum keine Ausnahme.

UFO vs. Messerschmitt

Da musste dann ein anderer Kriegsgegner der Alliierten, das Japanische Kaiserreich, als mutmaßlicher Konstrukteur geheimer „Wunderwaffen“ herhalten. Am frühen Morgen des 2. Mai 1945 war die Besatzung eines B-24-Bombers unterwegs zu der Marianen-Insel Guam, auf der sich noch heute eine amerikanische Militärbasis befindet. Als sie sich gerade über den zu den Karolinen gehörenden Truk-Inseln befanden, bemerkten sie plötzlich zwei in derselben Höhe von 11.000 Fuß (etwa 3.400 Meter) fliegende Lichter. Diese waren zunächst kirschrot, wechselten dann aber ihre Farbe in orange, um dann weiß zu strahlen und schließlich ihre rote Färbung wieder anzunehmen.

Die unbekannten Objekte eskortierten den Bomber beiderseits und hielten sich dabei stets außerhalb des Schwenkbereichs der Bord-Maschinengewehre. Jedes Manöver und jede noch so minimale Kursänderung machten sie simultan mit. Als die B-24 nach einer

Stunde auf nordwestlichen Kurs schwenkte, um Guam anzufliegen, drehte eins der offenbar unter intelligenter Kontrolle stehenden Flugobjekte ab. Das andere UFO verfolgte den Bomber weiter, wobei es nie näher als bis auf 300 Meter herankam.

Mit einem Mal - der Bomber war gerade in eine Wolkenbank hineingeflogen - schoss das verbliebene Objekt mit unglaublicher Geschwindigkeit davon. Nachdem die B-24 die Wolken wieder verlassen hatte, erschien es unvermittelt auf der gegenüberliegenden Seite, allerdings nun vor dem Flugzeug. Mittlerweile war die Sonne aufgegangen, und das UFO zeigte sich von einer hellsilbernen Farbe. Dann tauchte auch schon die Landebahn der US-Basis auf und das Objekt schoss in einem Winkel von 330 Grad davon.[118]

Ich will noch einmal kurz zum heftig umkämpften Himmel über Deutschland zurückkehren, um zu zeigen, zu welch phantastischen Flugeigenschaften und Geschwindigkeiten diese unbekannten Eindringlinge fähig waren. Bei dem folgenden Vorfall kam es zu einer Konfrontation mit dem damals schnellsten und fortschrittlichsten Kampfflugzeug, das allen anderen Maschinen haus- oder besser turmhoch überlegen war.

Es war am Vormittag des 29. September 1944, als ein Testpilot einen der ersten Düsenjäger vom Typ Me 262 zur Probe flog, den die Messerschmitt-Flugzeugwerke ein paar Monate vor Kriegsende serienreif entwickelt hatten. Dieser kleine Jäger stellte einen wahren Quantensprung in der Flugzeugtechnik dar: Mit einer Geschwindigkeit von annähernd 900 Kilometern in der Stunde war er mehr als doppelt so schnell wie die meisten der konventionellen Propellermaschinen. Kein anderes Land der Erde besaß Vergleichbares. Plötzlich wurde die Aufmerksamkeit des Piloten von zwei leuchtenden Punkten an der Steuerbordseite erregt. Auf der Stelle änderte er seinen Kurs und hielt mit Höchstgeschwindigkeit auf die Leuchterscheinung zu.

Es dauerte nur ein paar Sekunden, bis er auf Sichtweite aufgeschlossen hatte. Die unheimliche Erscheinung entpuppte sich überraschend als ein etwa 100 Meter langes, zylindrisches Flugobjekt, mit

Öffnungen an dessen Seite sowie langen, antennenähnlichen „Auswüchsen", die von der Spitze bis fast zur halben Länge des Objekts reichten. Als sich der Testpilot bis auf wenige hundert Meter an das mysteriöse Fluggerät angenähert hatte, erlebte er einen veritablen Schock. Mit schätzungsweise 2.000 Kilometern in der Stunde, was annähernd der doppelten Schallgeschwindigkeit entspricht, schoss das unbekannte Objekt davon und ward nicht mehr gesehen. Selbst für das erste strahlgetriebene Flugzeug der Welt war dies eindeutig zu schnell![121]

In der UFO-Forschung werden solch riesengroße, zylindrische oder zigarrenförmige Flugobjekte gern als „Mutterschiffe" interpretiert. Man sagt, sie sollen interstellare Entfernungen zurücklegen können, und Platz für eine Anzahl der zumeist als diskus- oder scheibenförmig beschriebenen „typischen" UFOs bieten.[122]

Schattenjäger im Reich der Mitte

Jene konnte man natürlich auch schon während der Kampfhandlungen des II. Weltkriegs beobachten, wie ein Beispiel aus dem Russlandfeldzug bekundet. Im September 1943 sahen Soldaten der „Blauen Division" (dies war eine spanische Freiwilligentruppe, die im Krieg gegen Stalins Sowjetunion auf der Seite der Deutschen kämpfte) solch ein UFO in der Nähe von Puschkino, einer Stadt im Einzugsbereich von Moskau. Die Augenzeugen Oscar Rey Brea, Jesus Arias, Paz und Tomas Carbonell beobachteten von einem Schutzbunker aus den Luftkampf zwischen deutschen und russischen Flugzeugen. Auf einmal tauchte oberhalb der sich erbittert attackierenden Maschinen ein diskusförmiges Fluggerät auf. Das Objekt – oder sagen wir besser, dessen offenbar intelligent agierende Besatzung – schien die Kampfhandlungen interessiert zu beobachten. Nach einer Weile hatten „sie" wohl genug gesehen, denn nun entfernte sich die Scheibe mit phantastischer Geschwindigkeit.[120]

Bezeichnete man die mysteriösen fliegenden Objekte im angloamerikanischen Sprachgebrauch als „Foo-Fighter" – angeblich leitet sich dieser Ausdruck vom Standardspruch einer alten Comicfigur ab

– so machten in Fernost Gerüchte von „Schattenjägern“ die Runde, die ebenfalls als Geheimwaffen einer Kriegspartei galten. Ihre Flugeigenschaften legten jedoch den Schluss nahe, dass es sich kaum um Flugkörper irdischer Provenienz handeln konnte. Lassen wir hier Herrn Ding Qijing zu Wort kommen, der im Sommer 1943 gemeinsam mit Kollegen ein UFO beobachtete, dessen Form allein schon allen Gesetzen der Aerodynamik widersprach.

„Der Vorfall fand im Juni oder Juli 1943 statt. Damals war ich Wächter beim Depot der Eisenbahnverwaltung von Guangxi und Guizhou. Es war während des Verteidigungskrieges gegen die japanische Administration. Zum Schutz vor japanischen Fliegerangriffen hatte man unser Depot an den Fuß des Berges von Dao'ai ausgelagert. Es war nachmittags zwischen 15 und 16 Uhr und das Wetter war sehr schön, kein Wölkchen am Himmel. Wir hatten ein brummendes Geräusch gehört und geglaubt, dass feindliche Flieger unser Lager überflogen. Wir traten ins Freie, um nachzusehen. Da erblickten wir ein quadratisches Objekt am Himmel, in dem sich das Sonnenlicht widerspiegelte. Wir meinten, das Objekt sei von einem Flugzeug abgeworfen worden, wir hatten aber kein Flugzeug in der Luft bemerkt.

Das Brummen kam immer näher und wurde immer lauter, und das quadratische Objekt immer größer und auch deutlicher wahrnehmbar. Nun begriffen wir, dass der dumpfe Lärm vom Objekt stammte. Es strahlte deutlich heller als ein Flugzeug, auf das Sonnenlicht scheint. Es befand sich 1.000 Meter über dem Erdboden, und blieb während einer gewissen Zeit stehen. Deutlich konnten wir erkennen, dass der untere Teil des Quadrats ziemlich flach war. Jede Seite maß (perspektivisch gesehen; HH) über 30 Zentimeter. Die Höhe des Objekts betrug etwa zehn Zentimeter. Somit glich es einer silbrigen, quadratischen fliegenden Untertasse. Man konnte rechts und links, und vorne und hinten nicht unterscheiden. Keine Flügel, kein Leitwerk, kein Propeller. Das Objekt schien aus einem einzigen Stück zu bestehen, ohne Öffnung oder einem Bullauge. Nachdem es einen Moment lang am Himmel stehengeblieben war, setzte es zu einem senkrechten Aufstieg an. Sein Geräusch verringerte sich mit der Höhe. Schließlich war es nur noch ein schimmernder Fleck. Die anderen Beobachter gingen; ich blieb noch und habe es bis zu seinem völligen Verschwinden verfolgt. Meine Beobachtung dauerte fast zwei Stunden."[107]

Herr Ding Qijing war sich vollkommen gewiss, dass jenes von ihm und seinen Kollegen beobachtete Objekt kein Satellit und auch keine Rakete war, „denn damals konnte man derart hochentwickelte technische Geräte noch nicht herstellen". Dann brachte er das Thema auf sogenannte „Schattenjäger", von denen während des II. Weltkrieges in Ostasien oft gesprochen wurde. Und er verwies darauf, dass sich in der Umgebung der Stadt Guiyang wo die Sichtung seinerzeit stattgefunden hatte, noch eine Menge Zeugen an das ungewöhnliche Ereignis erinnern dürften.[107]

„Zwei große runde Schatten über dem Boden"

Als der Krieg beendet war, begann die Allianz zwischen den Westmächten USA, Großbritannien und Frankreich mit der Sowjetunion unter Josef Stalin (eig. Dschugaschwili, 1879-1953) sehr rasch zu bröckeln. Und ein paar Jahre später waren Sowjets und Amerikaner an einem neuen Kriegsschauplatz zu erbitterten Gegnern geworden. Korea hieß der neue Krisenherd; dieses Land ist geteilt, seit im Jahre 1948 russische Truppen den Norden und amerikanische den Süden besetzt hatten.

Am 25. Juni 1950 überrannten Verbände des kommunistischen Nord-Korea die Demarkationslinie am 38. Breitengrad und eroberten fast den gesamten Südteil des Landes. Die Amerikaner drängten sie jedoch wieder zurück, was wiederum ein militärisches Eingreifen der Chinesen nach sich zog. Man stand kurz vor Ausbruch eines Dritten Weltkrieges. Am 10. Juli 1951 begannen erste Verhandlungen über einen Waffenstillstand, welche jedoch erst am 27. Juli 1953 zu einem endgültigen Abkommen führten. Dieses bestimmte einmal mehr den 38. Breitengrad als Grenze zwischen Nord- und Südkorea.[1] Diese sogenannte „entmilitarisierte Zone" besteht bis auf den heutigen Tag. Abgesehen vom regelmäßigen Säbelrasseln des unter den

Diktatoren der Kim-Dynastie zur Atommacht aufgestiegenen Nordkorea könnte man den Frieden als irgendwo zwischen stabil und fragil bezeichnen.

Dauerte der Korea-Krieg auch nicht einmal halb so lang wie der II. Weltkrieg und war auf die besagte Halbinsel im Gelben Meer beschränkt, legte das UFO-Phänomen in dieser Zeit doch eine bemerkenswerte Präsenz an den Tag. Und die dahinter stehende Intelligenz begnügte sich nicht mehr damit, nur den unbeteiligten „Kriegsbeobachter" zu spielen. Ihr Auftreten wurde jetzt um ein Vielfaches bestimmter und führte in einigen Fällen, die ich im nachfolgenden Kapitel vorstelle, sogar zu mitunter dramatischen Gesundheitsschäden bei vielen Soldaten. Kein Zweifel: Die geheimnisvolle Macht hinter dem UFO-Phänomen hatte begonnen, deren zuvor geübte Zurückhaltung aufzugeben.

Im September 1950 waren drei Kampfbomber der US-Marine, mit je einem Piloten und einem Radarbeobachter an Bord, von einem Flugzeugträger aufgestiegen. Sie hatten den Auftrag erhalten, einen Konvoi der Nord-Koreaner und deren Verbündeten anzugreifen. Es war etwa sieben Uhr am Morgen, und die Flughöhe betrug an die 10.000 Fuß (etwa 3.000 Meter), als der Radaroffizier eines der Flugzeuge „zwei große, runde Schatten über dem Boden" ausmachte, die sich mit hoher Geschwindigkeit bewegten. Er blickte nach oben, dabei konnte er die beiden Objekte erkennen, die die Schatten warfen. Sie waren wirklich riesig - was das Radarecho bestätigte. Und auch ihre Geschwindigkeit war beträchtlich: Sie lag zwischen 1500 und 2000 Kilometern in der Stunde.

„Mein Radarschirm zeigte, dass sie etwa eineinhalb Meilen – das sind fast 2,5 Kilometer – entfernt waren, als die Objekte plötzlich stehenzubleiben schienen", gab der Radarmann zu Protokoll. Sie rückten etwas zusammen, und begannen zu „zittern" oder zu „flimmern". Seine erste Reaktion war, das Feuer zu eröffnen, und so machte er die Bordkanonen scharf. Dabei setzte er auch das „Foto-MG" in Betrieb; eine Kamera, die in schnellster Folge Bilder schoss. Doch im selben Augenblick begann das Radar verrückt zu spielen.

Der Schirm „glühte" und wurde leuchtend hell. Er versuchte, ihn dunkler zu stellen, doch ohne Erfolg. Als ihm klar wurde, dass das Radar gestört war, versuchte er den Flugzeugträger anzufunken. Doch er bekam keine Antwort, nur ein seltsames Summen war im Empfänger zu hören. Deshalb versuchte der Radartechniker noch zwei andere Frequenzen, doch bei jedem Mal kam erneut das mysteriöse Summen.

600 Meter Durchmesser

„Während all dies passierte", berichtete der Radaroffizier weiter, „zitterten diese Objekte noch immer vor uns, mit gleicher Geschwindigkeit. Ungefähr in dem Augenblick, als ich aufgab, eine Funkverbindung mit dem Flugzeugträger herstellen zu wollen, flogen jene Dinger plötzlich um unsere Flugzeuge herum und kreisten über und unter uns (...) Ich hatte noch nie sowas gesehen, und nachdem wir unser Schiff erreichten, erfuhr ich von meinen Kameraden, dass sie alle genauso dachten. Die waren riesig (...) Bevor mein Radar außer Gefecht gesetzt wurde, benutzte ich den Entfernungsmesser und Bezugspunkte auf der Kabinenkanzel, um ihre Größe zu bestimmen. Sie hatten einen Durchmesser von mindestens 600, vielleicht 700 Metern."

Die insgesamt sechs Männer aus den drei Kampfbombern sagten aus, dass die Objekte wie ein „silberner Spiegel" wirkten, und ein rötliches Glühen an der Außenhaut erkennen ließen. Was die Form betraf, erinnerte diese an den Hut eines chinesischen Kulis. Sie besaßen längliche Luken, aus welchen ein kupfergrünes Licht drang, welches sich langsam in ein pastellfarbenes Leuchten verwandelte, um letztendlich wieder das ursprüngliche Kupfergrün anzunehmen. Über den Luken gab es einen schimmernden, roten Ring, der um den oberen Teil kreiste. Und in der Mitte der Unterseite war eine auffällige runde Stelle, schwarz wie Kohle und ohne zu reflektieren. Als die riesigen UFOs um die Marineflugzeuge gekreist waren, flogen sie in derselben Richtung weiter, aus der sie gekommen waren, und verschwanden dann mit hoher Geschwindigkeit.

Alle sechs Besatzungsmitglieder der drei Bomber hatten während ihrer Beobachtung ein „Gefühl von Wärme" verspürt und etwas, das sie als „Hochfrequenz-Vibration" beschrieben.[123]

Ganz offenbar gehörten Begegnungen mit nichtidentifizierten Flugobjekten beinahe zum Alltag im Korea-Krieg. Der ehemalige Kampfjet-Pilot Jim Riordan, der in Korea Jagd auf UFOs machte, berichtete hierüber: „Der Kontrollturm führt einen hinter dem ‚Ding' her, und auf einmal bemerkt man ein Licht, welches sich schneller dreht als alle bekannten Apparate. Es erscheint auch auf dem Radarschirm, und man verfolgt es. Der Kontrollturm meldet sich wieder, er teilt mit, dass er sowohl einen selbst als auch das ‚Ding' auf dem Schirm hat und dass es gerade dort ist, wo man es sieht. Damit hat man den Beweis, dass es sich um eine Realität handelt und nicht um eine Spiegelung oder um einen Defekt des Radars. Man gibt also Gas und stößt in Richtung auf das ‚Ding' vor, aber es dreht plötzlich eine Kurve über einem, und man weiß, dass es einen erblickt hat. Das Herz fällt einem geradezu in die Hose. (...) Man fixiert das ‚Ding', das eine enge Kurve um einen beschreibt. Niemand auf der Erde könnte der Zentrifugalkraft eines ähnlichen Manövers standhalten, und das ‚Ding' bewegt sich so rasch, dass man sich beinahe den Hals verdrehen muss, um es nicht aus dem Blickfeld zu verlieren. Es gelingt einem vielleicht, außer den leuchtenden Umrissen die Form einer Flugmaschine zu sehen, vielleicht auch nicht. Dann entfernt sich das ‚Ding' mit einer solchen Geschwindigkeit, dass man den Eindruck hat, stillzustehen. Man kehrt dann nach Hause zurück, und der Geheimdienst nimmt einen in den Schraubstock ..."[124]

Im Korea-Krieg kam es auch zu einer Konfrontation, die sehr wahrscheinlich einen russischen Militärpiloten das Leben kostete - und auffallende Parallelen zu einem berühmten Vorfall aus dem Jahre 1948 erkennen lässt, der sich über den Vereinigten Staaten ereignet hatte Auch darüber mehr in einem nachfolgenden Kapitel. Jetzt aber möchte ich mich dem Krieg in Vietnam widmen, dessen Anfänge durch die Feindseligkeiten in Korea etwas in den Hintergrund gedrängt wurden.

Blutige Nase für Frankreich und Amerika

Seit dem Ende des II. Weltkriegs hatte die langjährige Kolonialmacht Frankreich in Indochina zunehmend an Einfluss verloren, den sie dort seit dem 19. Jahrhundert innehatte. Der Versuch, die Macht wieder zu festigen, sollte allerdings grandios scheitern. Frankreich ließ sich von 1946 bis 1954 auf einen – von der Weltöffentlichkeit wenig beachteten – Krieg gegen mehrere, hauptsächlich aus dem Untergrund operierende Feinde ein. Da waren die kommunistischen Rebellen des Vietminh (später Vietcong), die Khmer in Kambodscha sowie der Pathet Lao in Laos. Auf französischer Seite kämpften seit 1949 nichtkommunistische Verbände, die hauptsächlich aus Süd-Vietnam stammten. Als am 1. Oktober 1949 die Volksrepublik China gegründet wurde und zu einem der größten Unterstützer der Kommunisten Vietnams wurde, verschob sich das Gleichgewicht der Kräfte dann dramatisch zu Ungunsten der „Grande Nation".

Dann kam Dien Bien Phu. An diesem Ort im Norden von Vietnam nahe der Grenze zu Laos erlitten die Franzosen am 7. Mai 1954 eine vernichtende Niederlage. Dieses Debakel läutete das endgültige Ende ihrer Herrschaft in Indochina ein. Noch im selben Jahr wurde auf der Indochina-Konferenz in Genf der vollständige Rückzug der Franzosen und die Teilung Vietnams beschlossen. Daraus ging das kommunistische Nord-Vietnam mit der Hauptstadt Hanoi hervor, und das westlich orientierte Süd-Vietnam mit der Hauptstadt Saigon. Doch bereits 1957 begannen die durch Nord-Vietnam unterstützten Vietcong ihren jahrelangen und letztlich siegreichen Kampf gegen den Süden. Nun mischte sich aber zunehmend eine andere westliche Macht in die Angelegenheiten jener Region ein. Es waren die USA, die ab 1960 zahlreiche Militärberater nach Saigon entsandten. Zu jener Zeit beherrschte der Vietcong bereits große Teile der ländlichen Gebiete Süd-Vietnams.

Aktiv griffen die USA erst von August 1964 an ins Kriegsgeschehen ein. Der Vorwand dafür wurde konstruiert. Am 2. und 4. August meldeten zwei Zerstörer, sie seien im Golf von Tongking von Torpedobooten der Nord-Vietnamesen angegriffen worden. Heute bezweifeln immer mehr Historiker, dass dieser Zwischenfall tatsächlich stattfand. Für den damaligen US-Präsidenten Lyndon B. Johnson (1908-1973) lieferte Tongking den willkommenen Vorwand, sich wenige Tage später vom Kongress Handlungsvollmacht für die sofortige Entsendung amerikanischer Kampftruppen erteilen zu lassen. Anfangs begnügte man sich noch mit sporadischen Luftschlägen auf strategisch wichtige Ziele in Nord-Vietnam. Da dies aber wenig effektiv war, landeten Anfang 1965 die ersten US-Bodentruppen im Süden des geteilten Landes. Bis zum Jahresende wurden diese bis auf 165.000 Mann aufgestockt.

Und dabei blieb es nicht. Von 1964 bis 1973 waren die Vereinigten Staaten in diesem Waffengang, dem keine formelle Kriegserklärung vorangegangen war, mit immer mehr Menschen und Material involviert. Nach offiziellen Angaben sind in diesem Zeitraum 58.148 US-Soldaten gefallen, ein Mehrfaches davon kam verwundet zurück. Für die sich unbesiegbar wähnende „Supermacht" sind diese Kampfhandlungen bis heute ein unerträgliches Trauma, ein Fiasko ohnegleichen. Es gab keine Front, wie man sie aus Korea oder den beiden Weltkriegen kannte. Der technisch geradezu miserabel ausgerüstete Gegner war unsichtbar und lautlos. Bis zu jenem Augenblick, in dem er überraschend zuschlug.

Bedrohliche Situationen

„Victor Charlie", wie der Vietcong nach seinen im Militärcode buchstabierten Anfangsbuchstaben genannt wurde, lehrte die Amerikaner gewaltig das Fürchten. Wie es aussieht, gehörte dieser Landstrich Südostasiens nicht nur den sich immer erbitterter bekämpfenden Kriegsparteien. Auch hier tauchten sie regelmäßig auf, die Protagonisten einer wieder zunehmend stärkeren Einmischung in die Kriege der Menschheit.

Nachdem die US-Regierung eingesehen hatte, dass hier nichts mehr zu gewinnen war und Süd-Vietnam seinem Schicksal überließ, sickerten immer mehr Berichte über teilweise spektakuläre Begegnungen mit unbekannten Flugkörpern durch. Ein Statement des damaligen Stabschefs der US Air Force, General George S. Brown anlässlich einer Pressekonferenz im Herbst 1974 erregte allgemeine Aufmerksamkeit: „Ich weiß nicht, ob über die Sache je berichtet worden ist, aber sie (die UFOs; HH) plagten uns in Vietnam während des Krieges.“[125]

Bei derselben Gelegenheit erwähnte der General auch, dass es im Frühsommer 1968 in der „entmilitarisierten Zone“ zwischen Nord- und Süd-Vietnam zu einer ganzen Serie von UFO-Sichtungen kam. Im zentralen Hochland in der Nähe von Pleiku führten UFO-Aktivitäten zu heftigen Schießereien, bei denen mehrere US-Soldaten getötet wurden. In einem anderen Fall kam es zu einer regelrechten Schlacht mit einem australischen Zerstörer, welcher dabei einen schweren Treffer abbekam.[125] Und am 29. September 1972 wurden bei Hanoi mehrere Soldaten Zeugen, wie ein gewaltiger „Ball“ von ungefähr 400 Metern Durchmesser mit drei Luftabwehrraketen unter Feuer genommen wurde. Aus unerklärbaren Gründen erreichten diese jedoch ihr Ziel nicht.[126]

Das plötzliche Erscheinen unbekannter Flugobjekte führte im Lauf des Vietnam-Krieges nicht selten auch zu bedrohlichen Situationen, besonders wenn dadurch die Gefechtsbereitschaft gefährdet war. Ein solch dramatischer Zwischenfall geschah spätabends am 19. Juni 1966 bei Nha Trang. Ungewöhnlich viele Soldaten wurden Zeugen jener Geschehnisse, die sich während einer der „heißesten“ Phasen des Krieges zutrugen.

Damals war Nha Trang eine massiv verteidigte Garnison nicht weit von der Küste des Südchinesischen Meeres. Mehr als 40.000 Mann waren dort stationiert, darunter gut 2.000 Amerikaner. Die Basis lag in einem Tal und umfasste neben Unterkünften etliche Lagerhallen und eine nach Osten führende Rollbahn. Nach Westen hin gab es große Treibstofflager, an die eine Bergkette grenzte, und im Süden weitere Lagerhallen sowie die Dockanlagen am Meer. Nach den Aussagen der vielen Augenzeugen waren an diesem Abend acht Bulldozer im Einsatz, die knapp einen Kilometer von dem durch die US-Armee genutzten Teil der Basis neue Zufahrtswege anlegten. Auf der Rollbahn ließen zwei Maschinen vom Typ „Sky Raider" ihre Propellermotoren für den bevorstehenden Einsatz warmlaufen. Und in den Docks an der Bucht lag ein Tanker des Ölkonzerns Shell.

Dies war der Stand der Dinge, als sich einer der Augenzeugen, Sergeant Wayne Dalrymple, etwa gegen 20 Uhr mit einer Anzahl Kameraden vor einem Freiluftkino versammelte, um sich einen Film anzusehen. Die Einrichtung war neu im Camp. Erst kurz zuvor waren sechs neue 100-Kilowatt-Dieselgeneratoren zur Stromerzeugung angeschafft worden; einer davon war eigens zum Betreiben des Filmprojektors vorgesehen.

Das ganze Camp lahmgelegt

Der Film lief bereits eine ganze Weile, als gegen 21.45 Uhr der Himmel wie aus dem Nichts zu leuchten begann. Die Soldaten starrten alle gleichzeitig nach oben und erblickten etwas, das sie zunächst für eine Leuchtrakete hielten, die versehentlich losgegangen war. Das Leuchten aber kam aus nördlicher Richtung und flog erst ganz langsam, um dann plötzlich und mit hoher Geschwindigkeit auf die Zeugen zuzurasen. Einige Piloten, welche sich auf der Basis aufhielten, schätzten die Flughöhe des unbekannten Objekts auf 25.000 Fuß (etwa 7.600 Meter). Als das Ding bis auf 100 Meter herabschoss, brach Panik aus. Das kleine Tal und die Berge ringsum waren in taghelles Licht getaucht. Sämtliche Soldaten waren wie gelähmt vor Schreck, und konnten kaum einen klaren Gedanken fassen. Nach wenigen Minuten zog das UFO lotrecht nach oben, und verschwand innerhalb von nur zwei oder drei Sekunden am Himmel. Es war wieder finster über der Basis, auf der die verwirrten Soldaten noch immer ohne jede Orientierung umherliefen.

Was aber jeden der Anwesenden zutiefst schockierte, war der komplette Stromausfall. Sowohl der Stromerzeuger für den Filmprojektor als auch alle anderen Generatoren im Camp waren ausgefallen; genauso die Motoren der beiden „Sky Raider", die auf der Rollbahn warmliefen. Auf der ganzen Basis gab es kein Auto und keinen Lastwagen, kein Flugzeug und auch kein elektrisches Gerät, das für die Dauer der unheimlichen Begegnung – zirka vier Minuten – funktioniert hätte. Auch die erwähnten acht Bulldozer, die im Licht ihrer Scheinwerfer dabei waren, neue Zufahrten durch die umliegenden Hügel anzulegen, blieben einfach stehen. Es war eine gespenstische Situation.

Bereits einen Tag nach dem unglaublichen Geschehen traf ein Flugzeug mit Experten aus Washington in Nha Trang ein, die auf der Stelle mit den Untersuchungen begannen. Die Tatsache, dass gleichermaßen mit Benzin und mit Diesel betriebene Motoren im selben Augenblick ihren Dienst versagten, und volle vier Minuten lang nicht mehr zu gebrauchen waren, war schlechthin alarmierend. Der Gedanke drängt sich auf: Was wäre geschehen, wenn die beiden Maschinen nicht beim Warmlaufen auf ihrer Rollbahn, sondern erst während des Fluges ausgefallen wären? Und was war überhaupt die technische Ursache für den totalen Ausfall aller Systeme? Waren es außergewöhnlich intensive elektromagnetische Kräfte, und wie wurden sie erzeugt? Fragen über Fragen, welche alle bis heute unbeantwortet geblieben sind. Denn das Ergebnis der Untersuchungen wurde nie veröffentlicht.[120]

USO im Golf von Tongking

Vieles spricht dafür, dass es ein Äquivalent gibt zu den im Luftraum operierenden UFOs, welches sich jedoch im nassen Element fortbewegt. Und dies auch mit schier unglaublichen Geschwindigkeiten und Manövern, zu denen kein konventionelles Wasserfahrzeug fähig wäre. Eingedenk solcher Fähigkeiten rechnet man diese USOs – die Abkürzung bedeutet „unidentifiziertes submarines Objekt“ – in der Regel dem UFO-Phänomen als besondere Beobachtungskategorie zu.

Leutnant zur See Will Miller war 1969 als Marine-Reservist auf den Zerstörer U.S.S. Leary abkommandiert, wo er und einige Kameraden Zeugen einer beunruhigenden nächtlichen Begegnung mit solch einem „Unterwasser-UFO“ wurden. Das Schlachtschiff war eines Nachts im Golf von Tongking in Position gegangen, und bereitete sich auf den Beschuss der Uferregion mit Bordartillerie vor. Besonderes Augenmerk galt dabei den zahlreichen vietnamesischen Fischern, die mit ihren hölzernen Booten auf nächtlichem Fischzug waren. Die kleinen Boote besaßen Lichter am Bug, mit denen sie in der Dunkelheit den Fang anlockten, und sie zogen Fischnetze hinter sich her. Es war eine neblige Nacht und Leutnant Miller gab der Backbordwache Befehl, sofort Meldung zu machen, sobald das Buglicht eines Fischerbootes näher kommt. Der Zerstörer hätte dann beigedreht, um eine Kollision zu vermeiden.

Kurze Zeit später sah der Wachposten tatsächlich ein Leuchten und peilte die Lichtquelle an. Doch die entpuppte sich unvermittelt als etwas völlig anderes. Dieses Licht bewegte sich von oberhalb des Wassers nach unten, und kam dann sehr schnell in einem Winkel von 45 Grad direkt auf den Zerstörer zu. Knapp vor dem Bug der U.S.S. Leary sank es ab und tauchte offensichtlich unter dem Schiff hindurch. Die Matrosen liefen sofort zur Steuerbordseite um nachzusehen, ob es wieder auftauchen würde; es war jedoch nichts mehr zu sehen. Das geheimnisvolle Objekt war weder auf dem Sonar, noch auf dem Oberflächenradar erkennbar, und auch das elektronische System für Abwehrmaßnahmen war nicht aktiviert worden.

Die Männer waren ratlos. Was immer das ominöse Ding gewesen sein mag – es war auf keinen Fall ein U-Boot. So beschloss man zwar, den Kapitän nicht zu wecken. Doch Miller ordnete an, einen Eintrag ins Logbuch vorzunehmen. Auf sämtlichen Booten der Marine galt die Anweisung, alle außergewöhnlichen Vorfälle ins Schiffstagebuch einzutragen.

Jahre später – der Vietnam-Krieg unseligen Angedenkens war längst Geschichte – stieß Will Miller, der im Rang eines Kommandeurs pensioniert worden war, im Geschichtsmuseum der Marine auf die Abschriften der Logbücher der U.S.S. Leary. Als er sich die Aufzeichnungen aus dem betreffenden Zeitraum des Jahres 1969 vornahm, fand er keinerlei Hinweise auf jenen Zwischenfall mit dem Unterwasser-Objekt. Seine originalen Eintragungen wurden ganz einfach unter den Tisch fallen gelassen, und nicht in die Abschriften des Marine-Museums übernommen.[127]

Dreiecks-UFO über Bagdad

Vietnam sollte sich für jene „Supermacht", die sich nur allzu gerne mit dem Nimbus der Unbesiegbarkeit umgibt und dabei den Anspruch auf die Führungsrolle in der Welt erhebt, als letztlich unbesiegbar erweisen. Deshalb vereinbarten der damalige amerikanische Außenminister Henry Kissinger sowie dessen nordvietnamesischer Verhandlungspartner, Le Duc Tho, in ebenso langwierigen wie geheimen Beratungen einen Waffenstillstandsvertrag. Dennoch gingen die Kämpfe mit unverminderter Härte weiter. Eine im Dezember 1974 begonnene Großoffensive kommunistischer Truppen führte, nachdem auch die finanzielle Unterstützung der USA aufgehört hatte, am 30. April 1975 zur Kapitulation Süd-Vietnams.[1] Was bis heute bleibt, ist ein nicht aufgearbeitetes Trauma, welches wie ein Stachel tief im Fleisch Amerikas sitzt.

Was die USA allerdings nicht daran hinderte, in einem anderen Teil der Welt ein Debakel anzuzetteln - eine Destabilisierung einer ganzen Region, die sich nun bitter rächt. Mit Terror, der auch uns in Europa trifft.

Das Desaster begann 1991 mit dem ersten Golfkrieg, der vom damaligen US-Präsidenten George Bush senior angestiftet wurde. Als Vorwand nahm man die Besetzung Kuwaits durch die irakische Armee, für die sich der damalige Staatschef Saddam Hussein zuvor noch Rückendeckung aus Washington geholt hatte. Zwölf Jahre später wurde Saddam Hussein auf Befehl von George W. Bush junior durch amerikanische und britische Truppen gestürzt, und letztendlich hingerichtet. Ein weiteres Mal war es, wie wir heute zweifelsfrei wissen, eine infame Lüge, die als Grund vorgeschoben wurde. Angeblich verfügte Saddam Hussein über Massenvernichtungswaffen, die einzusetzen er nicht zögern würde. Dass dem jedoch nicht so war, gab der frühere britische Premierminister Tony Blair erst 2016 kleinlaut zu: Alles Lüge!

Die beiden Golf-Kriege haben den Amerikanern und ihren Verbündeten nebst gewaltigem Imageschaden ein weiteres Trauma beschert, das dem von Vietnam fast gleichkommt.

Auch bei den Kriegen in der Golf-Region kam es immer wieder zu teils dramatischen Begegnungen mit Flugobjekten unbekannter Herkunft. So berichtete ein Offizier der US NAVY während eines Heimaturlaubs im Oktober 1991 über einige äußerst beunruhigende Konfrontationen mit dem unbekannten Gegner. Es geschah während der Operation „Desert Storm", die Mitte Januar 1991 ihren Anfang nahm. Das Schiff, auf dem besagter Offizier Dienst tat, hatte den Befehl, Öltanker sicher durch den Persischen Golf zu geleiten. Dabei erfasste das Bordradar immer wieder unbekannte Luftziele, die einen Angriff zu fliegen schienen. Diese Radarziele näherten sich den Begleitschiffen von der Backbordseite, fegten über sie hinweg und entfernten sich rasch. Alle Bordgeschütze und Raketen richteten sich automatisch auf die scheinbaren Angreifer. Diese blieben jedoch für das Auge unsichtbar. Beobachter auf Deck und auf der Brücke konnten mit ihren Zielerfassungsgeräten nicht das Geringste erkennen.

Solche unerklärlichen „Scheinangriffe" fanden bei Nacht wie bei Tag statt – und dies so häufig, dass die in den Persischen Golf beorderten Einheiten vorsorglich über das Phänomen informiert wurden. Die offizielle „Erklärung" für die Vorfälle war indes lächerlich. Es wären „durch Staub verursachte Störungen" gewesen. Dann war es wohl von Intelligenz beseelter Staub, der typische Angriffsszenarien simulieren konnte. Und dies in einer sich rasch wiederholender Folge. Oder wurden die Marinesoldaten mit einem hochentwickelten Tarnsystem konfrontiert, das fremde Fluggeräte für ihre Augen unsichtbar machte?[128,129]

Nicht hinter einer „Tarnkappe" versteckte sich ein UFO, das sich nahezu acht Jahre später während der Militäroperation „Desert Fox" über der irakischen Hauptstadt zeigte. In den frühen Morgenstunden des 16. Dezember 1998 erschien genau um 2.31 Uhr Ortszeit ein großes, dreiecksförmiges Flugobjekt über der Altstadt von Bagdad. Ein Fernsehteam des US-Senders CNN, das zurselben Zeit mit einer Live-Reportage auf Sendung war, richtete sofort die Kamera auf das UFO. So konnten die Zuschauer an der amerikanischen Ostküste, wo es erst 18.31 Uhr am frühen Abend des 15. Dezember war, die beeindruckenden Bilder mitverfolgen. Das Objekt wurde als dreiecksförmige Formation starker Lichter beschrieben, die sich langsam über die Stadt bewegte. Zu dieser Zeit gab es wegen der amerikanischen Luftangriffe ein starkes Flak-Feuer der irakischen Armee, darum konnte man im Hintergrund immer wieder die grünen Leuchtspuren der Flak-Munition erkennen. Vor dieser Szenerie schwankte das UFO leicht auf der Stelle, und bewegte sich dann etwas nach rechts. In einer am 16. Dezember 1998 vom Sender NBC ausgestrahlten Reportage über die Bombardierung von Bagdad war das auffällige Flugobjekt ebenfalls zu sehen.[130]

Über Tschetschenien abgeschossen?

Zeitgleich mit der Beobachtung über Bagdad wurden ähnliche Dreiecks-UFOs über mehreren Orten im Staat New York gesichtet. In einem Fall erschien ein solches Flugobjekt über einer Basis der US-Armee, die mit Truppen und Spezialisten für ABC-Waffen an der Operation „Desert Fox" beteiligt war.[130]

Nur Zufall? Oder stecken strategische Erkundungen einer unbekannten Macht dahinter, die sich seit undenklichen Zeiten in die Kriege der Menschheit einmischt? Jene großen Dreiecks-UFOs hatten übrigens 1989 ihren großen und bis heute unvergessenen Auftritt über Belgien. Über einen Zeitraum von mehreren Wochen hielten sie die Luftwaffe in Alarmbereitschaft und spielten „Katz und Maus" mit den Abfangjägern.

Das pausenlose Trommelfeuer der irakischen Flugabwehr hat das dreieckige UFO über Bagdad offensichtlich nicht gestört. Dafür wollen hartnäckige Gerüchte nicht verstummen, dass es amerikanischen Kriegsschiffen am 24. Januar 1991 gelungen sei, eines dieser Flugobjekte vom Himmel zu schießen. Das UFO war für etwa 30 Sekunden vom Radar aufgezeichnet worden, und machte auffallende, schwankende Bewegungen. Nachdem es in geringer Höhe über die Schiffe hinweggeflogen war, erteilte das Flottenkommando den Befehl zum Abschuss. Sofort fingen die Kriegsschiffe an, aus allen Rohren zu feuern, aber ohne Erfolg. Erst eine Rakete vom Typ „Tomahawk“ traf das UFO, das übereinstimmend als chromglänzend beschrieben worden war.[131]

Auch die Russen machten immer wieder und bis in die neueste Zeit Erfahrungen mit unbekannten Flugobjekten über den Kriegsschauplätzen. Als im Winter 1994/95 der erste Tschetschenien-Krieg ausgebrochen war, sichtete man häufig UFOs über der nach Unabhängigkeit strebenden ehemaligen Sowjetrepublik im nördlichen Kaukasus. Am 14. Dezember 1994 informierte die russische Tageszeitung „Iswestiya“ über das unvermittelte Auftauchen von zwei feurigen, scheibenförmigen Objekten, die außergewöhnliche Flugmanöver über der Krisenregion vollführten. Zahllose Augenzeugen beobachteten, wie die UFOs über der Ortschaft Dolinsky schwebten. Hierunter waren Journalisten, die ihren Redaktionen sofort ausführlich Bericht erstatteten, sowie örtliche Kommandeure der tschetschenischen Separatisten.

Ungefähr zur selben Zeit schwebte ein zigarrenförmiger Flugkörper drei Stunden lang über den nördlichen Vororten Grosnys. Er wurde später im Verlaufe einer Schlacht zwischen russischen Truppen und der „Rebellenarmee“ von General Dudajew am Himmel über der Stadt Pervomayskaya gesichtet.[132]

Dann soll im November 1995 ein unidentifiziertes Flugobjekt über tschetschenischem Gebiet abgeschossen worden sein, dessen Trümmer nahe der Ortschaft Itum-Kale niedergingen. Dem Vernehmen nach gelang es sogar, trotz der erbittert tobenden Kämpfe, ein paar Überreste des Flugkörpers zu bergen. Wissenschaftler und Ingenieure untersuchten diese Trümmer und verfassten einen Bericht, den sie Staatschef General Dudajew übergaben. Als der im April 1996 durch eine Explosion zu Tode kam, sei der größte Teil dieses Berichts ebenfalls vernichtet worden. Ein paar Seiten jedoch sollen gerettet worden sein und gelangten durch den Einsatz eines überlebenden Leibwächters von General Dudajew in den Westen.[132]

Ein von Menschen abgeschossenes UFO stellt in diesem Zusammenhang mit Sicherheit die Ausnahme dar. Umgekehrt aber schaut die Bilanz schon viel düsterer aus, was vor allem in den unterschiedlichen Technologien begründet sein mag, die bei direktem Kontakt aufeinanderprallen.

Kriege bringen es allgemein mit sich, dass hoher Blutzoll auf den Schlachtfeldern gezahlt wird, und dies meist von beiden Seiten. Was die Konfrontation mit fremden Intelligenzen betrifft, kamen die Kombattanten der „irdischen“ Kriegsparteien bis jetzt recht glimpflich davon, wie es aussieht. Doch der Schein trügt ...

9 Ungesundes Zusammentreffen

Nicht nur im Einsatz verwundet

Der Schein trügt sogar ganz extrem! Denn bereits in uralten Zeiten gingen die Konfrontationen irdischer Krieger und Streitkräfte mit den sich einmischenden Fremden nicht gerade glimpflich aus. Denken wir an die im „Schilfmeer" ersäuften Ägypter, die vermutlich durch den Einsatz einer hochentwickelten Waffentechnologie besiegten Amalekiter oder die 185.000 vor den Toren Jerusalems dahingemetzelten Assyrer.[26] Wer in diesen Fällen das Heft des Handelns in seinen Händen hielt, der ging alles andere als zimperlich mit den Menschen um.

Machen wir einen großen Zeitsprung, der uns in das spätmittelalterliche Reich der Mitte bringt. Eine der bekanntesten Epochen der chinesischen Geschichte ist die Ming-Dynastie. Nach unserem westlichen Kalender dauerte diese von 1368 bis 1644. Zu jener Zeit expandierte das ostasiatische Kaiserreich wie nie zuvor. Die Mongolen, welche in der vorangegangenen Yuan-Periode (1271-1368) entscheidenden Einfluss gewonnen hatten, wurden dauerhaft hinter die neu befestigte und verstärkte Chinesische Mauer zurückgedrängt. Alle Wirtschaftszweige boomten, was zusammen mit Reformen und Steuererleichterungen die Lage des Volkes entscheidend verbesserte.[133] Zu Beginn der Ming-Dynastie ereignete sich ein verhängnisvoller Zwischenfall mit einem fremden Flugobjekt, bei dem es – ausnahmsweise einmal nicht im Laufe kriegerischer Aktivitäten – zahlreiche Verwundete zu beklagen gab.

Von 1368 bis 1399 währte die Regierungszeit von Ming-Kaiser Hongwu. In jenen Tagen stellte der Kommandant Qui Jingsi seine Truppen entlang dem Hoangho, dem „Gelben Fluss", auf. An einem Nachmittag fiel bei der Militärfestung „Platane" ein riesiges, leuchtendes Objekt, das vom Himmel herab gekommen war, geradewegs in den Fluss. Mächtige Flammen schossen dabei aus dem Wasser bis in die an den Ufern aufgestellten Unterkünfte. Sehr viele Soldaten wurden hier schwer verletzt. Der Schock war groß; und vom einfachen Krieger bis hin zu Offizieren und Befehlshabern waren alle wegen des dramatischen Geschehens zutiefst beunruhigt.[107]

Wäre der Vorfall, der sich vor unzähligen Zeugen abgespielt hat, nicht vor etwa 500 Jahren in der Anthologie „Erzählungen aus dem Norden" für die Nachwelt niedergeschrieben worden, wir wüssten heute überhaupt nichts über dieses spektakuläre Szenario aus dem chinesischen Spätmittelalter.

„Bogey" im Anflug

Wurden die Folgen in diesem Fall „nur" durch den Absturz eines Objekts verursacht, kam es bei dem nachfolgend berichteten Geschehen zu einer direkten Kampfhandlung von Seiten des UFOs. Das sich jedoch – der Umstand sollte auf keinen Fall unerwähnt bleiben – gegen feindlichen Beschuss zur Wehr setzte. Das Ganze geschah Mitte der 1970er Jahre in Südkorea. Seit dem Korea-Krieg, der von 1950 bis 1953 in dem bis zum heutigen Tage geteilten Land tobte (dies war im Grunde ein „Stellvertreterkrieg" unter zwei ehemaligen Verbündeten des Zweiten Weltkriegs), sind dort amerikanische Streitkräfte stationiert. Auch wenn der Frieden einigermaßen hält, bleibt Nordkorea mit seinem steinzeitkommunistischen Regime doch unberechenbar.

Es war ein nebliger Tag im Herbst 1974. Für die Mannschaft einer Flugabwehrbatterie, die die US Army unweit des Südkoreanischen Ortes Binn an der Küste betrieben hatte, begann dieser Tag mit der gewohnten Routine. Diese bestand aus immer wiederkehrenden Funktionskontrollen der Waffensysteme und der Radarüberwachung sowie Bereitschaftsübungen. Ansonsten hieß es einzig warten. Das mit modernen Hawk-Raketen bestückte Flugabwehrbataillon musste rund um die Uhr gegen mögliche Angriffe aus dem Norden gewappnet sein. Es herrschte der „Kalte Krieg".

Gegen 10 Uhr Ortszeit wurde diese Routine jäh unterbrochen, als auf den Radarschirmen der Station das Signal eines „Bogey" erschien, wie UFOs in der einschlägigen militärischen Terminologie bezeichnet werden. Das Flugobjekt näherte sich der Basis mit beängstigender Geschwindigkeit, doch noch war es nicht auf visuelle Art zu erfassen. Erst bei einer Entfernung von ungefähr 700 Fuß (etwa 200 Meter) bekamen die Soldaten Sichtkontakt, da zu jenem Zeitpunkt ein dichter Dunstvorhang über dem Meer lag. Aus ihm tauchten die Umrisse einer glühenden, metallischen Scheibe auf, deren Durchmesser in etwa 30 Meter betragen haben mochte. Um den Rand dieser Scheibe bewegten sich entgegen dem Uhrzeigersinn mehrere rot und grün pulsierende Lichter. Den diensthabenden Soldaten, deren Nerven wegen der ständigen Gefechtsbereitschaft buchstäblich zum Zerreißen gespannt waren, bot sich ein geradezu unwirklicher Anblick.

Augenblicklich eliminiert

Plötzlich stoppte das fremdartige Objekt mitten im Flug. Es hatte sich zwischenzeitlich der Flugabwehrstellung auf weniger als die ursprünglichen 200 Meter genähert. Seine grünen und roten Lichter blinkten in rascher Folge. Den auf sofortige Erkennung aller möglichen Flugzeugtypen geschulten Artilleristen war inzwischen klargeworden, dass es sich bei dem Objekt weder um ein konventionelles Flugzeug, noch um einen neuentwickelten Raketentyp handeln konnte. Weder von den Amerikanern noch von den Russen oder irgendeiner anderen Nation dieser Erde.

Die befehlshabenden Offiziere lösten sich als erste aus ihrem lähmenden Entsetzen. Denn ein „Bogey" ohne jedes militärische Erkennungszeichen, das in unmittelbarer Nähe der Flugabwehrbatterie im Luftraum Stellung bezog, löste automatisch die höchste Alarmstufe aus. Der Kommandant ordnete die sofortige Feuerbereitschaft an und ließ eine Hawk-Rakete auf den unbekannten Eindringling abfeuern. Diese sollte ihr Ziel jedoch nicht erreichen. Vor den Augen der um Fassung ringenden Bedienungsmannschaft wurde die Hawk urplötzlich von einem grellweißen Lichtblitz getroffen – und augenblicklich eliminiert. Doch dies war erst der Anfang!

Ein zweiter Lichtblitz traf den Gefechtsstand der Batterie, und ließ diesen samt allen Gerätschaften zusammenschmelzen. Im nächsten Augenblick entfernte sich das UFO mit atemberaubender Geschwindigkeit aus dem Sicht- und Operationsbereich der Flugabwehrstellung; hierbei gab es ein Geräusch wie von einem Bienenschwarm von sich. Ein paar Sekunden später war es auch auf den Radarschirmen nicht mehr zu erkennen. Was zurückblieb, war ein schierer Ort der Verwüstung.

Wehrtechnik ist eine teure Angelegenheit, und so ging der angerichtete Schaden in die Millionen. Für alle deutlich sichtbar, war da jede Menge militärische Hightech-Ausrüstung einfach zu einer formlosen Masse zusammengeschmolzen. Bereits am darauffolgenden Tag wurden sämtliche Augenzeugen des Geschehens zu einem geheimen Treffen zusammengerufen, in dessen Verlauf ihnen der Kommandant der Basis allerstrengste Geheimhaltung auferlegte.[134] Doch zum Glück lassen sich derartige Konfrontationen nicht auf Dauer vertuschen. Und bei diesem Vorfall gab es, wie durch ein Wunder, weder Tote noch Verwundete zu beklagen. Ganz anders verlief es in einem äußerst dramatischen Fall aus derselben unruhigen Region, für den wir nun noch einmal in die Zeit des unseligen Korea-Krieges zurückblenden müssen.

„... etwas wie ein Irrlicht"

Der ehemalige PFC Francis P. Wall – die Abkürzung steht für „Private First Class", was bei uns dem Rang eines Obergefreiten entspricht – schwieg bis Januar 1987 über eine bedrohliche Konfrontation mit einem UFO, die sich im Frühjahr 1951 zugetragen hatte. Die Begegnung hatte für ihn wie für seine Kameraden schwerwiegende Folgen, denn sie alle trugen dauerhafte gesundheitliche Schäden davon. Walls Erinnerungen an jenes traumatische Erlebnis waren zum Zeitpunkt seiner Enthüllungen noch so lebendig, als wäre es erst kurz zuvor geschehen.

„Der Vorfall, über den ich hier berichte, hat sich tatsächlich so ereignet und ist die Wahrheit, so wahr mir Gott helfe! Es geschah in

Korea, im Vorfrühling 1951. Wir gehörten der 25. Infanteriedivision, 27. Regiment, 2. Bataillon an, und wir befanden uns in einer Gegend unweit Chorwon, die in den Militärkarten als ‚Eisernes Dreieck' bezeichnet wird."

Die besagte Region liegt etwa 80 Kilometer nördlich von Seoul, der Hauptstadt Südkoreas, und ganz nahe an der Demarkationslinie zwischen dem kommunistischen Nordkorea und dem Süden. Sie wurde durch das Waffenstillstandsabkommen von Kaesong, das am 27. Juli 1953 in Kraft trat, bestimmt, und orientiert sich am 38. Breitengrad. Wenn sich dort ungewöhnliche Dinge am Himmel zeigen, steigt naturgemäß die Nervosität.

„Es war Nacht. Wir lagerten an den Ausläufern eines Berges, an dessen Fuß ein kleines koreanisches Dorf lag. Gerade hatten wir einige Männer in dieses Dorf geschickt, um die Bewohner zu warnen, dass unsere Artillerie es bald unter Feuer nehmen würde. In dieser Nacht taten wir nichts anderes, und wir konnten uns zudem der Unterstützung unserer Luftwaffe sicher sein, die sich an dieser Bombardierung beteiligte.

Plötzlich erblickten wir zu unserer rechten Seite etwas wie ein Irrlicht, das den Berg heruntergeschwebt kam. Zuerst dachten wir uns alle nichts dabei. Wir nahmen eher beiläufig wahr, dass dieses Licht weiter herabschwebte, bis es zum Dorf gelangte, in dem die ersten Artilleriegranaten explodierten. Anfangs glühte es orangefarben. Und noch etwas fiel uns auf: Jenes Objekt konnte sich im Zentrum einer Explosion befinden und blieb trotzdem unbeschädigt. Das konnten wir während einer Zeitspanne von 45 bis 60 Minuten beobachten."

Schießübungen

Doch bei bloßen Beobachtungen wollten es die amerikanischen Soldaten nicht belassen. Im Grunde hatten sie das, was nun geschah, sich selbst zuzuschreiben. Doch folgen wir den Schilderungen von Private First Class Wall:

„Dann kam dieses Ding auf uns zu, und seine Farbe wechselte in ein grelles, blau-grünes Licht. Es war schwierig, die Größe des Objekts klar zu erkennen, denn sein Licht pulsierte stark. Aber es kam direkt auf uns zu. So bat ich unseren Zugführer Lieutenant Evans um die Erlaubnis, auf das ominöse Ding schießen zu dürfen, und er erlaubte es mir. Dazu benutzte ich einen M1-Karabiner mit panzerbrechender Munition. Und ich traf es auch. Es musste aus Metall bestanden haben."

Da ganz deutlich zu vernehmen war, wie die Kugeln einschlugen, fragte sich Francis P. Wall während seiner Schießübungen, warum die Gewehrkugeln trafen und offenbar auch Schaden anrichteten, während die Explosionen der Artilleriegranaten dem UFO nichts anhaben konnten. Er vermochte sich dies nicht zu erklären und vermutete irgendein Energiefeld rund um das Fluggerät. Aus derartigen Gedanken wurde er jedoch ganz unvermittelt herausgerissen. Denn nun begann das mysteriöse Flugobjekt seinerseits, auf den Beschuss zu reagieren.

„Das ‚Ding' wurde plötzlich ganz wild, und sein Licht ging an und aus. Einen Augenblick lang war es sogar vollkommen dunkel. Taumelnd bewegte es sich von einer Seite zur anderen, als wenn es abzustürzen drohte. Dabei gab es einen Laut von sich, der noch am ehesten vergleichbar ist mit dem Geräusch, das eine aufheulende Diesellokomotive macht.

Und dann griff es uns direkt an. Wir wurden durch irgendeine Art von Strahlen niedergestreckt, die pulsierend ausgesandt wurden, sowie in Wellen, die man richtig sehen konnte, als das Objekt direkt auf uns zielte. Das war beinahe so, als wenn ein Suchscheinwerfer herumfährt, und man sieht das Licht auf sich zukommen. Wir bemerkten auch sogleich ein brennendes und kribbelndes Gefühl am gesamten Körper, als ob uns irgendeine Kraft durchdringen würde.

Unser Zugführer, Lieutenant Evans, reagierte am schnellsten und zerrte uns in unsere Schutzbunker. Wir wussten alle nicht, was da vor sich ging, und standen unter Schock. Unser einziger Schutz waren diese Unterstände mit kleinen Gucklöchern zum hinausschauen und um auf den Feind schießen zu können. Gemeinsam mit einem Kameraden befand ich mich selbst in solch einem Bunker, und wir spähten beide vorsichtig hinaus. Das unheimliche Flugobjekt schwebte noch eine Zeitlang über uns, tauchte alles in sein intensives Licht, und schoss schließlich in einem Winkel von 45 Grad so rasch davon, dass es im nächsten Augenblick vollkommen verschwunden war. Und wir glaubten noch, dass diese Sache damit für uns beendet war."

Folgenschwere Schäden

„Dies war jedoch ein fataler Irrtum. Drei Tage später musste die gesamte Truppe von unseren Sanitätern evakuiert werden. Die Retter mussten einen Weg durch das Dickicht schlagen und uns herausholen, denn wir selbst waren zu schwach, um überhaupt noch gehen zu können. Das ganze Verdauungssystem spielte vollkommen verrückt. Später, als wir medizinisch untersucht wurden, fanden die Ärzte heraus, dass die Anzahl unserer weißen Blutkörperchen dramatisch gestiegen war."

Ein Umstand, den sich die Ärzte damals noch nicht zu erklären vermochten. Heute ist die einzige, zielführende Erklärung, dass die insgesamt 30 Soldaten eine lebensbedrohliche Strahlendosis abbekamen, denn bei etlichen von ihnen wurde später Leukämie diagnostiziert!

Private First Class Wall litt seither auch immer wieder unter Gedächtnisverlust und Phasen extremer Desorientierung. Zudem magerte er von zuvor 90 auf gerade einmal 65 Kilogramm ab, nachdem er aus Korea heimgekehrt war. Sogar dieses Gewicht zu halten war für ihn äußerst schwierig, und bald darauf wurde er vom Militärdienst freigestellt. Nicht genug, wurde er kurze Zeit später auch als schwerbehindert eingestuft. Als Francis P. Wall schließlich mehr als vier Jahrzehnte später sein Schweigen brach, konnte er sich erinnern, dass seine Kameraden und er jeden Tag einen Bericht zu erstellen hatten. Sie kamen damals überein, ihre traumatische, unheimliche Begegnung darin nicht zur Sprache zu bringen. Denn in ihrer aktiven Militärzeit hatten sie noch nichts über UFOs gehört, und sie fürchteten darum ernsthaft, für verrückt erklärt und in eine Irrenanstalt eingewiesen zu werden.[135]

Dass Soldaten im Verlauf von Kriegseinsätzen auch mit Handfeuerwaffen auf unbekannte Flugobjekte schießen, kam immer wieder vor. So konnten im September 1944 mehr als 500 Soldaten der Deutschen Wehrmacht verfolgen, wie eines Nachts unweit der Stadt Epinal in den Vogesen direkt an der Frontlinie eine aluminiumfarbene Kugel von zwei Metern Durchmesser nur wenige Meter über den Männern erschien. Sie hielten diese Kugel für ein Spionagegerät des Feindes, und mehrere Soldaten begannen darauf zu feuern. Aber die Kugel reagierte nicht, und nach etwa fünf Minuten war der ganze Spuk zu Ende.[126]

Im folgenden Fall, der sich während des Vietnam-Krieges ereignete, schoss ein Soldat nicht auf ein UFO. Sondern vielmehr auf einen möglichen Insassen des Objekts. Und dieser reagierte in ungewöhnlicher Weise auf den Angriff.

Strafexpedition nach Tonle Sap

Im vorangegangenen Kapitel habe ich bereits ein paar UFO-Begegnungen aus dem Vietnam-Krieg angeführt, die längst keine so dramatische Dimension erkennen ließen, wie der nachfolgend berichtete. Damals waren auch bald Nachbarstaaten, wie Laos oder Kambodscha, in das unselige Geschehen involviert. Desgleichen ein weiterer Staat in dieser Region, Thailand, der den Vereinigten Staaten gewissermaßen als „Sprungbrett“ diente für militärische Operationen in Südostasien.

Während einer Konferenz im amerikanischen Mittelwesten präsentierte der Forscher Pete Bostrom, der selbst von 1969 bis 1971 im Vietnamkrieg gekämpft hatte, im Jahr 1990 einen schier unglaublichen Vorfall. Dieser hatte sich 1971 im Dschungel von Kambodscha ereignet. Bostrom hatte alle Einzelheiten von einem anderen Vietnam-Veteranen erfahren, der nur bereit war, seine Aussagen unter dem Pseudonym „Joe“ zu machen. „Joe“ musste erleben, wie Geheimagenten unmittelbar nach den haarsträubenden Ereignissen die Zeugen in die Zange nahmen. Nicht genug, hatte die ganze Angelegenheit auch eine heikle politische Dimension. Schauplatz des Vorfalles war, wie erwähnt, Kambodscha. Und mit jenem Land Südostasiens hatten sich die USA noch nicht einmal inoffiziell im Krieg befunden.

Bostrom hatte bereits fünf Jahre zuvor Gelegenheit, über mehrere Wochen hinweg mit „Joe“ über dessen traumatische Erlebnisse zu sprechen. Bei der Schilderung der Ereignisse verwickelte dieser sich kein einziges Mal in Widersprüche. Dies spricht eigentlich für eine ehrliche Zusammenfassung dessen, was der Vietnam-Veteran seinerzeit tatsächlich erlebt hatte. Es folgen nun Auszüge aus jenem Interview, welches Pete Bostrom dann 1990 auf der bereits erwähnten Konferenz präsentierte.

„Joe“: „Im September 1971 war ich als GI in Thailand stationiert. Von dort aus starteten wir zu einem Einsatz in Kambodscha, in eine Region mit dem Namen Tonle Sap.“

Das erwähnte Gebiet liegt im Norden Kambodschas, südlich der weltberühmten, unter dem Schutz der UNESCO stehenden Tempelruinen von Angkor Wat und östlich der Stadt Battambang. Benannt ist es nach dem größten Süßwassersee der Region, der auch mit dem Mekong verbunden ist, und es besteht zu einem großen Teil aus dichtem Regenwald. Doch fahren wir fort mit dem Bericht des ehemaligen Vietnam-Kämpfers.

„Joe“: „Wir waren schon vorher dort gewesen, und jetzt hatten wir eine Art Strafexpedition durchzuführen. Die Gegend war voll Aufständischer von Pol Pot – den ‚Roten Khmer‘. Die richteten zu der Zeit furchtbare Blutbäder unter der Zivilbevölkerung an, und wir verfolgten so eine Bande dieser ‚Roten Khmer‘ Als wir den Dschungel durchquerten, hörten wir ganz plötzlich ein summendes Geräusch wie von einem laufenden Generator.“

Kugel mit vier Landebeinen

Pete Bostrom: „Das war es also, was euch aufmerksam machte?“

„Joe“: „Ja. Wir dachten erst, wir wären auf ein verstecktes Tanklager der Rebellen gestoßen. Üblicherweise benutzten diese Roten Khmer und auch der Pathet Lao hochgelegene Plätze im Urwald, die sie auslichteten, um ihre russischen Hubschrauber zu betanken. Doch als wir zu der Lichtung kamen, waren wir völlig überrascht, dort etwas zu sehen, was wir noch nie gesehen hatten. Zu jener Zeit hatte ich den Rang eines Leutnants inne. Wir waren 14 Mann einer Spezialeinheit, und einige Dutzend thailändischer Soldaten begleiteten uns.“

Des weiteren gab „Joe“ an, ursprünglich in der 101st Airborne Tactical Unit gedient zu haben, dann aber mit der 506th Air Cavalry (beides Einheiten der Luftwaffe) nach Thailand abkommandiert worden zu sein. Die Letztere befand sich unter Schutz und Kommando einer geheimdienstlichen Gruppe, über die er aber nichts erzählen wollte. Er merkte an, dass die Soldaten seiner Einheit immer wieder Geschichten von unbekannten Flugobjekten über dem Kriegsgebiet hörten, diese jedoch nicht ernst nahmen. Doch zurück zu den Vorgängen jenes Tages, als die kleine Truppe den Dschungel von Tonle Sap durchquerte.

„Joe“: „Dann betraten wir die Lichtung. Was wir dort sahen, hatte annähernd kugelförmige Gestalt und ruhte auf vier großen Beinen auf dem Boden. Und da waren eine Reihe von - ich halte die Bezeichnung ‚Humanoiden’ am treffendsten. Es waren mindestens so viele Individuen wie wir (...) Ich würde sagen, es waren zwischen 16 und 21 dieser Wesen. Ihr Erscheinungsbild war nicht das von irgendwelchen Menschen unserer Welt, wie wir sie kennen. Und ihre Haut besaß einen grau-weißlichen Farbton. Bekleidet waren sie mit etwas, das wie ein einteiliger silberfarbener Overall aussah, dem metallenen Schutzanzug der Arbeiter in einer Eisenhütte nicht unähnlich. Ich glaube aber nicht, dass es eine Art Druckanzug war. Später sollte sich allerdings zeigen, dass es ein äußerst festes und auch widerstandsfähiges Material war.“

Dann überschlugen sich die Ereignisse, und das Geschehen nahm eine dramatische Wendung.

Verhängnisvoller Feuerstoß

Die Amerikaner näherten sich den Fremden, die sie im ersten Augenblick nicht wahrnahmen. Als sie die Soldaten dann bemerkten, wandten sie sich ihnen zu. Ein paar dieser offenbar nicht menschlichen Wesen trugen irgendwelche Instrumente, die jedoch nicht nach Waffen aussahen. Darum dachten die GIs zunächst, es könne gar nichts passieren.

„Joe": „In unserer Einheit war George, ein junger Korporal. Ich denke, dies war erst sein zweiter Kampfeinsatz, und George hatte das alles noch nicht so recht im Griff. Einer von diesen – ich will sie hier ‚Aliens' nennen – drehte sich ihm zu, mit irgendetwas in der Hand. George dachte in dieser Situation womöglich, dass dies eine Waffe war, und fühlte sich bedroht. Da gingen ihm offensichtlich einfach die Nerven durch. Mit seinem Sturmgewehr vom Typ Browning FN-FAL gab er einen kurzen Feuerstoß in Richtung dieser Fremden ab. Als der Humanoide getroffen wurde, fiel er um wie ein Stein, und wir alle nahmen an, er sei tot."

Die seinerzeit im Vietnamkrieg verwendeten, auf Vollautomatik umschaltbaren Sturmgewehre besaßen teilweise noch das größere NATO-Kaliber .308 WIN (7,62 x 51 mm), welches auf bis zu 150 Meter eine ganz gewaltige Durchschlagskraft hatte. Der kürzeste Feuerstoß, den man mit solch einem Gewehr vom Typ Browning FN-FAL im Dauerfeuer abgeben konnte, lag in etwa zwischen acht und zwölf Schuss. Bei einer Entfernung von etwa 30 Metern, wo sie das fremde Wesen trafen, hätten die Projektile mit Sicherheit jeden Menschen getötet.

„Joe": „Wir trugen die meiste Zeit kugelsichere Westen. Ich selbst wurde schon mehrere Male von Kugeln getroffen, wenn ich so eine Weste trug. Dabei brach ich mir schon einmal eine Rippe und bekam böse Prellungen ab. Und es nimmt einem die Luft, und für einige

Momente glaubt man, sterben zu müssen. Meistens jedoch, wenn man sich keine panzerbrechende Munition einfängt, oder diese neuartigen, mit Teflon beschichteten Kugeln, dringen die Geschosse nicht ein (...) Nichts außer Großkaliber oder Hochgeschwindigkeitsmunition dringt durch. Gelegentlich brennt Leuchtspurmunition ein gehöriges Loch in die Weste."

Auf jeden Fall schien der Feuerstoß aus Georges Sturmgewehr den fremden Humanoiden getötet zu haben. Alle hielten gespannt den Atem an, nachdem sich das Wesen nicht mehr bewegte. Und wie ging es weiter?

„Joe": „In dieser Gruppe von Humanoiden hatten die meisten dieselbe Größe, zwischen vier Fuß acht Zoll bis fünf Fuß (1,40 bis 1,50 Meter). Es waren alles sehr kleine Leute, wie Zwerge, aber ihre Proportionen stimmten. Nur einer von ihnen war grösser, etwa fünf Fuß sechs oder sieben (1,65 bis 1,68 Meter). Er schritt in diesem Moment ein. Ich hatte gerade die Waffe, welche George noch in Händen hielt, heruntergedrückt, und dachte mir ‚mein Gott, der bringt uns jetzt alle um'. In diesem Augenblick hatte ich wirklich schreckliche Angst, da wir alle nicht wussten, wer diese Wesen waren."

Pete Bostrom: „Hat irgendeines dieser Wesen etwas gesagt?"

„Joe": „Ich habe kein einziges Wort von ihnen gehört. Jener etwas größere Humanoide drehte sich zu mir; ganz offenbar vermutete er in mir den Gruppenführer. In einer friedlichen Geste erhob er seine Hand, ging auf George zu und schlug ihm auf die Wange. Es war kein heftiger Schlag, doch George fiel zusammen wie ein weicher Lappen, als ob ein elektrischer Schlag ihn getroffen hätte. Ich kann mir nur vorstellen, dass der Humanoide viel stärker war als wir uns vorstellen konnten, oder er wandte irgendeinen Trick an. Aus dem Kampfsport kennt man Schläge, die ganz harmlos aussehen, aber furchtbare Verletzungen verursachen können (...) Natürlich versuchte ich ihm wieder auf die Beine zu helfen. Aber sonst wusste ich auch schon nichts mehr, was wir tun konnten."

Überraschende Erholung

Wie wohl alle seine Kameraden, hoffte auch „Joe" inständig, dass nicht noch einmal einer der Soldaten auf diese Humanoiden schießen würde. Dies wäre mit Sicherheit ihr Todesurteil gewesen. Obwohl mit Ausnahme von George alle Beteiligten über eine Kampferfahrung bis zu 25 Einsätzen verfügten, herrschte größte Nervosität unter den Männern. Sie waren überzeugt, dass George von dem größeren Wesen getötet worden war.

Doch der erholte sich überraschend schnell. „Joe" versuchte ihn wieder auf die Beine zu stellen, und drehte sich justament in dem Augenblick um, als sich das kleine Wesen, auf das George geschossen hatte, wieder aufrichtete.

„Als der sich den Staub von seinem Overall klopfte, dachte ich noch bei mir, ‚oh shit, diese Typen werden uns alle machen. Wenn ihm ein Feuerstoß aus einem FN-FAL nichts ausgemacht hat, ist er auf jeden Fall ein zäher, kleiner Geselle.' Das Einzige, was ich mir vorstellen kann, ist, dass das Material von seinem Overall stark genug war, um wie unsere kugelsicheren Westen zu wirken. Wir haben oft genug Kugeln aus unseren Schutzwesten geholt. Sie schmerzen und der Einschlag wirft einen um. Es fühlt sich an, als ob ein starker elektrischer Schlag durch den Körper läuft. Was die Leute jedoch umwirft, ist weniger der Einschlag, als vielmehr die Nervenreaktion darauf. Man liegt eigentlich schon flach, bevor man zu Boden gegangen ist. Ein jeder Muskel im Körper wird steif. Deshalb glaube ich, dass diese außerirdischen Wesen dieselben physischen Reaktionen zeigen wie wir auch (...) Als sich der größere Humanoide zu mir wandte und seine Hand erhob, hatte ich plötzlich das Gefühl, dass alles gut wird."

Nachdem sowohl die angeschossene Kreatur als auch der junge Soldat wieder auf den Beinen standen, packten die Fremden ihre Gerätschaften zusammen und begaben sich zurück zu ihrem gelandeten Objekt. Der ganze Trupp sah zu, wie die vier Landebeine, auf welchen das UFO ruhte, in diesem kugelförmigen Objekt verschwanden. Darauf erhob sich das Flugobjekt nahezu lautlos vom

Ort des Geschehens, beschleunigte unglaublich schnell und verschwand spurlos am Himmel.

Im weiteren Verlauf der Gespräche zwischen dem Forscher und dem Vietnam-Veteranen ging es vor allem darum, die bei dem gelandeten Flugobjekt beobachteten Einzelheiten festzuhalten. Es waren seit dem Vorfall zwar etliche Jahre vergangen, doch vermochte sich Bostroms Informant noch verblüffend genau an einige Details zu erinnern.

Ein seltsames Symbol

Pete Bostrom: „Welchen Durchmesser hatte dieses Fluggerät?“

„Joe“: „Ich würde sagen, es waren mindestens 50 Fuß (15 Meter). Es können aber ebenso gut 150 Fuß (45 Meter) gewesen sein, doch das war sehr schwer zu bestimmen. Das Flugobjekt hatte eine spiegelnde Oberfläche. So schaut man darauf und der Dschungel spiegelt sich darin, und man kann die Ausmaße schwer schätzen. Was mich irritierte, war die Kugelform jenes Gerätes. Was da für ein Antriebssystem notwendig war, weiß ich nicht. Vielleicht irgendeine Form der Antigravitation.“

Auf Bostroms Frage, ob das Schiff kugelrund war, antwortete „Joe“, dass es perfekt rund wie ein Ball war. Ebenso erinnerte er sich an ein mit schwarzer Farbe aufgemaltes Symbol, welches auf der den GIs zugewandten Seite zu erkennen war. Dieses sah aus wie ein stilisierter Bogen über einer Pyramide, sowie eine darunter verlaufende, gerade Linie.

Dem Zeugen kam auch der Umstand zugute, dass er seinerzeit, etwa ein halbes Jahr nach dessen unheimlicher Begegnung, eine sehr detaillierte Zeichnung nebst Notizen von jenem gelandeten UFO angefertigt hatte. Es war wie poliert und spiegelte stark. Das beschriebene Symbol an der Seite hingegen schien matt, wie sandgestrahlt. Es waren weder eine Tür noch sonstige Öffnungen zu erkennen, und erst kurz vor dem Abflug tat sich etwas auf, um den fremden Wesen den Einstieg zu ermöglichen. Jenes Objekt erschien wohl deshalb so perfekt und ohne erkennbare Einlässe, weil es einen hohen technischen Standard repräsentierte. Obwohl nichts auf eine Art Panzerung hindeutete, dürfte es für Gewehrgeschosse undurchlässig gewesen sein. Die Kugel ließ ein hochfrequentes Summen vernehmen, solange sie bewegungslos am Boden verharrte. Als sie danach aufstieg, geschah dies beinahe lautlos. Im Stand erschienen die vier Landebeine wie fest mit dem Hauptkörper verwachsen, beim Start wurden sie hingegen vollständig in das Objekt eingezogen.

Todesfälle

Auf dem Rückweg nach Thailand – der Stoßtrupp sollte ja Rebellen der „Roten Khmer" aufstöbern – beschlossen die Soldaten Stillschweigen über ihr unheimliches Erlebnis zu bewahren. Sie waren aber noch kaum eine halbe Stunde zurück im Camp, als sie allesamt zu Verhören abgeholt wurden. Agenten von Geheimdiensten leiteten die Vernehmungen; sie schreckten nicht einmal davor zurück, den Männern Spritzen mit Hypnosedrogen zu verabreichen, um an Informationen zu gelangen.

Die ganze Angelegenheit zog überdies noch einen mysteriösen Todesfall nach sich. Denn zwei Monate nach den Ereignissen wurde „Joe" vom Geheimdienst aufgefordert, die sterblichen Überreste eines Soldaten als genau jenen George zu identifizieren, der im Dschungel von Tonle Sap die Nerven verloren und auf den Humanoiden geschossen hatte. Doch der Leichnam war bereits zu stark verwest, das Gewebe seltsam verflüssigt, als wären sämtliche Zellwände zerstört. Eine genaue Feststellung der Identität war unmöglich. Dennoch wurde der unbekannte Tote aufgrund einer Erkennungsmarke, die er um seinen Hals trug – und sicher nicht zuletzt durch ganz massiven Druck von Seiten der Geheimdienste –, von „Joe" als jener identifiziert, als den zu identifizieren man ihn aufgefordert hatte. Der glaubte nicht wirklich daran, dass es George war, dessen sterbliche Reste ihm da präsentiert wurden.[136]

Hatte der Schlag des etwas größeren Humanoiden letztendlich doch tödliche Folgen, oder versuchte der Geheimdienst mit dieser

Aktion, einen direkten Zeugen des Geschehens durch die offizielle Toterklärung aus der Schusslinie zu nehmen? Auf jeden Fall hatte „Joe" nach dem Einsatz in Kambodscha niemals wieder etwas von George gehört oder gesehen.

Todesfälle in Kriegszeiten, ausgelöst durch unidentifizierte fliegende Objekte, gab und gibt es bis in neueste Zeit. Oft erwischt es Militärpiloten. Wie bei folgendem Vorfall, welcher sich im Nachgang zum Afghanistan-Krieg ereignete, der der ehemaligen Sowjetunion verlustreiche Kämpfe bescherte. Den Russen stand am Hindukusch ein ähnliches Debakel ins Haus wie den Amerikanern in Vietnam. Zwar war der Abzug der sowjetischen Truppen zum fraglichen Zeitpunkt bereits weitestgehend abgeschlossen, doch wurde der Luftraum jener Region, die sich nur 200 Kilometer entfernt von der afghanischen Grenze befindet, weiterhin streng überwacht.

Am 25. Mai 1990 schwebte ein riesiges, scheibenförmiges UFO bei hellem Tageslicht ein paar tausend Meter über der Stadt Mary, in der damaligen Sowjetrepublik Turkmenistan. Diese Oasenstadt, deren Ursprünge bis in das 6. Jahrhundert v.Chr. zurückreichen, liegt östlich der (turkmenischen) Hauptstadt Aschchabad; nur die Ausläufer der Wüste Kara-Kum trennen sie vom nordwestlichen Afghanistan. Der Durchmesser der Scheibe dürfte ungefähr 300 Meter betragen haben, und sie wies eine auffällige, rötlich-orange Färbung auf. Mit dem Fernrohr konnten weitere Einzelheiten ausgemacht werden wie Strukturen, die aussahen wie um den Rand angeordnete Bullaugen.

Das ganze Gebiet um Mary stand unter Kontrolle der 12. Luftverteidigungsarmee, welche von Oberst Anatoli Kurkchy befehligt wurde. Als der Oberst von dem Objekt in seinem Verteidigungsabschnitt erfuhr, ließ er zunächst drei Boden-Luft-Raketen abfeuern. Das UFO vollführte ein horizontales Ausweichmanöver, in der Folge sandte es drei „Lichtstrahlen" aus, die die Raketen buchstäblich auflösten. Sofort gab Kurkchy den Befehl, zwei Abfangjäger loszuschicken, die sich auch sehr schnell dem Objekt näherten. Doch etwa 1000 Meter vor der Flugscheibe fand diese Verfolgung ein jähes Ende. Eine unsichtbare Kraft schleuderte die beiden Jagdflugzeuge zu Boden, die dadurch vollkommen zerstört wurden. Alle vier Piloten und Co-Piloten wurden dabei getötet.[127]

Rettende Einmischung

Oberst Anatoli Kurkchy wurde daraufhin vom Oberkommando seines Postens enthoben. Die Militärstaatsanwälte der 12. Luftverteidigungsarmee strengten ein Verfahren gegen ihn an. Dieses wurde aber plötzlich eingestellt und alle zu diesem tragischen Fall gehörenden Einzelheiten zum streng gehüteten Staatsgeheimnis erklärt. Auch die Staffel, in der die getöteten Piloten Dienst getan hatten, wurde aufgelöst.[127]

Bei Fällen wie diesem oder den vorausgegangenen mag auf den ersten Blick der Eindruck aufkommen, dass jenen Fremden offenbar ein hohes Aggressionspotenzial innewohnt, das sie auch ohne Skrupel an der Spezies Mensch austoben. Bei genauerem Hinsehen aber zeigt sich, dass diese sich häufig auch nur gegen Angriffe durch irdische Kriegsparteien zur Wehr setzten. Notwehr ist bekanntlich auch in unseren Gesetzbüchern als solche definiert und meist straffrei. Was natürlich nichts an der traurigen Tatsache ändert, dass es beim UFO-Phänomen schon unzählige Konfrontationen mit wahrscheinlich nicht von dieser Welt stammenden Intelligenzen gab, in deren Verlauf in eindeutig feindseliger Absicht gegen Menschen agiert wurde. Auf diesen höchst unerfreulichen Aspekt des UFO-Phänomens habe ich bereits in vorangegangenen Büchern berichtet.[137,138]

Auch wenn es nicht gerade die Regel darstellt: Ich will dieses Kapitel mit einem Vorfall beschließen, bei dem die fremden Wesen mittels einer futuristisch anmutenden Technik die Gegner voneinander trennten, und rettende Distanz zwischen den kämpfenden Parteien schufen. Für die eine Seite wäre die Angelegenheit sonst ziemlich dumm ausgegangen.

Dieser Zwischenfall ereignete sich nur ein paar Wochen nach der Begegnung von Tonle Sap, also ebenfalls im Herbst des Jahres 1971 sowie in derselben Region. Auch darüber wusste Informant „Joe“

höchst erstaunliche Einzelheiten zu berichten. Eine Spezialeinheit amerikanischer Soldaten hatte Guerillas des „Pathet Lao“ – das war die kommunistische Untergrundbewegung des Nachbarstaats Laos – bis tief in den Dschungel von Kambodscha verfolgt. Plötzlich gerieten sie in einen Hinterhalt. Es sah ganz und gar nicht gut aus für die US-Soldaten, die gegen die ebenso schlecht ausgerüsteten wie hochmotivierten Partisanen allzu oft den Kürzeren zogen.

Die Männer rechneten schon mit dem Schlimmsten, als urplötzlich zwei kleine, humanoide Wesen aus dem Unterholz kamen. Eine dieser Gestalten warf einen kleinen Gegenstand, einer Handgranate ähnlich, zwischen die Amerikaner und die Rebellen des Pathet Lao. Der Gegenstand explodierte mit einem ohrenbetäubenden Knall und verbreitete – statt wie üblich Splitter und eine Druckwelle – nichts als schwärzeste Finsternis.

Unser bereits hinlänglich bekannter Informant „Joe“ führte hierzu näher aus:

„Die Soldaten bemerkten bei diesem Vorfall kein Flugobjekt, wie wir es sahen. Alles, was ihnen auffiel, war ein knackendes Geräusch im Unterholz des Dschungels. Und die zwei Aliens spähten heraus, blickten auf die Männer, die ihrerseits die beiden deutlich sehen konnten. Die Fremden schauten sich gegenseitig an. Und was immer sie untereinander besprachen: Der eine holte aus und warf diesen kleinen Gegenstand. Die Kameraden äußerten bei ihrer späteren Vernehmung, dass dieses ‚Ding' vergleichbar mit einem Tennisball gewesen sei, und es ging mit einem lauten Knall los. Es gab keine Explosion wie üblich, nur eben diesen Knall. Vielleicht kann man es mit dunklem Gas vergleichen, was da wie Rauch herauskam. Doch es war weder Gas noch Rauch, sondern definitiv schwärzeste Dunkelheit.“

Nachdem die sichtlich schockierten GIs sich gefragt hatten, was da zum Einsatz gekommen war, gewann als erstes der Truppführer seine Fassung zurück. Ihn interessierte nicht, was dies war, und sie sollten schleunigst ihren Hintern dort hinausbewegen. Und alle schafften es. Denn der Einsatz dieser fremdartigen Waffe, die wohl nicht von dieser Welt stammte, schaffte so viel Distanz zwischen den Amerikanern und den Rebellen der Pathet Lao, dass Letztere auf eine weitere Verfolgung verzichteten.[136]

Eines scheint sicher: Beide Gegner hatten wohl noch nie etwas Vergleichbares gesehen. Indes werden mit den Jahren zunehmend mehr solcher „abgefahrener" Geschichten laut. Längst sich im Ruhestand befindende Soldaten brechen ihr Schweigen, da sie ein Alter erreicht haben, in dem sie die einstigen strengen Geheimhaltungsvorschriften nicht mehr fürchten. Drohungen von Militär und Geheimdiensten sind wirkungslos geworden; man möchte eigentlich nur mehr loswerden, was Jahrzehnte lang auf der Seele lastete. Alles andere ist nicht mehr wichtig.

Was weiterhin im Dunkeln bleibt, sind die möglichen Absichten jener fremden Wesen, die sich zuweilen offen an den Orten des Geschehens präsentieren. Zeigt sich hier vielleicht so etwas wie Mitleid mit den Kombattanten, ein vorsichtiges Bestreben, die ihnen technisch wie intellektuell deutlich unterlegenen Menschen zu schonen? Was sollen wir dann aber von Vorfällen denken, in deren Verlauf ganze Regimenter von Soldaten spurlos und auf so spektakuläre Weise vom Kriegsschauplatz verschwanden, als seien sie geradewegs „von oben" entführt worden?

10 „Entrückt“ wie in uralten Zeiten

Spurlos vom Kriegsschauplatz verschwunden

Was das plötzliche und spurlose Abhandenkommen aus der Mitte anderer Menschen heraus betrifft, habe ich bereits am Beispiel des antiken Stadtgründers Romulus einen rätselhaften Aspekt anklingen lassen, der sich einem roten Faden gleich durch die Mythen der Völker zieht. Es wurden nämlich immer wieder Zeitgenossen – wichtige wie weniger bedeutsame – „entrückt“. In aller Regel wie aus heiterem Himmel, und nach allgemeiner Ansicht auch in denselben zu den „Göttern“.

In der griechischen Mythologie wurde der Knabe Ganymed aufgrund seiner Schönheit vom Adler des Zeus – nach abweichender Lesart von Göttervater Zeus höchstpersönlich in Gestalt eines Adlers[1] – in den Götterhimmel des Olymp entführt.[139] Im südlichen Kongo lebt der Stamm der Pende. Dessen oberster Schöpfergott ist Mawese, und jener sorgte einst tüchtig für Nachwuchs. Als ihm die Erde ausreichend bevölkert erschien, kehrte Mawese zufrieden in den Himmel zurück. Dabei nahm er auch einige Menschen mit, die er jedoch später wieder „mit dem Feuer“ zur Erde hernieder schickte.[140]

Und auf ein besonders schönes Beispiel für solch eine „Entrückung“ stieß ich in der Mythologie des alten Reichs der Mitte. Vor vielen Jahren lebte in den Bergen, am Rande des ewigen Eises, der steinalte Greis Yüan Shi Tien Wang. Der erzählte am liebsten von längst vergangenen Zeiten. Dieses vermochte er so fesselnd und in bildhafter Sprache, dass all jene, die ihm gebannt lauschten, felsenfest überzeugt waren, Yüan Shi wäre bei allen von ihm berichteten Ereignissen selbst dabei gewesen. Einer seiner Zuhörer, Chin Hung, fragte den uralten Greis, wo er denn gelebt habe, bevor er sich auf diesem Berg niedergelassen hatte. Yüan Shi Tien Wang hob als Antwort nur seine Arme empor und deutete schweigend auf die leuchtenden Sterne im unermesslichen Weltall. Doch mit dieser Antwort wollte sich Chin Hung nicht zufrieden geben.

So stellte er dem weisen Alten die Frage, wie dieser sich in der grenzenlosen Leere des Himmels zurechtfinden konnte. Während jener noch darüber schwieg, traten ganz plötzlich zwei erhabene Götter in ihren blanken Rüstungen hinzu. Einer der Götter sprach: „Komm nun, Yüan Shi, wir wollen gehen. Wir werden durch die Dunkelheit des Universums wandern, und an fernen Sternen vorbei fahren in unsere Heimat.“[40]

Kehren wir zurück zu „Entrückungen“ – man kann auch den Begriff „Entführungen“ verwenden – im Verlauf militärischer Auseinandersetzungen. Den erwähnten Romulus traf es, als er gerade seine Streitmacht inspizierte. Eine nicht zu beziffernde Anzahl Krieger und Soldaten, selbst ganze Truppenverbände, verschwanden spurlos auf dem Weg zu ihren Kampfeinsätzen. Und mittendrin. Die Geschichte ist voller Zwischenfälle dieser Art.

Aufstand der Brigantier

Die Brigantier waren ein alter keltischer Stamm, beheimatet im mittleren Britannien. Die Hauptstadt ihres Königreiches war Eburacum, das heutige York. In den Jahren 79-80 n. Chr. wurden sie von den Römern unterworfen. Doch schon wenig später, anno 84 n.Chr., erhob sich Brigantia unter seinem Herrscher Arviragus gegen die römische Vorherrschaft. Die schlugen die Rebellion jedoch kurzerhand nieder.

Frust und Zorn über ihre fehlgeschlagene Erhebung brodelten weiter unter den Brigantiern, und so versuchten sie es 34 Jahre später ein zweites Mal. Hadrian (76-138 n. Chr.), damaliger Kaiser des Römischen Reiches, setzte daraufhin die IX. Legion in Marsch, um den Unabhängigkeitskrieg des aufmüpfigen Keltenstammes zu beenden. Die „Neunte“ verließ ihren stark befestigten Stützpunkt im Herzland Brigantiens und verschwand urplötzlich, ohne die geringste Spur zu hinterlassen. Natürlich denkt man in so einem Fall gleich daran, dass die Aufständischen ein Massaker unter ihren Besatzern angerichtet hätten. Die Brigantier waren es jedoch nicht und verzichteten zudem darauf, diese Aktion für sich zu reklamieren.

In diesen unruhigen Zeiten, seit der Terror auch unser Land erreicht hat, würde es heißen, dass keine Gruppierung die Verantwortung für den Anschlag übernimmt. Die Situation war nicht anders nach dem mysteriösen Abhandenkommen der IX. Legion. Keiner wollte es gewesen sein. Nicht einmal mit „fremden Federn" wollte man sich schmücken.

Spätere Chroniken, welche aus der Regierungszeit von Kaiser Marcus Aurelius (161-180 n.Chr.) stammen, listen die Namen und Einsatzgebiete von 28 Legionen auf. Darin vermisst man allerdings die Legio IX. Hispania – jene „Unglückliche Neunte", wie sie damals im Römischen Reich bezeichnet wurde –, deren Aufgaben sofort nach ihrem unerklärlichen Verschwinden durch die Legio VI. Victrix übernommen wurde. Bedenkt man die Tatsache, dass eine römische Legion in voller Kampfstärke an die 6000 Mann umfasste, so erscheint es gleichermaßen geheimnisvoll wie beunruhigend, dass weder die intensiven Nachforschungen der damaligen imperialen Behörden, noch die archäologische Spurensuche der heutigen Altertumsforscher irgendwelche Überreste ans Licht des Tages brachten. Man fand weder Schwerter noch Schilder, keine Standarte oder andere Ausrüstungsgegenstände. Noch nicht einmal Gräber, in denen die gefallenen Legionäre ihre letzte Ruhe gefunden haben könnten.[1,141,142] Es ist wirklich unfassbar: Die gesamte IX. Legion schien von einem auf den nächsten Augenblick überhaupt nicht mehr existiert zu haben. Sie ist geradewegs so spurlos und nachhaltig von der Bildfläche verschwunden, dass man Mühe hat, nicht auf „exotische" Erklärungsversuche zu kommen.

Zwischen den Bergen verschwunden

Nicht ganz so weit zurück in der Vergangenheit, nämlich von 1701 bis 1714, wurden weite Teile Europas von einem erbitterten Krieg um die spanische Erbfolge überschattet. Nach dem Tod des letzten Habsburgers auf dem spanischen Königsthron, Karl II. (1661-1700), erhoben Kaiser Leopold I. (1640-1705) für die Habsburger sowie der französische „Sonnenkönig" Ludwig XIV. (1643-1715) für das Haus

Bourbon ihre Ansprüche. Der Franzose sollte sich schließlich durchsetzen, denn dessen Enkel Philip V. regierte Spanien bis zu seinem Ableben im Jahre 1746.

Die Kriegsschauplätze waren wie bereits angedeutet über ganz Europa verteilt. Außer in Spanien und den dazu gehörenden Niederlanden kämpften die verfeindeten Truppen auch in Süddeutschland und Oberitalien. Erst der Frieden von Utrecht (1713) sowie die Verträge von Rastatt und dem schweizerischen Baden (beide 1714) setzten dem jahrelangen Blutvergießen ein Ende. In der Folge wurden viele europäische Länder neu verteilt: So fielen die bis dahin spanischen Niederlanden an Österreich, Großbritannien bekam von den Franzosen Kolonialbesitz in Nordamerika und von Spanien Menorca und Gibraltar, und ein Teil der holländischen Provinz Obergeldern fiel an Preußen.[1]

Damit ist der Geschichtsunterricht auch schon abgehakt. Was man nicht in den offiziellen Geschichtsbüchern lesen kann, ist ein Ereignis, welches in den Pyrenäen zwischen Nordspanien und Frankreich für reichlich Aufregung sorgte. In dieser Bergregion verschwanden nämlich 4.000 gut ausgebildete, vollausgerüstete französische Soldaten – eine schier unfassbare Anzahl – auf Nimmerwiedersehen ins Unbekannte!

Was war geschehen? Gerieten die Krieger in einen Hinterhalt und wurden aufgerieben, kamen sie in Gefangenschaft oder zogen sie es gleich vor, zu desertieren? Traten Nachschubprobleme auf, und die Männer mussten verhungern? Waren die Soldaten umgekommen, als sie in eine Schlucht stürzten? Waren sie in der eisigen Kälte des Pyrenäenwinters erfroren, oder einem Lawinenunglück zum Opfer gefallen? Und alle 4.000 Mann? In diesen Fällen hätte man doch zumindest ein paar Leichen finden müssen – oder deren gebleichte Knochen, übriggelassen von Bergwölfen, die so ihren Hunger gestillt hatten.

Doch man fand nichts, keiner der abgängigen Soldaten tauchte je wieder auf. Alles, was man über die Einheit in Erfahrung bringen konnte, war, dass sie ihr Nachtlager neben einem kleinen Fluss errichtet hatte. Am darauffolgenden Morgen brach die Truppe ihr Lager ab, formierte sich in Abmarschordnung und verschwand in einer Hügelkette. Soldaten anderer Einheiten sollen ihren Abmarsch beobachtet haben. Doch niemand sah sie jemals zwischen den Bergen wieder hervorkommen.[141,142] Suchmannschaften fanden keine Hinweise auf das Schicksal der verschollenen Männer, und konventionelle Erklärungen stoßen an ihre Grenzen.

Ziemlich genau eineinhalb Jahrhunderte später traf es abermals französische Truppen. Schon im 17. Jahrhundert hatten die Portugiesen und Franzosen rivalisierende vietnamesische Familienclans unterstützt. Seit Anfang des 19. Jahrhunderts sah sich die „Grande Nation" dann als Schutzmacht des südostasiatischen Landes, hatte sie doch 1802 maßgeblich zur Vereinigung vormals getrennter Landesteile beigetragen. Zum Protektoratsgebiet wurde Vietnam 1883 erklärt, und stieg rasch zu Frankreichs profitabelster Kolonie auf.[1]

Im Jahre 1858 waren in Saigon wieder einmal schwere Unruhen ausgebrochen. Um die Ruhe und Ordnung wieder zu gewährleisten, hatte die Schutzmacht eine gut ausgerüstete und bestens ausgebildete Spezialeinheit in Marsch gesetzt. Sie bestand aus 500 Angehörigen der 1831 gegründeten Fremdenlegion („Legion étrangère") sowie 150 berittenen Soldaten, den sogenannten „Spahis" Diese Eliteeinheit wurde von ihrer Garnison, welche außerhalb von Saigon lag, auf den 15 Meilen langen Weg in die Stadt geschickt. Die Männer marschierten über offenes Gelände, als sie ganz plötzlich mit ihrer kompletten Ausrüstung und Bewaffnung, allen Transportfahrzeugen, Zug-, Last- und Reittieren ohne eine Spur zu hinterlassen verschwanden.

„Close Relationships"

Nicht ein einziger dieser 650 Soldaten erreichte die Stadt, ebenso kehrte keiner von ihnen jemals zum Hauptquartier zurück. Es wurden jedoch auch keine Kampfhandlungen gemeldet, in deren Verlauf die Elitetruppen aufgerieben worden wären. Selbst wenn dieser schlimmste aller Fälle eingetreten wäre, hätte die Kunde ihrer Niederlage doch irgendwann das französische Oberkommando erreicht.[141,142,143] Beinahe überflüssig zu erwähnen: Auch hier wurde nicht der Hauch einer Spur gefunden, warum der nicht unbedeutende Truppenteil spurlos verschwand.

Wann immer ich auf der kleinen, aber an prähistorischen Relikten so reich gesegneten Mittelmeerinsel Malta bin, statte ich dem „Maritime Museum" nach Möglichkeit einen Besuch ab. Das befindet sich in Vittoriosa, der mittleren der drei Städte, die der Hauptstadt Valletta auf drei Halbinseln gegenüber liegen, und wie Finger in den Grand Harbour, den großen Naturhafen hineinreichen. Im Ausstellungssaal im ersten Stock zieht es mich immer zu einer Schautafel, die an eine der blutigsten Schlachten des I. Weltkriegs erinnert. Unter der Überschrift „Close Relationships" („Enge Beziehungen") wird an die Schlacht von Gallipoli im Sommer 1915 erinnert. Darunter ein großes Foto von einem Schiff, auf dessen Deck ein Verwundeter neben dem anderen liegt. Malta war im I. Weltkrieg ein einziges Lazarett für die damalige Kolonialmacht Großbritannien. Und die verletzten Männer auf dem Schiff waren die Kameraden eines ganzen Regimentes Soldaten, das auf geradezu unglaubliche Weise von der Bildfläche verschwand. Vor Zeugen. Doch alles der Reihe nach.

Es war eine mörderische Schlacht, die über einige Monate an der Meerenge der Dardanellen in der Türkei tobte. Sie markierte eine radikale Wende in der Strategie dieses Krieges, hin zu einem Menschen und Material fressenden Stellungskrieg. Im Sommer des Jahres 1915 standen sich Zehntausende Soldaten, Briten wie Türken, auf der sonnendurchglühten Halbinsel von Gallipoli gegenüber. Dort trennt eine Meerenge den europäischen Teil der Türkei vom asiatischen; heutzutage kann man eine Fähre benutzen, die regelmäßig zwischen den Städten Eceabat und Canakkale verkehrt. Ich kenne die Gegend gut: Dort befinden sich die Ruinen der antiken Troja. Klar im Vorteil waren damals die türkischen Truppen: Ortskundig und an die Hitze des Sommers gewöhnt, darüber hinaus unterstützt vom deutschen Kaiserreich.[144]

Trotzdem war Winston Churchill, Erster Lord der Admiralität, wie besessen von dem irren Plan, in den Dardanellen zu landen. Von dort aus wollte er Konstantinopel einnehmen, um den Zusammenhalt der Achsenmächte – Österreich, Deutschland und das Osmanische Reich – aufzubrechen. Sein Plan scheiterte grandios. Und kostete insgesamt 46.000 Soldaten das Leben, Churchill verlor sein Kommando. Als der Druck der Öffentlichkeit immer mehr zunahm, trat er zurück. In den beiden letzten Kriegsjahren bekleidete er das Amt des „Munitionsministers".[1]

Unbeschreibliche Zustände

Das Gemetzel bei den Dardanellen gibt auch den historischen Hintergrund ab für einen der geheimnisumwobensten und spektakulärsten Vorfälle in der langen Geschichte des Krieges der Menschen. Dieser Zwischenfall soll sich am 12. August 1915 ereignet haben. Den Schilderungen dreier Augenzeugen folgend, sahen damals insgesamt 22 Angehörige des „Australian and New Zealand Army Corps" (ANZAC) eine Einheit britischer Soldaten, die später als „1./5. Norfolk Regiment" identifiziert wurde, in eine mysteriöse „Wolke" hineinmarschieren. Die war wie ein Brotlaib geformt und hing am Boden über einem ausgetrockneten Bachbett. Nachdem der letzte von insgesamt 266 Männern in dem rätselhaften Gebilde verschwunden war, erhob es sich und schwebte gegen den Wind davon. Keiner der Männer wurde je wiedergesehen; alle gelten noch immer als verschollen.

Das klingt – ich gebe es zu – reichlich „abgefahren". Darum möchte ich erst, bevor ich näher auf den Bericht der Augenzeugen eingehe, möglichst viele gesicherte Fakten und Hintergründe rund um dieses Rätsel beleuchten. Der Weg dieser Infanteristen, der buchstäblich im Nebel der Geheimnisse endete, begann in der kleinen Stadt East Dereham, westlich von Norwich im Osten Englands. Dort bereitete sich das 1./4. und das 1./5. Regiment der Norfolks als Teil der 163. Brigade auf seinen Einsatz an der Front vor. Überwiegend Reservisten ohne Kampferfahrung, gehörten die Männer einem

Regiment an, welches auf eine ebenso lange wie ruhmreiche Geschichte zurückblicken konnte. Es wurde 1685 von König James II. (Regierungszeit von 1685-1688) gegründet. Jener stellte das Regiment auf, um die Rebellion des Herzogs von Monmouth niederzuwerfen.

Am 29. Juli 1915 gingen die Norfolks, wie sie kurz genannt wurden, in Great Yarmouth an Bord. Kurs Halbinsel von Gallipoli. Dort ist es im Winter und Frühling zwar recht angenehm, ab Ende Mai jedoch brennt die Sonne gnadenlos vom Himmel herunter Im August zählt dieser Landstrich zu den unwirtlichsten Gegenden der Erde. Die Temperaturen waren unerträglich, als die Reservisten am 10. August 1915 in der Bucht von Suvla landeten. Nicht weit vom Strand entfernt befand sich ein ausgetrockneter Salzsee, der die heißen Sonnenstrahlen unbarmherzig reflektierte. Dahinter lag das Schlachtfeld, die Ebene von Suvla, welche bis dahin schon vielen Soldaten zum Grab geworden war. Und bis zum Horizont erstreckten sich kahle Hügel, die der ganzen Ebene das Aussehen einer riesigen Arena verliehen.

Dies waren nicht die einzigen Eindrücke, die sich der gerade erst gelandeten Nachschubtruppe bot. Das ganze Szenario mag auf sie wie eine Schreckensvision der Hölle gewirkt haben. Es herrschten nämlich geradezu unbeschreibliche Zustände. Die Schützengräben müssen wahre Glutöfen gewesen sein. Dazu trieb ein glühend heißer Wind, der unerträglich und penetrant nach verwesten Leichen stank, feinen Staub über die Ebene. Die Nahrung, die Latrinen und vor allem die zumeist noch nicht einmal begrabenen Gefallenen waren bedeckt mit riesigen Schwärmen von ekelhaften grünen Fliegen, die sich von den Körpern der Toten und Verwundeten ernährten. Diese Insekten verbreiteten zudem eine besonders schlimme Form der Ruhr (dies ist eine Infektionskrankheit des Darmes mit krampfartigen Schmerzen), von der es fast kein Entrinnen gab. Die von Krankheit und Auszehrung geschwächten Infanteristen waren am Ende ihrer Kräfte. Denn wer von ihnen nicht im feindlichen Trommelfeuer starb, dem machten oft genug die kleinen geflügelten Plagegeister den Garaus.[145]

Perfekte Sicht auf das Geschehen

Verständlicherweise war die Moral der kämpfenden Truppe auf einem Tiefstand angelangt. Und so glaubte Generalmajor Ian Hamilton, der Oberkommandierende der im Mittelmeerraum eingesetzten Verbände, nur der Einsatz frischer und zahlenmäßig starker Einheiten könne die drohende Niederlage noch abwenden. Ein fataler Irrtum! Denn die gerade aus England eingetroffenen 1./5. Norfolks verfügten über keinerlei Kampferfahrung. Und wäre die Lage bei Gallipoli nicht so verzweifelt gewesen, hätte man sie sicher in einem ruhigeren Frontabschnitt eingesetzt. All diese Umstände lassen uns die möglichen Motive, die hinter dem spurlosen Verschwinden dieses Regiments stehen könnten, vielleicht ein klein wenig besser verstehen.

Doch nun zu dem sehr detaillierten Bericht der bereits kurz erwähnten Augenzeugen. Diese machten ihre Geschichte erst sehr spät publik, und zwar zur Feier des 50. Jahrestages der ANZAC-Landung bei den Dardanellen. Wohl wissend, dass ihre Aussagen, gelinde ausgedrückt, durchaus auf Unverständnis, wenn nicht gar auf offene Ablehnung stoßen könnten, bürgten sie sogar eidesstattlich für den Wahrheitsgehalt ihrer Schilderungen. Demnach soll folgendes geschehen sein:

„12. August 1915. Nachfolgendes ist die Beschreibung dieses merkwürdigen Vorfalles, der am genannten Datum morgens während der schwersten und abschließenden Kämpfe geschah, die auf Höhe 17, Suvla Bay, „Australian and New Zealand Army Corps" (ANZAC) stattfanden. Der Tagesanbruch war klar, ohne eine Wolke am Himmel, wie man dies bei einem schönen Tag am Mittelmeer erwarten kann. Eine Ausnahme bildeten jedoch sechs bis acht brotlaibförmige Wolken, die alle exakt gleich waren, und über der Höhe 60 schwebten. Es war zu bemerken, dass sie trotz einer Windstärke von sechs bis acht Kilometer pro Stunde aus südlicher Richtung ihre Form nicht veränderten, und auch nicht mit der Brise abtrieben. Von unserem Beobachtungspunkt ca. 150 Meter darüber aus gesehen, schwebten sie in einem Höhenwinkel von 60 Grad. Ebenfalls stationär, und auf dem Boden direkt unterhalb dieser anderen Wolken liegend, befand sich eine weitere ähnliche Wolke. Diese maß ungefähr 245 Meter in der Länge, 65 Meter in der Höhe, sowie 60 Meter in der Breite.

Diese Wolke wirkte vollkommen dicht, sah von ihrer Struktur her fest aus und war etwa 900 bis 1100 Meter von den Kampfhandlungen im britisch besetzten Gebiet entfernt. Dies alles wurde von 22 Männern der Sektion Nr. 3, Feldkompanie Nr. 1 NZE, einschließlich uns selbst, beobachtet. Wir lagen ungefähr 1350 Meter südwestlich dieser Wolke am Boden. Unser Beobachtungspunkt befand sich gut 90 Meter oberhalb des Hügels 60. Wie sich später herausstellte, hüllte die Wolke ein trockenes Bachbett beziehungsweise einen abgesackten Weg („Kaiajik Dere") ein, und wir hatten perfekte Sicht auf alle Seiten der Wolke. Die Farbe war ein leichtes Grau, wie bei den anderen Wolken.

Ein britisches Regiment, die 1./4. Norfolks (später stellte sich heraus, dass es die 1./5. Norfolks waren) mit einigen hundert Leuten, kam dann diesen abgesackten Weg oder das Bachbett entlang in Richtung Höhe 60. Als sie die Wolke erreicht hatten, marschierten sie ohne zu zögern hinein, aber keiner kam wieder heraus. Etwa eine Stunde später, nachdem die letzten darin verschwunden waren, hob die Wolke vom Boden ab und stieg langsam, bis sie die anderen Wolken erreicht hatte. Bei nochmaligem Hinsehen glichen diese einander wie ein Ei dem anderen. Die ganze Zeit über hatten sie an derselben Stelle geschwebt. Sobald jedoch die einzelne Wolke ihre Höhe erreicht hatte, bewegten sie sich alle in Richtung Thrazien (Bulgarien) davon. Innerhalb einer Dreiviertelstunde waren alle außer Sichtweite."[145]

Keine Feindberührung

Die Neuseeländer hatten sich schon damals, vor über einhundert Jahren, lebhafte Gedanken darüber gemacht, was mit diesem Trupp von insgesamt 266 Männern – 250 Infanteristen und 16 Offiziere – geschehen war, die auf so ungewöhnliche Art und Weise vom

Schlachtfeld verschwunden waren. Ihnen war auch bekannt, dass die Briten sofort nach Kriegsende von den besiegten Osmanen Aufklärung über deren Verbleib gefordert hatte. Doch lassen wir die Augenzeugen ihren Bericht beschließen:

„Das genannte Regiment wurde als vermisst oder ausgelöscht geführt. Gleich nach der türkischen Kapitulation im Jahre 1918 war die erste britische Forderung die Auslieferung besagten Regiments. Die Osmanen antworteten jedoch, dass sie das Regiment nicht gefangen und auch keine Berührung mit ihm gehabt hätten. Die Türken wussten nicht einmal, dass es existierte (...) Diejenigen, die den Vorfall beobachteten, sind der Ansicht, dass die Türken das Regiment weder gefangengenommen noch irgendwelchen Kontakt dazu gehabt hatten. Wir, die Unterzeichneten, erklären, wenngleich sehr spät (es ist der 50. Jahrestag der ANZAC-Landung), dass die oben abgegebene Beschreibung die reine Wahrheit ist. Unter Zeugen abgezeichnet:

4/165 Pionier F. Reichardt, Matata, Bay of Plenty

13/416 Pionier F. Newnes, 157 King Street, Cambridge

J.L. Newman, 75 Freyberg St., Octumoctai, Tauranga.“[145]

Es müssen wirklich außergewöhnliche Dinge vorgefallen sein, sonst hätten sich die Ereignisse vom 12. August 1915 nicht so tief in das Gedächtnis der nach 50 Jahren noch lebenden Augenzeugen eingebrannt. Wie die Vietnam-Veteranen aus dem vorangegangenen Kapitel hatten sie 1965 längst das 70. Lebensjahr erreicht oder überschritten. Da scherten sie sich ganz bestimmt nicht mehr um irgendwelche Strafen, die man ihnen für den Fall von „Geheimnisverrat“ angedroht hatte.

Die Aussagen der drei ANZAC-Kämpfer erfuhren noch zusätzliche Bestätigung durch eine Textstelle in einem anderen Bericht über den Gallipoli-Feldzug. Dort geht es unmissverständlich um denselben ungeklärten Zwischenfall mit den 266 Norfolks: „Sie wurden von einem zu dieser Jahreszeit höchst ungewöhnlichen Nebel verschluckt. Dieser Nebel reflektierte die Sonnenstrahlen so stark, dass die Artilleriebeobachter von der Helligkeit geblendet wurden und sich unfähig sahen, das Sperrfeuer aufrecht zu erhalten. Von den etwa 250 Männern hat man danach weder etwas gesehen noch gehört."[146]

Eine Unstimmigkeit gilt es hier noch aufzuklären; diese betrifft die korrekte Regimentsbezeichnung des Truppenteiles. In vielen Berichten über dessen mysteriöses Verschwinden wird vom „1./4. Norfolk Regiment" gesprochen. Fakt ist aber, dass diese Einheit nicht abgängig ist.

Alles besser als der Tod

Es gilt nämlich als belegt, dass sich jene „1./4. Norfolks" bis Ende 1915 in vollem Einsatz befanden. Danach wurde das Regiment von Gallipoli zu einem anderen Kriegsschauplatz abgezogen. Betroffen ist vielmehr ein anderes Regiment der Norfolks, welches genau wie das 1./4. nach seiner Herkunft in der gleichnamigen Grafschaft benannt ist. Es war das 1./5., das zur selben Zeit mit dem 1./4. seinen Weg vom ostenglischen East Dereham in die Kriegshölle von Gallipoli genommen hatte. Und exakt jener 1./5. Regiment ist tatsächlich auf dem Schlachtfeld bei den Dardanellen verschollen. Die offiziellen Kriegsakten vermelden, dass sein Schicksal nie geklärt werden konnte und führen es als „vermisst oder ausgelöscht"[146].

Längst befinden wir uns auf dem Gebiet der Spekulation, was bei solch kontrovers diskutierten Vorfällen unvermeidlich ist. Was war den 266 Soldaten zugestoßen, wohin führte sie ihr Weg? Wo immer diese im Kampf völlig unerfahrenen Reservisten hingeraten sein mögen, bleibt eines zu hoffen: Dass jene Alternative, die sie mit ihrem zielstrebigen Hineinmarschieren in diese ominöse Wolke gewählt haben, ihnen bessere Optionen anzubieten vermochte als die blutgetränkten, mit Leichen übersäten Felder des Grauens. Alles ist besser als der Tod – und mehr als 46.000 gefallene Soldaten in diesem Waffengang, mit 34.000 die meisten auf der Seite der Briten und ihrer Verbündeten, sprechen eine unbarmherzig deutliche Sprache. Churchills vollkommen hirnverbrannter Eroberungsplan geriet zu einem fürchterlichen Fiasko. Schwerste Verwundungen, aber noch eher der Tod, wären das wahrscheinlichste Schicksal für die 1./5. Norfolks geworden. Waren die Schwerverletzten auf dem Lazarettschiff, vor dessen Aufnahme im „Maritime Museum" auf Malta ich schon einige Male stand, die Glücklicheren? Das wage ich zu bezweifeln. Vielleicht marschierten die 266 Infanteristen, die eigentlich schon dem Tode geweiht waren, gar nicht so ungern in das Unbekannte, das sich ihnen da so unverhofft bot.

Zuweilen wird argumentiert, die drei neuseeländischen ANZAC-Veteranen hätten die im Abschlussbericht angesprochenen, nebelbedingten Orientierungsprobleme mit dem Verschwinden des 1./5. Norfolk Regiments „verwechselt".[145] Doch zu exakt sind sowohl die Beschreibungen der „Wolke", ihrer genauen Position im Verhältnis zu den umkämpften Höhen Nr. 17 und 60 wie auch der gesamten Abläufe, bis zum Davonfliegen aller „brotlaibförmigen" Wolkengebilde. So bleibt das Schicksal der verschollenen „Norfolks" nach wie vor eines der größten Mysterien in der neueren Kriegsgeschichte.

Unfreiwillige Versteckspiele

Das plötzliche und spurlose Verschwinden in Wolken oder Dingen, die Wolken vorgeben zu sein, ist gar nicht so selten. So verschwanden in Friedens- wie in Kriegszeiten immer wieder Militärflugzeuge. Das Muster, wie solche Vorfälle abliefen, war dabei stets gleich: Sie flogen in ein Wolkengebilde hinein, aber kamen einfach nicht mehr heraus. Wenn es verlässliche Zeugen gab, wissen wir davon. Der Rest ist Dunkelziffer.

Der Brite Victor Haywood arbeitete 1960 im Auftrag der Firma English Electric auf den Bermudas an einem Satelliten-Zielverfolgungsprogramm. An einem sonnigen, fast wolkenlosen Januartag in jenem Jahr beobachtete Haywood, wie gegen 13 Uhr vom Luftwaffen-Stützpunkt Kindley Field fünf Düsenjäger der US Air Force vom Typ Super Sabre abhoben. Der Brite war nicht allein; zusammen mit ihm verfolgten vier oder fünf andere interessiert den Start jener fünf Kampfbomber. Sie galten damals mit als das Modernste auf dem Gebiet militärischer Flugtechnik. Durch ihre Nachverbrennung waren die Jets besonders schnell gestartet und verschwanden bald in einer großen Wolke, die eine knappe halbe Meile (800 Meter) von der Küste entfernt am Himmel stand.

Was dann geschah, wurde sowohl von den Augenzeugen als auch von der Radarüberwachung wahrgenommen. Fünf Super Sabres flogen in die Wolke hinein - doch nur deren vier tauchten aus ihr wieder auf! Das Radar ließ keinen Absturz erkennen, obwohl die Flughöhe zu diesem Zeitpunkt schon mehrere hundert Fuß betrug. Haywood und die anderen Zeugen sahen gleichfalls keine Trümmer vom Himmel fallen. Wenige Minuten später wurde die Maschine als vermisst gemeldet und eine sofortige Suchaktion eingeleitet. Das Suchgebiet befand sich nur ein paar hundert Meter von der Küste entfernt im flachen Wasser, doch man fand nichts. Einzig eine Standardschwimmweste der US Air Force, die jedoch mit der verschwundenen Maschine nicht in Verbindung gebracht wurde, da unzählige Skipper auf den Bermuda-Inseln im Besitz solcher aus US-Beständen stammenden Westen sind.

Bis heute konnte keine Erklärung dafür gefunden werden, was mit jenem fünften Kampfjet und dessen Piloten geschah, die in der „Wolke" verschwunden sind.[147]

Ein ähnlicher Zwischenfall wird aus dem an unheimlichen Begegnungen so reichen Koreakrieg berichtet. Im März 1952 befand sich der britische Oberstleutnant J. Baldwin – ein im Zweiten Weltkrieg hochdekorierter Kampfflieger – auf einer Erkundungsmission über Korea. Soldaten am Boden wie auch die Piloten der ihn begleitenden Maschinen konnten beobachten, wie er mit seinem Flugzeug in ein „wolkenförmiges Gebilde" hineinflog, aber dieses nicht mehr verließ. Zur selben Zeit sichtete die Besatzung eines amerikanischen Flugzeugträgers über koreanischen Gewässern ein ungewöhnliches Flugobjekt. Baldwins Kameraden, die mit ihm geflogen waren, konnten sich keinerlei Erklärung für dessen so abruptes Verschwinden vorstellen.[148,149]

Für einen der spektakulärsten Fälle, in dessen Verlauf eine Militärmaschine von einer „Wolke" buchstäblich verschluckt wurde, müssen wir ins Kriegsjahr 1943 zurückblenden. Das dramatische Geschehen fand statt im Grenzgebiet der ostindischen Provinz Assam und dem Nachbarland Burma.

Patrouillenflug über die Naga Hills

Flugkapitän Stuart C. Burdick schwieg an die fünf Jahrzehnte über ein schockierendes Erlebnis, das ihm und einigen Fliegerkameraden an einem Tag im Spätsommer des Jahres 1943 widerfahren war. Damals saß er als Co-Pilot im Cockpit eines B-25-Bombers, der sich mit mehreren Maschinen des gleichen Typs auf Patrouillenflug befand. Burdick flog gemeinsam mit seinem Staffelführer und wurde mit einem Mal Zeuge, wie die Maschine seines Kameraden Lieutenant Reynard in knapp 70 Metern Entfernung unvermittelt in einer Wolke verschwand. Das sollte das Letzte gewesen sein, was man von ihm sah.

Erst 1990 brach der mittlerweile pensionierte Flieger sein Schweigen und berichtete, was sich während jenes denkwürdigen Patrouillenfluges abgespielt hatte:

„Unsere Basis befand sich bei Moran (...) Wir operierten getrennt von unserer, in China stationierten 490. Bomberstaffel, vorwiegend entlang der Naga Hills, die das indische Assam von Nordburma trennen. Der Zwischenfall ereignete sich in einem Gebiet 20° 50' nördlicher Breite und 95° 25' östlicher Länge und über einem in den Naga Hills gelegenen Pass, weit entfernt vom normalen Operationsgebiet japanischer Jagdflugzeuge. Es war an einem Tag Ende August oder Anfang September 1943 – aber so genau weiß ich das nicht mehr – gegen neun Uhr früh. Gerade als wir die Hügelkette erreicht hatten, da tauchten plötzlich ein paar kleine Wolken vor uns auf, deren Formen von einer nur selten beobachteten Einheitlichkeit waren. Ich glaube, sie waren groß genug, um eine B-25 für Bruchteile einer Sekunde verdeckt zu halten, länger nicht.

Unsere Flughöhe betrug zu diesem Zeitpunkt 8.300 Fuß (knappe 2.500 Meter), die Geschwindigkeit lag bei 210 Knoten (390 km/h).

Reynard, der die rechte Flügelposition innehatte, befand sich bis zum völligen Eintauchen in die Wolke fortwährend in meinem Blickfeld. Er war ja nur 65 Meter von mir entfernt. Und selbst wenn ich das Armaturenbrett vor mir beobachtete, hatte ich ihn dennoch dank meines Rundumsichtgerätes ständig im Auge."

Im nächsten Moment überstürzten sich die Ereignisse.

Keine Zeit zum Reagieren

„Plötzlich war Reynards Maschine verschwunden. Er kam einfach nicht mehr aus der Wolke heraus. Hätte er noch innerhalb der Wolke ein nicht vorhersehbares Ausweichmanöver durchführen müssen, wäre mir das zweifellos sofort aufgefallen.

Über Reynards plötzliches Verschwinden zutiefst erschrocken, alarmierte ich sofort den Piloten, der binnen einer Sekunde in eine Rechtskurve ging, und mit der Suche begann. Wir kreisten zirka 10 bis 15 Minuten über der fraglichen Stelle seines Verschwindens, wobei wir sogar die vom Einsatzkommando angeordnete Funkstille unterbrachen, um den Piloten der linken Flügelmaschine von dem Vorfall zu unterrichten. Dieser hatte jedoch Reynards Verschwinden bereits bemerkt und beteiligte sich auch an der Suche. Alle Piloten waren mit Kehlkopfmikrofonen ausgestattet. Um mit den Piloten der anderen Maschinen sprechen zu können, brauchten sie nur einen Knopf am Steuer unmittelbar neben dem Auslöser für die Maschinengewehre zu drücken. Wäre Reynards Maschine während des Eintauchens in diese verhängnisvolle Wolke tatsächlich abgeschmiert, hätte er trotzdem genügend Zeit gehabt, über sein Zweiweg-Radio ‚Mayday' zu rufen. Das aber war nicht der Fall."

Irgendetwas musste ein dermaßen blitzschnelles Verschwinden ausgelöst haben, dass Lieutenant Reynard nicht einmal Sekunden zum Reagieren übrigblieben. Sofort nach der Rückkehr zur Basis meldeten die Besatzungen der übriggebliebenen Bomber die exakten Koordinaten, und eine Such- und Rettungsaktion kam in Gang. Die verlief ergebnislos; eingesetzte Hubschrauber konnten weder

Überlebende noch Trümmerteile entdecken. Überhaupt nichts, was auf einen Absturz hätte hindeuten können.

Captain Burdick, der kurz darauf bei seinem 41. Einsatz abgeschossen und verwundet wurde, schloss seine Schilderung des Unbegreiflichen mit der Erkenntnis: „Wenn etwas derart Fremdartiges und Unerklärliches geschieht, ist man versucht, es aus seinem Bewusstsein zu verdrängen. Es gibt für solche Phänomene keine ‚Fächer', in die man diese einordnen könnte (...) Ich glaube, wir sollten mehr darüber nachdenken dass Dinge geschehen, die nicht länger in unser gewohntes, physikalisches Denkschema hineinpassen."[148]

Eigentlich habe ich jetzt genügend aussagekräftige Beispiele dafür präsentiert, dass irgendeine fremde Intelligenz seit Anbeginn unserer Zeiten mehr oder weniger subtil in Kriege und Auseinandersetzungen eingreift. Ich möchte diese meine „Beweisaufnahme" jedoch nicht schließen, ohne auf eine wahrscheinlich tödlich geendete Konfrontation hinzuweisen, die sich in jüngerer Zeit ereignet hat. Bei diesem Vorfall traf es drei Abfangjäger, und das fremde Flugobjekt tarnte sich nicht einmal als „Wolke" wie bei den zuvor geschilderten Zwischenfällen.

In Luft aufgelöst

Das unheilvolle Geschehen nahm seinen Lauf am Abend des 28. Dezember 1988. Schauplatz der Ereignisse war Cabo Rojo, eine Region im Süden der zu den USA gehörenden Karibikinsel Puerto Rico. Es war gegen 19.45 Uhr, als zahlreiche Menschen ein blaues Licht am Himmel bemerkten, wie es das Sierra-Bermeja-Gebirge überflog. In diesem Teil der Insel war es zuvor schon häufiger zu UFO-Sichtungen gekommen. Als es sich näherte, änderte sich die Farbe des Objektes in orangegelb. Bald konnten die Zeugen ein riesiges, dreieckiges Gebilde mit einer halbkugelförmigen Ausbuchtung an der Unterseite erkennen.

Ganz unvermittelt tauchten nun zwei Abfangjäger der US Navy vom Typ F-14 „Tomcat" auf, und hängten sich an das Flugobjekt. Jenes reagierte sofort darauf, indem es durch abrupte Änderungen seiner Flugrichtung immer wieder auswich. Als dieses nicht gelang, kam es mitten in der Luft zum Stillstand, und verharrte schwebend an derselben Stelle. Dabei drohte eines der Jagdflugzeuge mit dem UFO zu kollidieren.

Inzwischen hatten sich mehr als einhundert Zeugen eingefunden, die das ungewöhnliche Szenario mit wachsendem Entsetzen verfolgten. Als eine der „Tomcats" dem UFO gefährlich nahe kam, schrie die vor Schreck wie gelähmte Menge auf. Alle waren felsenfest überzeugt, dass es gleich zu einer Kollision mit nachfolgender Explosion kommen müsse. Stattdessen geschah nun etwas völlig Unerwartetes: Der eine Abfangjäger verschwand spurlos von der Bildfläche! Aber schon im nächsten Augenblick näherte sich die zweite F-14 dem Objekt von rechts - und verschwand gleichfalls vom Himmel, als hätte sie sich in Luft aufgelöst.

Gleich darauf drehte das UFO ab und überflog einen kleinen, von Palmen umsäumten See. Dort teilte es sich in zwei Hälften; dabei bemerkten die Zeugen eine Art gleißend heller, aber völlig lautloser Explosion. Die eine Hälfte flog dann nach Norden davon, während sich die andere mit hoher Geschwindigkeit Richtung Osten entfernte.

Viele der Augenzeugen wollen einen dritten Abfangjäger ausgemacht haben, der das Geschehen aus scheinbar sicherer Entfernung beobachtete. Als der Pilot mitbekam, was sich rund um das Objekt abspielte, versuchte er zu flüchten. Doch im selben Augenblick kamen drei rote Lichter aus dem UFO, verfolgten diese dritte F-14, und verschwanden mit ihr im Norden der Insel und gleichzeitig aus dem Blick der Zeugen. Von den drei „Tomcats" samt Besatzungen fehlt bis heute jede Spur.[150]

Obwohl weit über einhundert Augenzeugen den für die Piloten mit Sicherheit tödlichen Zwischenfall beobachteten und teils unter Eid bezeugten, weigern sich die Behörden bis heute zuzugeben, dass der Vorfall wirklich stattgefunden hat. Als ich selbst vor einigen Jahren Puerto Rico besuchte, bestätigte mir der damalige State Director des Mutual UFO Network (MUFON), Señor Cesar Remus, die absolute Authentizität der tragischen Ereignisse dieses 28. Dezember 1988, die sich nahtlos einreihen in mittlerweile unzählbare Vorfälle dieser Art.

Irrsinnig geworden?

Damit kann ich meine Beweisaufnahme nun hoffentlich zu Ende bringen. Es war mir ein Anliegen, anhand der großen Anzahl außergewöhnlicher Vorfälle aus allen Epochen zu belegen, dass da tatsächlich seit Urzeiten eine fremde Macht in den Kriegen der Menschheit munter mitmischt. Zuweilen sogar Menschen und Material der einen oder anderen Seite wie die Figuren eines Schachspieles vom „Brett" nimmt. Wir stehen derweilen ratlos daneben und zerbrechen uns vergebens die Köpfe, welche Absicht hinter diesen Eingriffen stecken mögen. Einmal spielen sie Krieg in den ohnehin dünn gesäten Friedenszeiten, ein andermal greifen sie parteiisch in Waffengänge ein, und manchmal retten sie offenbar Menschen aus drohender Gefahr. Noch verwirrender, da bin ich mir sicher, geht es wirklich nicht!

Natürlich werden eingefleischte Skeptiker jetzt einwerfen, dies alles habe nie stattgefunden. Denn Außerirdische gebe es nicht. Und wenn, dann wären sie technisch niemals in der Lage, uns zu besuchen. (Ich habe so etwas selbst erlebt: Als ich während eines Diavortrages über China die am Ende des 3. Kapitels beschriebene Schautafel bei den Huashan-Höhlen mit dem Hinweis auf mögliche außerirdische Erbauer nur erwähnte, ereiferte sich sogleich ein Störer, er müsse endlich „gegen solch einen Unsinn einschreiten".) Mit Verlaub: Sind wirklich alle Menschen, die über Dinge berichten, die mit unserem althergebrachten Weltbild nur sehr schwer in Einklang zu bringen sind, allesamt irrsinnig geworden? Und meinen Leute, die glauben „einschreiten" zu müssen, Maulkörbe oder noch besser Berufsverbote gegen Andersdenkende verhängen zu dürfen? Es ist bedenklich, wie wenig manchen Leuten die Freiheit der Meinung von Anderen gilt.

Wes Geistes Kind mag dann wohl der damalige japanische Verteidigungsminister Shigeru Ishiba gewesen sein, der am 20. Dezember 2007 die Anfrage des Oppositionspolitikers Ryuji Yamane zu einer vorangegangenen UFO-Sichtungswelle mit der folgenden Feststellung beantwortete: „Nichts rechtfertigt es zu bestreiten, dass UFOs existieren und von einer anderen Lebensform kontrolliert werden.[126]

Postwendend übte sich die japanische Regierung in Schadensbegrenzung, und konterte, sie habe „die Existenz von unbekannten Flugobjekten, die angeblich von außerhalb der Erde geflogen kamen, nicht bestätigt."[126] Vielleicht hätte sich der Herr Verteidigungsminister mit seinem mutigen Statement besser noch etwas zurückgehalten, bis er nicht mehr in Amt und Würden war. Es ist nicht allzu schwer, mit einer solchen Offenheit politischen Selbstmord zu begehen. In dieser Hinsicht war sein kanadischer Amtskollege deutlich besonnener.

Im September 2005 erklärte der ehemalige kanadische Verteidigungsminister Paul Hellyer anlässlich einer Pressekonferenz in Toronto, dass die Anwesenheit einer außerirdischen Intelligenz auf der Erde eine unbestreitbare Tatsache sei, die weitreichende Folgen für die Landesverteidigung hätte. Er gab auch zu, dass die Regierungen diese Tatsache vertuschen. Dies war erst der Anfang. Denn auf zwei weiteren Pressekonferenzen (am 9. Januar 2006 in Kealakekua/Hawaii sowie am 9. Mai 2006 in Toronto) bekam Minister a.D. Hellyer hochkarätige Schützenhilfe. Fotoexperten der Marine, Offiziere bis hin zu Brigadegenerälen, Kommandeure von Standorten für den Abschuss interkontinentaler ballistischer Raketen, Kontrolleure des nordamerikanischen Kommandos für Luftraumverteidigung (NORAD) sowie Piloten im aktiven Dienst bestätigten eine Vielzahl authentischer Begegnungen mit intelligent gesteuerten, nichtidentifizierten Luftfahrzeugen offenbar nicht irdischen Ursprungs. Alle diese Zeugen erklärten einstimmig, dass sie zudem bereit seien, vor dem Kongress oder dem Parlament die Wahrheit ihrer Berichte auch unter Eid zu beschwören.[151]

Auf unserer Seite des Atlantiks sorgte der EU-Kommissionspräsident Jean-Claude Juncker Ende Juni 2016 für großes Aufsehen in einer Rede über den „Brexit", dem Ausscheiden Großbritanniens aus der Europäischen Union.

Qualitativ hochwertige Berichte

Aus dem Französischen übersetzt, ließ Juncker in dieser Ansprache vor dem EU-Parlament verlauten:

„Sie müssen wissen, dass jene, die uns von weitem beobachten, beunruhigt sind. Ich habe gesehen und gehört, dass Führer anderer Planeten beunruhigt sind, weil sie sich dafür interessieren, welchen Weg die Europäische Union künftig einschlagen wird. Und deshalb sollten wir die Europäer, und auch jene, die uns von außen beobachten, beruhigen."[152]

Ja, geht's noch? Das dachten sich wohl auch die Verantwortlichen im Übersetzungsbüro des EU-Parlaments. Denn im offiziellen Transkript der Rede fehlt genau diese Stelle. Herr Juncker ist schließlich noch im Amt ...

Auch Naturwissenschaftler gehen mit vergleichbaren Aussagen ein großes Risiko ein. Dessen ungeachtet, brachte das „Journal of the British Interplanetary Society" im Januar 2005 einen bemerkenswerten Aufsatz von vier namhaften Physikern. Sie wiesen darauf hin, dass heute genügend gute Beweise in Gestalt qualitativ hochwertiger UFO-Berichte für die Anwesenheit einer außerirdischen Intelligenz auf unserem Planeten vorliegen. Diese würden die Schlussfolgerung nahelegen, dass interstellare Reisen weit fortgeschrittener Zivilisationen nicht mehr von vornherein durch physikalische Prinzipien - die ja bekanntlich auf unserem gegenwärtigen Wissensstand basieren – als undurchführbar angesehen werden können.[153]

Das ist also der Stand der Dinge: Aus sämtlichen Kulturepochen sind Berichte über Eingriffe fremder Wesen in Kriegshandlungen überliefert. Zuvor bekriegten sich die „Götter" bereits munter am Himmel über den Köpfen unserer zu Tode erschrockenen Vorfahren.

Längst pensionierte Soldaten und (nicht nur) ehemalige politische Entscheidungsträger konfrontieren uns mit Dingen, die uns aufhorchen lassen. Und selbst renommierte Wissenschaftler wagen es immer öfter, sich gegen den „Mainstream" im akademischen Lehrbetrieb aufzulehnen.

„Irgendwer" ist da draußen. Und dies schon sehr lange. Auch wenn die enormen Distanzen im Weltall für ungleich ältere kosmische Gesellschaften kein unüberwindbares Hindernis mehr darstellen, glaube ich persönlich nicht, dass „sie" jedes Mal den weiten Weg auf sich nehmen. Sie dürften über einen, wenn nicht sogar über mehrere Stützpunkte auf unserem Heimatplaneten verfügen. Die Frage nach dem „wo" soll Inhalt eines abschließenden Epilogs sein.

Epilog

Verborgen im ewigen Eis?

Wenn sich jemand tatsächlich über eine derart lange Zeitspanne als „Strippenzieher" zu betätigen vermag, wie dies in der an Kriegen und Konflikten reichen Menschheitsgeschichte gehandhabt wurde, wäre es reichlich uneffektiv, dies aus weiter Ferne zu tun. Am zweckmäßigsten wäre es, strategisch günstig gelegene Stützpunkte einzurichten, die orts- und zeitnahes Handeln ermöglichen. Dass in verschiedenen Regionen dieser Welt versteckte Basen fremder Flugobjekte existieren sollen, wird schon länger vermutet und nicht erst seit Beginn des „modernen" UFO-Zeitalters. Die nordamerikanischen Indianer beispielsweise kennen von alters her Legenden über verborgene Höhlensysteme, in denen die Götter ihre „Donnervögel" verstecken[37] (vgl. Kap. 2). Heute spekuliert man über verschiedene Standorte, von denen aus nichtirdische Flugkörper alle Teile unsres Planeten ansteuern.

Die sollen sich beispielsweise auf Puerto Rico, in den Blue Mountains des australischen Bundesstaates New South Wales oder in ausgedehnten Wüstenregionen, mitunter gar unter dem Meeresspiegel befinden. Zählt man alle diese angeblichen „UFO-Startbasen" einmal zusammen, dann kommt man auf eine höhere Anzahl, als es Staaten auf dieser Welt gibt.

Eine Region auf diesem Planeten aber wäre durch deren Abgeschiedenheit wie auch durch ihre klimatischen Besonderheiten – um nicht zu sagen, wegen ihrer für uns Menschen extrem ungünstigen Lebensbedingungen – geradezu prädestiniert für solch einen Zweck: Die Antarktis. Sehen wir von den bis zu 11.000 Meter tiefen Abgründen unserer Weltmeere einmal ab, wissen wir immer noch erschreckend wenig über den rund 12,4 Millionen Quadratkilometer großen Kontinent am Südpol unserer Erde. Zählt man das umliegende Meeresgebiet mitsamt dem Schelfeis dazu, so umfasst das Südpolargebiet im ganzen sogar 53 Millionen Quadratkilometer.[1] Und stellt man sich die eigentliche Antarktis ohne ihren im Durchschnitt 2000 Meter dicken Eispanzer vor, so zeigt sich die darunterliegende Landmasse in zwei Inseln geteilt.

Diese Zweiteilung ist erst seit dem Internationalen Geophysikalischen Jahr 1957/58 bekannt. Da wurde mithilfe von modernen Schallmessgeräten festgestellt, dass ohne das Eis die östliche Antarktis von der westlichen getrennt wäre. Der Königin-Maud-Bergkette entlang würde das Meer den größten Teil des Mary-Byrd-Landes überspülen und so eine Verbindung des Weddell-Meeres südöstlich von Feuerland mit dem Ross-Meer südlich von Neuseeland bilden.[154]

Ein Kontinent voller Geheimnisse

Seltsamerweise lassen uralte Karten, die lange bevor erste Expeditionen in die Antarktis vordrangen, angefertigt wurden, diese in eisfreiem Zustand erkennen. Eine jener Karten, die der französische Gelehrte Philippe Buache 1737 gezeichnet hat, stellt einen Wasserweg mitten durch die Antarktis dar, welcher sie damit zweigeteilt darstellt und so die Ergebnisse aus dem Geophysikalischen Jahr 1957/58 vorwegnimmt. Und ein Teil der noch 200 Jahre älteren Orance-Finné-Weltkarte von 1532 zeigt exakt an jenen Stellen Flüsse, wo heute Gletscher sind.[155]

Was indessen die Frage aufwirft, aus welchem Wissen die alten Kartographen schöpften, als sie ihre Kartenwerke anfertigten. Und zu allem Unbill den heute unwirtlichsten Erdteil auch noch genauso darstellten, wie er sich vor Tausenden Jahren präsentiert haben mag. Bevor er zu jener lebensfeindlichen Eishölle – sein Klima ist das strengste auf der ganzen Erde – wurde, die bis zum Anfang des 20. Jahrhunderts jeglichen Versuch, betreten zu werden, erfolgreich vereitelte.

Wenn wir ein Äquivalent zur Hölle suchen, hier ist es. Doch nicht nur, dass die Mitteltemperaturen ganzjährig deutlich unter null Grad bleiben. In der östlichen Antarktis wurde an der russischen Station Wostok mit – 88,3° C die tiefste Temperatur der Erde gemessen.

Die mittleren Temperaturen im „wärmsten“ Monat (Dezember) liegen bei -29° C, im kältesten Monat (August) bei -61° C, im Jahresmittel betragen sie -50° C. Eigentlich sollte alles knallhart gefroren sein. Es gibt jedoch „Oasen im Eis“, die man sich nicht erklären kann. Und zwar in einem Teil des bitterkalten Kontinents, der unter dem Namen „Neuschwabenland“ auch im Lexikon verzeichnet ist.[1]

Besagtes Neuschwabenland ist ein Teil des Königin-Maud-Landes, das von Norwegen beansprucht wird. Es liegt zwischen fünf Grad westlicher und 17 Grad östlicher Länge, und wird durchzogen von über 3.000 Meter hohen Gebirgsketten. Entdeckt wurde es in den Jahren 1938/39 von einer deutschen Südpolar-Expedition, die unter Kapitän A. Ritscher mit der „M.S. Schwabenland“, die gleichzeitig schwimmender Flugstützpunkt der Deutschen Lufthansa war, die Antarktis ansteuerte.

Neuschwabenland ist heute aber auch ein Reizwort. Das kommt daher, weil ein paar Verschwörungstheoretiker die seltsame Geschichte in die Welt gesetzt haben, die eine oder andere nationalsozialistische Größe hätte sich gegen Kriegsende mit U-Booten in jenen Teil des Südpolargebietes abgesetzt. Es befeuert Verschwörungsgeschichten wie diese nur noch mehr, gewisse Begriffe zu stigmatisieren. So wie das mit dieser nach einem Schiff benannten Region geschehen ist, deren Name seit ein paar Jahren aus Karten und Atlanten getilgt wird. Das soll mich nicht beirren. Zu spektakulär sind einige Entdeckungen, welche von der unter der Schirmherrschaft der Deutschen Forschungsgemeinschaft e. V. in Berlin entsandten Expedition gemacht worden sind.

Unterwegs mit „Boreas“ und „Passat“

Hauptakteur in der Durchführung war die Deutsche Lufthansa, die dafür mit der „M. S. Schwabenland“ nicht nur ihren schwimmenden Flugstützpunkt aus dem regulären Südatlantikverkehr abgezogen, sondern auch die beiden Flugboote vom Typ Dornier Wal „Boreas“ und „Passat“ samt Personal zur Verfügung gestellt hatte. Speziell für den Antarktiseinsatz hatte die „Schwabenland" eine Eisschutzpanzerung und neun weitere Kabinen zur Unterbringung der insgesamt 82 Expeditionsteilnehmer erhalten. Die beiden Dornier-Maschinen, die schon Dutzende Atlantiküberquerungen gemeistert hatten, wurden für Landungen und Starts auf dem Eis mit Kufen ausgestattet, sowie mit Notfallausrüstungen bestückt. Bedeutende deutsche Forscher nahmen an dieser einzigartigen Südpolarexpedition teil.

Nachdem ihre Tanks mit 66.000 Litern Brennstoff gefüllt worden waren, verließ die „Schwabenland" am 17. Dezember 1938 den Hamburger Hafen, und erreichte am 19. Januar 1939 die Packeisgrenze. Das Schiff ankerte dort an der Prinzessin-Astrid-Küste und noch am Ankunftstag hob die „Boreas", beschleunigt von einem Katapult, zu einem ersten Probeflug ab. Bereits am folgenden Tag fand bei bestem Wetter der erste Erkundungsflug zu Fotozwecken statt.

Aus Sicherheitsgründen wurde für den jeweils sich auf Fernflug befindlichen Dornier-Wal sofort nach dessen Start das andere Flugzeug klargemacht und auf die Katapultbahn gesetzt. So wollte man sicherstellen, dass sein Start im Notfall ohne Verzögerung erfolgen konnte. Bereits bei ihrem ersten Erkundungsflug erspähte die Crew der „Boreas" sogenannte „Nunataks". Der Begriff stammt aus der Sprache der grönländischen Eskimos, und bezeichnet Felskuppen oder Plateaus, die aus dem Inlandeis herausragen. Diese Felsformationen wurden später nach den beiden Flugbooten „Boreas" und „Passat" benannt.

Die über große Distanzen durchgeführten Erkundungsflüge fanden durchweg zwischen 19. Januar und 5. Februar 1939 statt. Es waren sieben Fotofernflüge und weitere sieben Entdeckungs- und Forschungsflüge. Unterbrochen wurden sie durch zwei Schlechtwetterperioden. Ab dem 4. Februar war das Flugwetter überhaupt nicht mehr für weitere Exkursionen geeignet. Ebenso konnte das ursprüngliche Ziel, bis zum 80. Breitengrad vorzustoßen, nicht verwirklicht werden. Denn schon beim 75. Grad südlicher Breite erreichte das Gelände eine durchschnittliche Höhe von 4.000 Metern.

Das war zugleich die maximale Gipfelhöhe, die die beiden Flugboote wegen der enormen Zuladung erreichen konnten, welche unverzichtbar für derartige Einsätze waren. Trotzdem stieß man auf etwas, was dort eigentlich nicht existieren dürfte!

Oasen im Eis

Im Verlauf der Foto- und Erkundungsflüge legten beide Flugboote etwa 7.000 Kilometer in einer Gesamtflugzeit von 57 Stunden und 40 Minuten über der Antarktis zurück. Dabei erfassten sie mit insgesamt 11.600 Reihenbildaufnahmen ein Gebiet von annähernd 400.000 Quadratkilometern Fläche.

Während einem dieser Flüge geschah das Unerwartete. Flugkapitän Richard Heinrich Schirmacher und seine Besatzung bemerkten eine kleine Felsformation inmitten der trostlosen Eiswüste, auf der sich offene Wasserstellen befanden. Um der mysteriösen Angelegenheit auf den Grund zu gehen, wurde das Gebiet in sehr niedriger Höhe angeflogen. Die Überraschung konnte kaum größer sein: Dort befanden sich, auf einer nach Norden etwa 150 Meter aus dem Eis aufragenden Felsplatte, eine Anzahl offener Teiche und Seen, die keinerlei Zuflüsse aufwiesen. Und dies bei einer Außentemperatur von minus fünf Grad. Es waren sehr viele, eine richtige Seenplatte mit einer gesamten Ausdehnung von 15 Kilometern Länge und fünf Kilometern Breite. Nach dem Flugkapitän erhielt sie den Namen „Schirmacher-Seenplatte“ und war die sensationellste Entdeckung der Expedition.[156]

Am 6. Februar 1939 trat die „Schwabenland“ die Rückfahrt an und landete wohlbehalten am 11. April in Cuxhaven. Weitere Expeditionen in die Antarktis waren zwar vorgesehen, aber leider machte dann der im selben Jahr ausgebrochene II. Weltkrieg einen dicken Strich durch die Rechnung.

Eisfreie Seen in der Antarktis – dies scheint eine reichlich mysteriöse Geschichte zu bestätigen, die untrennbar mit der Biografie des amerikanischen Fliegers und Forschungsreisenden Admiral Richard

E. Byrd (1888-1957) verknüpft ist. Von 1928 bis 1930 unternahm dieser mehrere Forschungsreisen in die Antarktis, wobei er am 29. November 1929 als erster den Südpol überflog.[1] An jenem Tag schilderte er seine Eindrücke in einem Funkbericht, der auch im Rundfunk übertragen wurde. So habe er, aus dichtem Nebel kommend, plötzlich eisfreies Land überflogen, auf dem er Seen und Vegetation, ja sogar größere Tiere erkennen konnte.[157] Später habe man die Passagen mit den unglaublich klingenden Beschreibungen aus den Funkprotokollen herausgeschnitten. Doch noch etliche Jahre danach sollen sich einzelne Zeugen an Einzelheiten dieser Radiosendung erinnert haben.[147] Auch Admiral Byrd selbst beschwor bis zu dessen Tod am 12. März 1957 hartnäckig den Wahrheitsgehalt dieser Geschichte. Die Antarktis hielt ihn fest in ihrem Bann: 1946 und 1947 leitete er eine Großexpedition mit 13 Schiffen, Unterseebooten und mehr als 4700 Männern, die als „Operation Highjump" in die Geschichte einging. Auch bei dieser Expedition soll man eisfreie Zonen mit Vegetation – regelrechte Oasen im Eis – auf dem geheimnisumwobenen Kontinent gefunden haben.

Das Blut gefror in ihren Adern

Nicht nur offene Seen in der Antarktis lassen die Vermutung zu, dass dort unten womöglich noch andere Dinge existieren als öde, lebensfeindliche Schnee- und Eiswüsten. Ein extrem bizarrer Vorfall ereignete sich im Geophysikalischen Jahr 1958, als am Südpol eine rege internationale Forschungstätigkeit im Gange war. Eines Nachmittags befanden sich zwei amerikanische Geologen an der Küste des Knox-Landes (auch dort sollen eisfreie Flächen mit „erbsengrünen Seen und braunen Erdwällen" existieren[147]) mit einem Raupenfahrzeug nicht weit von ihrem Basislager. Plötzlich erblickten sie in kaum mehr als einem Kilometer Entfernung einen heftigen Wirbel, den sie zunächst für ein meteorologisches Phänomen hielten. Was jedoch kaum der Fall sein konnte. Denn das Wetter war sehr gut, und eine atmosphärische Störung hätte sich keinesfalls über einer so begrenzten Fläche abspielen können.

Als nächstes vermuteten die Geologen, dass die Sowjets - in der Nähe befindet sich noch heute die russische Forschungsstation „Oasis II“ - irgendwelche Versuche betrieben, und schickten sich an, nachzusehen. Als sie nähergekommen waren, merkten sie, dass der Wirbel nicht aus Schneekristallen bestand. Vielmehr war es ein warmer weicher Dampf mit einem scharfen, undefinierbaren Geruch. Nun begann sich der Wirbel aufzulösen, und in seinem Innersten wurde ein kuppelförmiges Gebilde mit einer Höhe von nicht ganz zwei Metern bei einem Durchmesser von acht Metern sichtbar. Noch immer vermuteten die Männer es mit einem völlig unbekannten Naturphänomen, möglicherweise vulkanischen Ursprungs, zu tun zu haben, und rannten flugs auf die wie Glas glänzende Kuppel zu.

Dort angekommen, dachten sie erst, dass ihnen jemand zuvorgekommen sei, denn sie erblickten zwei sich bewegende Gestalten. Im nächsten Augenblick gefror das Blut in ihren Adern. Es waren keine menschlichen Gestalten, sondern zwei runde gelbliche Objekte von etwa einem Meter Höhe, die wie schlecht aufgeblasene Luftballons wirkten. Unbeholfen schwankten und drehten sie sich auf dem Eis hin und her.

Rund um die albtraumhaften Gebilde leuchtete ein Licht, wie von einer Sauerstofflamme. Dann schien eines davon zu platzen, wodurch eine aus blauen Funken bestehende Struktur frei wurde, die an eine Rose erinnerte. Unsagbarer Schrecken erfasste beide Männer, und sie ergriffen panisch die Flucht, bis sie sich im Schutze ihres Raupenfahrzeuges sicher glaubten. Und als sie sich dort wieder umzudrehen wagten, gewahrten sie noch für ein paar Augenblicke den Widerschein der Kuppel, und den erwähnten Wirbel. Ein schwacher Glanz zeigte sich am Himmel über dem unheimlichen Szenario, und als sich der ganze Spuk aufgelöst hatte, war auf dem Eis nichts mehr zu erkennen.[27] Die große weiße Wüste lag wieder friedlich in der Sonne.

Was die beiden amerikanischen Geologen so sehr in Angst und Schrecken versetzt hat, wissen wir bis heute nicht. Zu bizarr sind die berichteten Einzelheiten. Andere Beobachtungen lassen sich indes leichter und in bekannte Kategorien einordnen. Kommen sie doch weitaus häufiger vor auf diesem geheimnisvollsten aller Erdteile.

Gleichfalls im Geophysikalischen Jahr berichteten vor allem Mitarbeiter von argentinischen Stationen über etwa ein Dutzend Sichtungen nichtidentifizierter Objekte am Himmel oder auf dem Eis. In den meisten Fällen handelte es sich um scheiben- oder eiförmige Gebilde.[27] Bei vielen Sichtungen aus Chile oder Argentinien ließen die Objekte südliche Richtung erkennen - Kurs Antarktis. Und im Februar 2001 meldete die französische Nachrichtenagentur AFP, die chilenische Luftwaffe habe dem Geheimdienst des US-Verteidigungsministeriums geheime Informationen über UFO-Sichtungen in Chile, einschließlich der von Chile beanspruchten Sektoren der Antarktis, ausgehändigt.[158]

Wetterwechsel

Steuern die unbekannten Objekte zielstrebig einen verborgenen Stützpunkt an, der dort schon seit langer Zeit existiert? Die Aufklärungsflugzeuge von Russen und Amerikanern überflogen immer wieder dunkle Flächen von unbekannter Herkunft und Erhebungen, die so seltsam geformt waren, dass sie eher an regelmäßige Strukturen künstlicher Herkunft – wie etwa Zyklopenmauern oder mit riesigen Eisplatten getarnte Gebäude – erinnerten. Das Personal der weiter landeinwärts gelegenen russischen Stationen berichtete ebenfalls von „geometrischen Gebilden“, die viel zu regelmäßig angeordnet gewesen seien, als dass man deren Entstehung einem natürlichen Wirken der Elemente hätte zuschreiben können.[27] Es ist sehr wahrscheinlich, dass die Militärs und Geheimdienste, ebenso die Regierungen jener Nationen, die Forschungs- und andere Stationen in der Eiswüste unterhalten, weitaus mehr wissen als sie sagen. Doch wie immer ist alles „Top Secret“.

Bislang vermochte die Antarktis ihre Geheimnisse auf ebenso einzigartige wie nachhaltige Weise zu bewahren. Bergketten ragen aus dem Eis, dazwischen gibt es eisfreie Seen – aber warum frieren die nicht zu? –, der größte Teil jedoch liegt noch immer unter einem bis zu 4.000 Meter mächtigen Eispanzer. Ausgrabungen waren bis dato nicht möglich, und so können wir bestenfalls spekulieren, was darunter alles verborgen sein mag. Dies könnte sich in nicht allzu ferner Zeit ändern.

Man kann zum Klimawandel stehen wie man mag. Fakt ist, dass sich während der gesamten Erdgeschichte immer wieder das Klima gravierend geändert hat. Eiszeiten wechselten mit wärmeren Perioden, denn unsere Erde ist und war immer ein lebendiger Planet. Manche dieser klimatischen Wechsel vollzogen sich langsam und in längeren Zeiträumen. Andere – so etwa nach gigantischen Vulkanausbrüchen oder alles vernichtenden Meteoritenimpakten – buchstäblich über Nacht. Wenn ich mir die ausschließlich ideologisch begründeten, einseitigen Schuldzuweisungen so mancher politischer Couleur ansehe, möchte ich doch festhalten, dass etwa zur Zeit der großen Saurier deutlich weniger Kraftfahrzeuge mit Verbrennungsmotor registriert waren als heute.

Doch Spaß beiseite. Am eisigen Südpol ist ebenfalls Wetterwechsel angesagt. Während ich diese Gedanken zu Papier bringe, informieren die Zeitungen über einen 175 Kilometer langen Riss mitten durch das „Larsen-C-Schelfeis". Schelfeise sind auf dem Meer schwimmende Eismassen, die von Gletschern gespeist werden und mit ihnen noch verbunden sind. Die Region, um die es hier geht, schließt sich an die Antarktische Halbinsel westlich der Weddell-See an. Der Spalt ist zwischen 300 und 500 Meter tief, und wird letztlich zur Ablösung eines Eisbergs führen, der mit 5.000 Quadratkilometern die doppelte Fläche des Saarlandes einnehmen wird. „Kalben" nennt sich solch ein Vorgang: „Dies ist ein ganz natürlicher Prozess im Schelfeis", erklärte dazu die Glaziologin (Gletscherkundlerin) Daniela Jansen vom Alfred-Wegener-Institut für Polar- und Meeresforschung (AWI) in Bremerhaven. Es würde sonst immer weiter ins Meer hinaus wachsen, da immer neues Eis vom Land her nachfließt.

Trotzdem sind die Wissenschaftler alarmiert. Denn noch völlig unklar sei es, ob dieser Vorgang noch ein normaler Prozess ist oder sich das Schelfeis dauerhaft zurückzieht. In den vergangenen zwei

Jahrzehnten sind bereits sieben von zwölf Schelfeisflächen an der Antarktischen Halbinsel zerfallen oder stark zurückgegangen. Die Glaziologin aus Bremerhaven und ihre Kollegen führen dies auf die Erderwärmung zurück und vermuten, dass Schmelzwasser an der Oberfläche die Schelfeise instabil werden lässt. „Unbestritten ist", so Daniela Jansen, „dass die Temperaturen an der Antarktischen Halbinsel in den letzten Jahrzehnten deutlich gestiegen sind, weshalb wir hier einen Zusammenhang (...) nicht ausschließen können."[159,160]

Wir stehen vor großen, umwälzenden Veränderungen, nicht nur klimatisch gesehen. Noch liegt ein riesiges weißes Leichentuch über dem „sechsten Kontinent". Ich bin neugierig, was darunter zum Vorschein kommt, wenn es eines Tages gelüftet wird.

Danksagung

Nach mittlerweile weit über 20 Büchern, welche aus meiner Feder stammen, halte ich es nach wie vor für eminent wichtig, auch an all jene Menschen zu denken, ohne deren Hilfe und Unterstützung dieses Werk wohl nicht zustande gekommen wäre. Ihnen hier meinen herzlichsten Dank auszusprechen, ist mir ein wichtiges und inniges Anliegen.

Dabei stimmt es mich sehr traurig, dass drei meiner Freunde und Autorenkollegen, denen ich viel zu verdanken habe, leider nicht mehr unter uns weilen: Es sind dies Johannes Fiebag, Peter Krassa und Ernst Meckelburg. Sie sind nicht weg, sondern nur ein kleines Stück Weges vorausgegangen – in jenes Land, für das wir alle bereits Pass und Visum in der Tasche tragen.

Ganz besonderer Dank geht an meinen „steinalten" Freund – und Vorbild! – Erich von Däniken. Ohne dessen „Initialzündung", so viel steht fest, gäbe es heute keinen Autor Hartwig Hausdorf. Ebenso an meinen Freund Rainer Holbe: „Santé, mon Admiral!" Ein herzlicher Dank geht auch an Freunde und Kollegen wie Johannes von Buttlar, Franz Bätz, Julie Byron, Peter Fiebag, Rex Gilroy, Alexander Knörr, Walter-Jörg Langbein und David Summers. Habe ich jemand vergessen? Er oder sie wird mir das hoffentlich nicht übelnehmen.

Als ein Mensch, dem das reale Leben immer noch vertrauter ist als die Niederungen des Internets, bin ich unendlich dankbar für die Hilfestellungen und unermüdliche PC-Arbeit durch Andrea Benschig und Renate Dorfner. Großer Dank geht hier auch an Frau Ruthy Eisenstein aus Jerusalem, die mich auf meiner Reise durch Israel – natürlich zum Großteil auf den Spuren biblischer Götterkriege – optimal unterstützt hat!

Danken möchte ich meinem sehr engagierten und rührigen Verleger und Freund Werner Betz, der das Unmögliche möglich gemacht hat, dass dieses Buch so rasch erscheinen konnte.

Last but not least: Als Autor stände ich auf verlorenem Posten, gäbe es da nicht meine stetig anwachsende Leserschar in aller Welt, die mir seit mehr als zwei Jahrzehnten die Treue hält. An sie gleichfalls ein herzliches Dankeschön für ihr Interesse an einem der spannendsten Themen unserer Zeit.

Hartwig Hausdorf

Quellenverzeichnis

1. dtv-Lexikon in 20 Bänden. Mannheim und München 1997
2. „NASA-News“, Nr. 71 vom 9. Mai 1991
3. Hausdorf, Hartwig: „Die Botschaft der Megalithen.“ München 2015
4. Hausdorf, Hartwig: „Nicht von dieser Welt.“ München 2008
5. Hausdorf, Hartwig: „Götterbotschaft in den Genen.“ München 2012
6. Meinert, Peer: „Suche nach einer zweiten Erde. NASA schickt Weltraumteleskop „Kepler“ ins All“, in: „Passauer Neue Presse“ vom 12. März 2009
7. Horsten, Christina: „13 Billiarden Kilometer Distanz“, in: „Passauer Neue Presse“ vom 25. Juli 2015
8. o.V.: „Das weiß der Himmel. 400 Jahre nach Kepler und Galilei rufen die UN das Jahr der Astronomie aus“, in: „Süddeutsche Zeitung“ vom 10. Januar 2009
9. o.V.: „US-Forscher wollen neunten Planeten entdeckt haben“, in: „Passauer Neue Presse“ vom 22. Januar 2016
10. Nicholls, Peter: „Science in Science Fiction. Sagt Science Fiction die Zukunft voraus?“ Frankfurt/Main 1983
11. Däniken, Erich von: „Götterdämmerung. Die Rückkehr der Außerirdischen.“ Rottenburg 2009
12. Obousy, Richard: „Creating the Warp in Warp Drives“, in: „Spaceflight“, Vol. 50, April 2008
13. Long, Kelvin: „A theoretical Proposal for interstellar Travel: Warp Drive.“ (o.J.), zitiert in: Däniken, Erich von: „Götterdämmerung. Die Rückkehr der Außerirdischen.“ Rottenburg 2009

14. Puttkamer, Jesco von: „Projekt Mars. Menschheitstraum und Zukunftsvision." München 2012

15. o'Neill, Gerard K.: „Unsere Zukunft im Raum." Bern und Stuttgart 1978

16. Papagiannis, Michael D.: „Natural Selection of Stellar Civilisations by the Limits of Growth", in: „Quarterly Journal of the Royal Astronomical Society", Vol. 25. London 1984

17. Buttlar, Johannes von: „Leben auf dem Mars." München 1997

18. Buttlar, Johannes von: „Adams Planet." München 1991

19. o.V.: „Kiesel deuten auf Bewohnbarkeit des Mars hin", in: „Passauer Neue Presse" vom 29. September 2012

20. o.V.: „Pyramide auf dem Mars entdeckt?", in: „BILD" vom 24. Juni 2015

21. o.V.: „Projekt Mars One: Pionierreise ohne Rückfahrkarte" in: „Matrix 3000", Bd. 76, Juli/August 2013

22. Bellinger, Gerhard J.: „Lexikon der Mythologie." Augsburg 1997

23. Däniken, Erich von: „Aussaat und Kosmos. Spuren und Pläne außerirdischer Intelligenzen." Düsseldorf 1972

24. West, L.M.: „Hesiod: Theogony." Oxford 1966

25. Voss, Johann H.: „Hesiods Werke und Orpheus der Argonaut." Wien 1817

26. „Die Bibel oder die Ganze Heilige Schrift des Alten und Neuen Testaments." Württembergische Bibelanstalt, Stuttgart 1968

27. Kolosimo, Peter: „Sie kamen von einem anderen Stern." Wiesbaden 1969

28. Dopatka, Ulrich: „Lexikon der außerirdischen Phänomene." Bindlach 1992

29. Charroux, Robert: „Unbekannt - Geheimnisvoll - Phantastisch." Düsseldorf 1970

30. Bancroft, H.: „The Native Races of the Pacific States of North America, Vol. III." Leipzig 1875

31. Chalfont, W.A.: „Death Valley." Stanford/CA 1930

32. Charroux, Robert: „Verratene Geheimnisse." München 1967

33. Blumrich, Joseph F.: „Kasskara und die sieben Welten." München 1985

34. Wendt, Herbert: „Ehe die Sintflut kam. Forscher entdecken die Urwelt." Oldenburg und Hamburg 1965

35. Müller, W.: „Die Religionen der Waldindianer Nordamerikas." Stuttgart 1952

36. Copway, G.: „The traditional History and characteristic Sketches of the Odjibway Nation." Boston 1851

37. Kohlenberg, Karl F.: „Enträtselte Vorzeit." München 1970

38. Thalbitzer, W.: „Die kultischen Gottheiten der Eskimos." Archiv für Religionswissenschaft XXVI. o.O. 1928

39. Rink, R.: „Tales and Traditions of the Eskimo." London 1875

40. Ferguson, J.C.: „Chinese Mythology." New York 1964

41. Werner, E.T.C.: „Myths and Legends of China." London 1956

42. Krassa, Peter: „... und kamen auf feurigen Drachen." München 1990

43. Connor, W.F.: „Folk Tales from Tibet." London 1906

44. Däniken, Erich von: „Die Götter waren Astronauten. Eine zeitgemäße Betrachtung alter Überlieferungen." München 2001

45. Kanjilal, Dileep K.: „Vimana in Ancient India." Calcutta 1991

46. Bharadwaaja, Maharshi: „Vymaanika Shastra." Mysore 1973

47. Jacobi, Hermann; „Das Ramayana.“ Bonn 1893
48. Roy, Protap Chandra: „The Mahabharata.“ Calcutta 1896
49. Berlitz, Charles: „Das Drachen-Dreieck.“ München 1990
50. Hausdorf, Hartwig: „Das chinesische Roswell. Neue außerirdische Spuren in Ostasien.“ München 2013
51. Däniken, Erich von: „Beweise. Lokaltermin in fünf Kontinenten.“ Düsseldorf 1977
52. o.V.: „Arizona. A State Guide.“ American Guide Series, New York 1940
53. Sejourne, Laurette: „Pensiamento y Religion en el Mexico Antiguo.“ Mexico D.F. 1957
54. Däniken, Erich von: „Der Tag an dem die Götter kamen.“ München 1984
55. Hausdorf, Hartwig: „Begegnung mit dem Unfassbaren.“ München 2008
56. Schäfer, Chantal: „Das Tor zur Unterwelt. Archäologen entdecken geheimen Tunnel unter der Sonnenpyramide“, in: „BILD“ vom 31. Oktober 2014
57. Blavatsky, Helena P.: „Die Geheimlehre.“ Berlin 1932
58. Däniken, Erich von: „Falsch informiert.“ Rottenburg 2007
59. o.V.: „Ein weiteres Geheimnis der Inkas“, in „bild der wissenschaft“, Dezember 1971
60. Kusnezow, Juri: „Am Gambia-Strom“, in: „Neue Zeit. Wochenschrift für Weltpolitik“, Moskau, Nr. 3 vom 19. Januar 1966
61. Brunzel, Ulrich: „Hitlers Geheimobjekte in Thüringen.“ Zella-Mehlis 2009
62. Risi, Armin: „Ihr seid Lichtwesen. Ursprung und Geschichte der Menschen.“ Zürich 2013

63. o.V.: „Größte Untergrundstadt der Welt“, in: „Sagenhafte Zeiten“, Nr. 2/2015

64. o.V.: „Huashan Mysterious Grottoes.“ Huashan Mysterious Grottoes Tourism Development, o.J.

65. Bürgin, Luc: „Chinas vergessenes Weltwunder.“ Vortrag auf dem One-Day-Meeting der A.A.S. am 27. Oktober 2012 in Dresden

66. Bürgin, Luc: „Verbotene Pforten in eine andere Welt“, in: „mysteries“, Nr. 6/2012

67. Guariglia, Guglielmo: „Prophetismus und Heilserwartungsbewegung als völkerkundliches und religionsgeschichtliches Problem“, in: „Wiener Beiträge zur Kulturgeschichte und Linguistik.“ Wien 1959

68. Steinbauer, Friedrich: „Die Cargo-Kulte als religionsgeschichtliches Problem.“ Erlangen 1971

69. Schmidt, Klaus: „Sie bauten die ersten Tempel. Das rätselhafte Heiligtum der Steinzeitjäger .“ München 2006

70. Däniken, Erich von: „Zurück zu den Sternen. Argumente für das Unmögliche.“ Düsseldorf 1969

71. o.V.: „Israel: Siegel mit Flugobjekt“, in: „Sagenhafte Zeiten“, Nr. 1/2016

72. Fenoglio, A. und Pinotti, R.: „Cronista su Oggetti Volanti nel Panato“, in: „Clypeus“, Anno III, Nr. 2 Torino 1967

73. Droysen, Johann G.: „Geschichte Alexanders des Großen.“ Leipzig 1833

74. Drake, Raymond W.: „Gods and Spacemen throughout History.“ London 1975

75. Buttlar, Johannes von: „Drachenwege.“ München 1990

76. Marcus Tullius Cicero: „De Divinatione.“ Leipzig 1975

77. Stevens, K.G.: „Chinese Mythological Gods.“ Oxford 2001

78. Yang/Deming/Turner: „Handbook of Chinese Mythology.“ Oxford 2005

79. Kautzsch, Emil: „Die Apokryphen und Pseudepigraphen des Alten Testaments.“ Band I und II, Tübingen 1900

80. Bonwetsch, Nathanael: „Das sogenannte slavische Henochbuch.“ Leipzig 1922

81. Titus Livius: „Ab urbe condita. Liber I.“ Stuttgart 1981

82. Inman, Thomas: „Ancient Pagan and modern Christian Symbolism.“ Maine/USA 1970

83. Titus Livius: „Ab urbe condita. Liber XXII.“ Stuttgart 1981

84. Titus Livius: „Ab urbe condita. Liber VIII.“ Stuttgart 1981

85. Plinius d. Ältere: „Naturgeschichte.“ Herausgegeben von Karl Mayhoff. Stuttgart (Ndr.) 1967-1970

86. Reinach, Theodore: „Mithridates Eupator, König von Pontos.“ Hildesheim und New York 1975

87. Schacht, August: „Die Hauptquelle Plutarchs in der Vita Luculli.“ Lemgo 1883

88. Sachmann, H.W.: „Himmelskräfte - Karl der Große, das ‚Lichtphänomen‘ an der Sigiburg im Jahre 776 n. Chr. und der hl. Reinhold, Schutzpatron der Stadt Dortmund, aus präastronautischer Sicht“, in: Fiebag, J. und P., Sachmann, H.W.: „Gesandte des Alls.“ Essen 1993

89. Rübel, Karl: „Geschichte der Hohensiburg.“ Essen 1901

90. Drake, W. Raymond: „Messengers from the Stars. Fascinating Evidence of Visitors from Outer Space.“ London 1977

91. Fiebag, Johannes: „Die Anderen.“ München 1993

92. Spence, L.: „The Problem of Lemuria.“ London 1932

93. Churchward, James: „The Lost Continent of Mu." London 1959

94. Waters, Frank: „The Book of the Hopi." New York 1963

95. Posnansky, Arthur: „Tiahuanaco, the Cradle of American Man." New York 1945

96. Bellamy, H.S. und Allan, P.: „The Great Idol of Tiahuanaco." London 1959

97. o.V.: „Bolivia detects buried Pyramid at Tiahuanaco Site", auf: „Fox News Latino" vom 27. März 2015

98. Däniken, Erich von: „Erinnerungen an die Zukunft. Ungelöste Rätsel der Vergangenheit." Düsseldorf 1968

99. Taylor, John und Dykes, G. Parker: „Das Buch Mormon." Hamburg 1852

100. Däniken, Erich von: „Strategie der Götter. Das achte Weltwunder." Düsseldorf 1982

101. Sitchin, Zecharia: „Der zwölfte Planet." Unterägeri bei Zug/Schweiz 1979

102. Drake, W. Raymond: „Gods and Spacemen in Greece and Rome." London 1976

103. Cumont, F.: „Die Mysterien des Mithra." Leipzig 1923

104. Koch, H.: „Constantin der Große und das Christentum." (Vortrag) München 1913

105. Däniken, Erich von: „Erscheinungen. Phänomene, die die Welt erregen." Düsseldorf 1974

106. Michell, J. und Rickard, R.J.M.: „Phenomena. The Book of Wonders." London 1977

107. Shi Bo: „UFO-Begegnungen in China." Berlin 1997

108. Francisisi, Erasmus: „Der Wunder-reiche Überzug unserer Nider-Welt/Oder Erd-umgebende Lufft-Kreys." Nürnberg 1680

109. Wiechers, Rainer: „Endzeitschlacht in Hemmerde", auf: WAZ.de vom 1. Oktober 2008

110. Perty, Maximilian: „Die mystischen Erscheinungen der menschlichen Natur." Leipzig 1861

111. Pauwels, Louis und Bergier, Jacques: „Aufbruch ins Dritte Jahrtausend." Bern und München 1962

112. o.V.: „Die Engel von Mons, Zwischenfall in Mons", auf: www.erratik-institut.de

113. „Australian War Memorial", Research No. 533 (Second Series) Subject: Angels of Mons. A.W.M. File No. 449/9/69, 14th of June, 1951

114. Fiebag, Johannes: „Die geheime Botschaft von Fátima." Tübingen 1986

115. Barthas, C: „Fátima - ein Wunder des 20. Jahrhunderts." Freiburg/Br. 1955

116. Fiebag, Johannes und Peter: „Himmelszeichen. Eingriffe Gottes oder Manifestation einer fremden Intelligenz?" München 1992

117. Hausdorf, Hartwig: „Das Jahrhundert der Rätsel und Phänomene." München 2011

118. Steinhäuser, Gerhard R.: „Heimkehr zu den Göttern." München und Berlin 1971

119. o.V.: „Silver Balls floating in Air. Nazis' newest War Device." AP-Meldung vom 13. Dezember 1944 in verschiedenen Zeitungen Nordamerikas

120. Meckelburg, Ernst: „Zeitschock. Invasion aus der Zukunft." München 1993

121. Clark, Jerome und Farish, Lucius: „The mysterious Foo-Fighters of World War II“, in: „UFO-Report“, Bd. 2, Nr. 3 aus 1975

122. Schneider, Adolf: „Besucher aus dem All. Das Geheimnis der unbekannten Flugobjekte.“ Freiburg/Br. 1974

123. Lorenzen, Coral E.: „Flying Saucers: The Evidence of the Invasion from Outer Space.“ New York 1966

124. Kolosimo, Peter: „Schatten auf den Sternen. Der Vorstoß ins All.“ Wiesbaden 1971

125. Slate, B. Ann und Friedman, Stanton T.: „UFO-Schlachten, welche die Air Force nicht vertuschen konnte“, in: „UFO-Nachrichten“, Nr. 224/Mai 1975

126. Ludwiger, Illobrand von: „UFOs. Die unerwünschte Wahrheit.“ Rottenburg 2009

127. Good, Timothy: „Need to Know. UFOs, das Militär und die Geheimdienste.“ Rottenburg 2008

128. Conway, G.: „UFOs seen over Iraq and the Gulf by Canadian Pilots“, in: „Flying Saucer Report“, Vol. 36, Nr. 4/1991

129. o.V.: „Gulf UFO Controversy“, auf: http://www.ufobbs.com

130. o.V.: IAN Special Report: „UFO Sightings in Iraq-Operation Desert Fox.“ Independant Alien Network, o.J.

131. o.V.: „Warship shot down UFO“, auf: http://www.ufobbs.com

132. Mantle, Philip und Stonehill, Paul: „Mysterious Sky: Sovjet UFO Phenomena.“ Maryland 2006

133. Knop, Doris: „Reisen in China.“ Bremen 1988

134. Stringfield, Leonard H.: „Situation Red. The UFO Siege.“ New York 1977

135. Haines, Richard F.: „Advanced Aerial Devices reported during the Korean War.“ Los Altos/CA (USA) 1990

136. Howe, Linda Moulton: „U.S. Military Close Encounter in Cambodia“, in: „NEXUS Magazine“, Vol. 6, Nr. 1, Dezember 1998/Januar 1999

137. Hausdorf, Hartwig: „UFO-Begegnungen der tödlichen Art.“ München 1998

138. Hausdorf, Hartwig: „UFOs. Sie fliegen noch immer.“ München 2009

139. Hennig, Richard: „Zur Vorgeschichte der Luftfahrt“, in: „Beiträge zur Geschichte der Technik und Industrie. Jahrbuch des Vereins Deutscher Ingenieure.“ Berlin 1928.

140. Baumann, Hermann: „Schöpfung und Urzeit des Menschen im Mythos der afrikanischen Völker.“ Berlin 1936

141. Harrison, Michael: „Vanishings.“ London 1981

142. Farkas, Viktor: „Unerklärliche Phänomene jenseits des Begreifens.“ Frankfurt/Main 1988

143. Meckelburg, Ernst: „Besucher aus der Zukunft. Durch die Mauer der Zeit in die vierte Dimension.“ Frankfurt/Main und Berlin 1987

144. Schüddekopf, Otto-Ernst: „Der Erste Weltkrieg.“ Gütersloh 1977

145. Brookesmith, Peter (Hrsg.): „Lost and Found.“ London und Sydney 1987

146. Great Britain Dardanelles Commission: „Final Report of the Dardanelles Commission.“ First Report: Origin and Inception (London 1917); Supplement to the First Report (London 1919); First Report, Part II: Conduct of Operations with Appendix of Documents and Maps (London 1965)

147. Berlitz, Charles: „Spurlos. Neues aus dem Bermuda-Dreieck.“ Wien und Hamburg 1977

148. Meckelburg, Ernst: „Zeittunnel. Reisen an den Rand der Ewigkeit." München 1991

149. Watkins, Harold T.: „Flying Saucers on the Moon." London 1954

150. Martin, Jorge: „US Jets abducted by UFOs in Puerto Rico", in: „The UFO Report 1991", hrsg. von Timothy Good. London 1991

151. Auf: http://www.exopoliticstoronto.com, 2006

152. o.V.: „Führer anderer Planeten beobachten uns", in: „Epoch Times" vom 1. Juli 2016

153. Deardorf, B., Haisch, B., Maccabee, B. und Puthoff, H.: „Inflation – Theory Implications for Extraterrestrial Visitation", in: „Journal of the British Interplanetary Society", Vol. 58, London 2005

154. Hapgood, Charles: „Maps of the Ancient Sea Kings." Philadelphia 1966

155. Berlitz, Charles: „Geheimnisse versunkener Welten." Bergisch Gladbach 1973

156. o.V.: „Wahrzeichen deutscher Forschungsflüge in der Antarktis", in: „Meyers Schweizer Frauen- und Modeblatt", Nr. 1 vom 9. Januar 1959. Zürich 1959

157. Byrd, Richard E.: „Alone." New York 1938

158. Corrales, Scott: „Military Implications of UFOs in Latin America and Spain", in: „Inexplicata. The Journal of Hispanic Ufology." Ausgabe Nr.12, Winter 2003

159. o.V.: „Südpol: Rieseneisberg löst sich", in: „Passauer Neue Presse" vom 9. Januar 2017

160. o.V.: „Gigantisches Naturspektakel. In der Antarktis wird sich laut Forschern ein riesiger Eisberg ablösen" in: „Passauer Neue Presse" vom 2. Februar 2017

Bildquellen

Abb. 1, 4, 5, 6, 7, 8, 9,, 10, 11, 14, 15, 16, 17, 18, 19, 20, 21: Archiv Hartwig Hausdorf

Abb. 2: Entwurf Hartwig Hausdorf, Ausführung Andreas v. Rétyi

Abb. 3: Erich von Däniken

Abb. 12, 13: Gitte Härter

Literatur zu den Rätseln der Geschichte dieser Welt und weiteren faszinierenden Themen finden Sie im Verlagsprogramm des Ancient Mail Verlags:

Gisela Ermel

Die „gebeamte" Madonna

Ein Mysterium im Odenwald

ISBN 978-3-95652-224-6, Paperback, Din A5, 100 Seiten, 57 farbige Abbildungen, **€ 12,50**

Hinter der Ruine der kleinen Wallfahrtskirche Lichtenklingen im Odenwald verbirgt sich eine abwechslungsreiche und teilweise geheimnisvolle Geschichte.

Dort, wo sich heute die romantischen Ruinenwände der Kapelle erheben, gab es in der Zeit der vorchristlichen Keltenzeit ein Quellheiligtum. Hier entsprangen zwei Quellen dicht beieinander.

Aber gerade in dieser Ecke des Odenwaldes deuten viele Spuren und Überlieferungen darauf hin, dass hier merkwürdige Dinge passierten, die mit Göttinnen, Weißen Frauen und anderen „überirdischen" Wesen zu tun hatten. Die Kelten verehrten hier den Flussgott Viscusius und praktizierten religiöse Riten auf einem Zeremonialplatz auf dem gleichnamigen Gipfel des Götzensteins bei Ober-Abtsteinach.

Ausgerechnet hier wurde um 1200 eine Kapelle errichtet, in der eine Madonnenfigur verehrt wurde, die später für Aufregung und einigen Wirbel sorgen sollte, als man sie von dort in eine andere Kirche brachte, von der sie mehrfach wie von Geisterhand wieder an ihren alten Standort „gebeamt" wurde.

In diesem Buch präsentiert die Autorin die Ergebnisse ihrer umfangreichen Recherchen sowohl zu dieser Kapelle als auch allgemein zum Rätsel ähnlicher Wunder, welches noch lange nicht gelöst ist.

János Kalmár

Das Licht des Lebens

Die Geschichte eines weißen Puders

IBSN 978-3-95652-176-8, Din A5, Paperback, 154 Seiten, 45 zum Teil farbige Abbildungen, **€ 14,90**

Wahrscheinlich kannten bereits die „Götter" den Weißen Puder, mit dessen Hilfe sie das menschliche Leben um ein Vielfaches verlängern konnten, sodass ihnen auch eine Jahrhunderte lange kosmische Reise keine Probleme bereitete. Auch der Name „Milch der Göttin Hathor" weist darauf hin. Wer nämlich von dieser „Milch" trank, dem wurde ein sehr langes Leben zuteil. So kannte „Hathor" wahrscheinlich das Geheimnis der Weißen Milch, d. h. die Tatsache, dass diese den Prozess der Alterung verlangsamt. Zu den Wirkungen des Weißen Puders gehörte nicht nur die Verjüngung, sondern er konnte u. a. auch deformierte, fehlerhafte Zellen „reparieren".

Auch in der Antike konnten die „Götter" diesen Weißen Puder herstellen. Es ist also anzunehmen, dass die „Götter" über außerordentliche chemische und mikrobiologische Kenntnisse verfügten.

Wie hat wohl die Erforschung der Unsterblichkeit zu Zeiten der Pharaonen, der biblischen Ereignisse, der Alchemisten, der Tempelritter oder der Freimaurer ausgesehen? Und was ist, wenn seitdem schon lange jemand die Lösung dieses Problems gefunden hat, sie aber aus purem Neid oder aus Machtgier vor dem Rest der Menschheit geheim gehalten hat? Denn der Besitz dieses Wissens bedeutet Macht! Es ist kein Zufall, dass im Mittelpunkt des Interesses vieler Menschen auch heute noch das Erlangen dieses Wissens steht – und zwar um jeden Preis.

Begeben wir uns mit dem Autor auf diesen geheimnisvollen Weg, der auch heute noch nicht zu Ende ist. Und während wir auf vergangene Zeiten zurückblicken, werden uns vielleicht auch einige wichtige Zusammenhänge klar.

Norbert Renz

Die Bundeslade als Funkgerät

Mit einem Vorwort von Walter-Jörg Langbein

ISBN 978-3-95652-100-3, Paperback,
100 Seiten, 12 s/w-Abbildungen, **€ 9,80**

Wer kennt sie nicht? Däniken, Charroux, Krassa, Sitchin und ihre Theorien über antike Astronauten und Technologien! Zu Recht klagen die Leser immer wieder, dass die Theorien ja recht plausibel sind, aber es bleibt immer das Gefühl, dass in den Argumentationen etwas fehlt. Sozusagen der Transistor, der aus der Ersatzteilkiste des antiken Servicetechnikers fiel, ein ultimativer Beweis, oder wenigstens eine Stellungnahme eines Ingenieurs oder Wissenschaftlers, welche die Hypothesen untermauert.

Techniker wie der NASA-Ingenieur Blumrich oder Garn hatten bereits mutig die Lampen von Dendera oder Raumschiffberichte aus der Bibel analysiert. In diesem Buch wagt der Autor den Versuch, dasselbe mit der Bundeslade zu tun, und zwar mit Zahlen und Berechnungen, die dem Stand der Technik möglichst nahe kommen und sich so eng wie möglich an den Wortlaut der Bibel halten.

Er geht einen mutigen Schritt, jedoch ist dabei jede einzelne seiner Überlegungen technisch fundiert begründet und nachvollziehbar. Nur wer daran glaubt, dass nicht sein kann, was nicht sein darf, wird sich seinen sachlichen Argumenten verschließen. Doch mit dieser Haltung gäbe es auch keine Waschmaschine, kein Internet und keine Raumfahrt.

Willi Grömling

Tibets altes Geheimnis – Gesar – Ein Sohn des Himmels

Mit einem Vorwort von Erich von Däniken

ISBN 978-3-95652-191-1, Paperback, 334 Seiten,
€ 19,50

Gesar ist der Held des gleichnamigen tibetischen Nationalepos. Es wird berichtet, dass sein Vater, der oberste Himmelsgott, ihn auf die Erde sandte, um nach dem Rechten zu sehen. Bereits bei der Geburt des späteren tibetanischen Nationalhelden hätten sich, so heißt es in den Legenden, seltsame Ereignisse abgespielt. Neben vielen anderen mysteriösen Begebenheiten, die sich „auf dem Dach der Welt" abgespielt haben sollen, erfährt der Leser in diesem Buch auch etwas über Gesars Waffen sowie seine übernatürlichen Kräfte, die viel Aufmerksamkeit erregt haben sollen. In diesem Werk wird zum ersten Mal der Versuch unternommen, den Stoff populärwissenschaftlich im Sinn der Paläo-SETI-Hypothese zu untersuchen und nachzuforschen, ob die erstaunlich realistischen Erzählungen nicht wörtlicher genommen werden könnten.

Wer also eine ganze Menge über Tibet, Gesar und die Entmythologisierung der detailreichen Berichte über den Sohn der Götter erfahren möchte, sollte sich unbedingt mit diesem Buch auseinandersetzen.

Unsere Geschichte ist voller Rätsel –

Wir wollen helfen, sie zu lösen !

Bücher und Informationen zu den Themenkreisen Archäologische Rätsel dieser Welt, Paläo-SETI, Grenzwissenschaften, Sagen und Mythen.

Fordern Sie einfach *kostenlose* weitere Informationen an – per Postkarte, Fax, Telefon oder eMail beim

Ancient Mail Verlag • Werner Betz
Europaring 57, D-64521 Groß-Gerau
Tel. 00 49 (0) 61 52/5 43 75, Fax 00 49 (0) 61 52/94 91 82
eMail: ancientmail@t-online.de
www.ancientmail.de